中國學術思想 研究輯刊

五 編

林 慶 彰 主編

第 9 冊

惠棟易學研究（一）

陳 伯 适 著

花木蘭文化出版社

國家圖書館出版品預行編目資料

惠棟易學研究（一）／陳伯适 著 — 初版 — 台北縣永和市：
花木蘭文化出版社，2009〔民98〕
目 14+240 面；19×26 公分
（中國學術思想研究輯刊 五編；第9冊）
ISBN：978-986-254-038-1（精裝）

1.（清）惠棟　2.易學　3.學術思想　4.研究考訂

121.17　　　　　　　　　　　　　　　　98014777

ISBN - 978-986-2540-38-1

9 789862 540381

中國學術思想研究輯刊
五 編 第 九 冊　　　　　　ISBN：978-986-254-038-1

惠棟易學研究（一）

作　　者　陳伯适
主　　編　林慶彰
總 編 輯　杜潔祥
出　　版　花木蘭文化出版社
發 行 所　花木蘭文化出版社
發 行 人　高小娟
聯絡地址　台北縣永和市中正路五九五號七樓之三
　　　　　電話：02-2923-1455／傳真：02-2923-1452
網　　址　http://www.huamulan.tw 信箱 sut81518@ms59.hinet.net
印　　刷　普羅文化出版廣告事業
封面設計　劉開工作室
初　　版　2009 年 9 月
定　　價　五編 20 冊（精裝）新台幣 33,000 元　　　版權所有·請勿翻印

惠棟易學研究（一）

陳伯适　著

作者簡介

陳伯适，臺灣澎湖人，國立政治大學中國文學系博士，專任於國立政治大學中國文學系助理教授。主要專長為《周易》之研究，特主於象數之學的探討，並好於諸子學說與理學思想。又有專書《孫子兵法研究》，以及有〈王弼易學的爻位觀〉、〈朱震易學之特色——從闡釋《周易》經傳的重要義理內涵開展〉、〈尚秉和對《焦氏易林》詮解之商榷〉等二十餘篇論文之發表。

提　　要

　　清代乾嘉時期以惠棟、戴震為首的學風，高舉漢學旗幟，形成「乾嘉以來，家家許、鄭，人人賈、馬」的燦然中天之盛況。惠棟窮其精力對漢《易》進行考索與推闡，為清代回歸漢《易》之最為有功的主要人物。惠棟「以博聞強記為入門，以尊古守家法為究竟」，在詁詮《周易》上，以「尊尚古學」為志。力圖重返漢《易》的本來面目，採集自漢魏諸家《易》說，使學者「疏其源而導其流」，窺見漢儒解《易》之門徑，以荀爽、虞翻等《易》論為主，融會其說，推闡古義，一字一句，具有淵源，故「不可謂非一代之儒者宗也」。

　　《四庫全書總目提要》評「其長在博，其短亦在於嗜博；其長在古，其短亦在於泥古」。臧庸難其「好用古字，頓改前人面目，以致疑惑來者，亦非小失」。王引譏諷其「考古雖勤，而識不高，心不細，見異於今者則從之，大都不論是非」。陳澧《東塾讀書記》指陳其「自伸其說，卒之乖舛疊見，豈能掩盡天下之目哉」。梁啟超稱其「凡古必真，凡漢皆好」，「功罪參半」，尤其罪在致使「啟蒙時代之懷疑的精神，批評的態度，幾夭關焉」。反思惠棟在清代學術史上的地位，此等迥異的褒貶，耐人尋味。本論著欲全面探討惠氏易學，希望能夠：一、認識惠棟易學思想內容，董理其易學所表現的主要特質，特別從象數與義理兩大方面進行陳述。二、藉由惠棟對漢《易》之考索，探述漢魏諸家之思想內涵，認識漢魏易學家主張的關係。掌握惠氏對漢代《易》家易學所持的觀點，作為探尋漢人理解《易經》的本然特性，以及疏理漢代易學源流的重要參考。三、評述惠棟易學對漢代易學的復原價值。四、釐清有清一代易學的發展，惠棟易學在當中所扮演的角色、在清代易學史上的定位。五、檢討惠棟治《易》的通盤得失，期能獲得客觀之允評。

目次

附　錄

圖表目錄

第一章　易學發展與惠棟學術概況

第一節　研究緣起

一、研究動機與目的

「治學以治經爲本，治經以治易爲極歸」，[註1] 歷代治經者，肯定《易經》是群經之首，爲百學之所宗。蓋《易》道淵深，包羅眾義，爲治學之津梁。《四庫提要》言，「《易》之爲書，推天道以明人事」，[註2]《易》文珠璣，實窮極天地變化之道，而歸本於人事。它察時變之造化，發天道之義蘊，鉤深致遠，窮理盡性，上則足以治國平天下，通萬民之情，定天下之業；下則足以修身養志，成智立德，自強不息，厚德以載物。《易》理致用廣被，實爲恆久之至道，不刊之鴻教。

《周易》這部古老浩典，從最初的卜筮天書，轉化爲多元的文化瑰寶，在各個朝代，不論是對文學、哲學、科學、政治、社會、宗教、考古等歷史文化的各個領域，都起了深刻彌遠的影響。原始的《周易》，發展到了漢代，以象數之學見長。漢代的學術，繼承先秦以來的陰陽五行學說，結合天文地

[註1]　見徐芹庭《易經研究》，臺北：五洲出版社，1997年6月初版，頁2。
[註2]　見《四庫全書總目提要·經部一·易類一》云：「故《易》之爲書，推天道以明人事者也。《左傳》所記諸占，蓋猶太卜之遺法，漢儒言象數，去古未遠也。」（見臺北：臺灣商務印書館，1968年3月臺1版，頁2。）（後文引《四庫提要》文，皆本此臺灣商務印書館版本，故僅註明頁碼，餘不再予註明。）

理等科學知識，發展出一套規模龐大的天人感應思想，《周易》也就成為宣達天人相應的方法與最佳工具。漢代易學家開展出以占驗機祥為主的《易》象系統，藉由卦爻象位與陰陽、五行、八宮、世應、納甲、爻辰、卦氣等方面的配合，呈現出與自然科學結合的易學特色，並融合戰國以來諸子元氣、生剋、宇宙觀、天道觀等思想，建立其物質傾向的宇宙論及天人感應的世界圖式，將人與自然的關係，作最大程度的類比與聯結，表現在孟、京卦氣之學和《易緯乾鑿度》等讖緯之說下，成為漢代易學思想的主流。

漢代「經學至鄭君一變」，〔註3〕鄭玄（西元 127～200 年）「括囊大典，網羅眾家，刪裁繁誣，刊改漏失」，〔註4〕樹立東漢以來的漢學大幟；在象數《易》推衍不止，越演越繁的世風下，鄭玄博學宏通，融合今古文以注《易》，使之溝合為一。鄭學由盛，漢學是衰，〔註5〕尤其繁富複雜的象數《易》，終為玄學時代的義理學派所取代。魏晉時期，鄭《易》間或流通，而王弼（西元 226～249 年）所屬的老莊玄言解《易》的義理派易學大盛於江南，取得定於一尊的地位，歷經隋唐而不衰；唐太宗時孔穎達（西元 574～648 年）等人撰注《周易正義》，集講疏之大成，亦以王、韓《易》注為宗，而鄭氏所屬的象數易學，已然中絕。〔註6〕但間復有李鼎祚著《周易集解》，知「天象遠而難尋，人事近而易習」，集漢魏三十餘家言，「刊輔嗣之野文，補康成之逸象」，歸宗於象數範疇。〔註7〕宋代易學，有周敦頤、張橫渠、二程子、朱子諸儒，融合佛道之義理於儒學之中，以理學釋《易》，成為宋《易》之主流。元明時期，沿襲宋代理學講《易》，以程、朱易學為主，兼用王、孔注疏。有清一代，承宋明理學之遺緒，卻難抵儒者大倡經世、考據之學。乾嘉時期，以惠棟、戴震為首的學風，高舉漢學旗幟，對理學進行批判與揚棄，

〔註3〕 見皮錫瑞《經學歷史》，臺北：藝文印書館，1996 年 8 月初版 3 刷，頁 154。

〔註4〕 見范曄《後漢書‧張曹鄭列傳》，卷三十五。引自北京：中華書局《二十四史‧後漢書》版本，1997 年 11 月第 1 版，頁 1213。（後文引用各斷代史，皆本此中華書局二十四史版本，故不予另注引文出處所本。）

〔註5〕 皮錫瑞認為經學的發展，「蓋以漢時經有數家，家有數說，學者莫知所從；鄭君兼通今古文，溝合為一；於是經生皆從鄭氏，不必更求各家。鄭學之盛在此，漢學之衰亦在此。」鄭玄以後，經學就失去了漢學的原味。（見皮錫瑞《經學歷史》，頁 146。）

〔註6〕 長孫無忌《隋書‧經籍志》云：「至隋，王注盛行，鄭學浸微，今殆絕矣。」（引自北京：中華書局本，頁 913。）

〔註7〕 括弧引文見李鼎祚《周易集解‧自序》，臺北：臺灣商務印書館，1996 年 12 月臺 1 版 2 次印刷，頁 2。

打破宋明以後理學的思想箝制，營造拔宋纛而立漢幟的局面，〔註8〕形成「乾嘉以來，家家許、鄭，人人賈、馬」的燦然中天之盛況，〔註9〕走向對傳統學術的全面整理和總結。

　　惠棟（西元 1697～1758 年）身置乾嘉學風形成鼎盛之際，其治經以漢學爲宗，發揮漢儒遺說，致力於科學精神的考證與徵實，章太炎先生認爲「其成學箸系統者」，「吳始惠棟，其學好博而尊聞」，〔註10〕以復興漢代經學爲職志，故清代樸學之風，其影響之深自不待言。至於他尊漢的治學態度，雖有流於拘執墨守之弊，但「純粹漢學」，則洵足以當之。在易學的成就上，上承清初黃宗羲（西元 1610～1695 年）、黃宗炎（西元 1616～1686 年）、毛奇齡（西元 1623～1716 年）及胡渭（西元 1633～1714 年）等人對宋儒易學圖象的批評，執力推原漢代易學；下開張惠言（西元 1716～1802 年）、焦循（西元 1763～1820 年）、李道平等人對漢代象數之學的重視。惠氏復原漢學於《易》，在清代著實具有中堅之地位。然而，其治《易》之功，歷來褒貶不一，似乎未能與毛奇齡、胡渭、張惠言、焦循等儒共居翹楚的地位，乃至今日哲學史、經學史論著叢刊，種種易學專論，以及清代學術研究的有關研究論文，相對較少針對惠棟易學作主題探討，〔註11〕其治《易》的成就，未

〔註8〕　皮錫瑞《經學歷史》提到：「雍、乾以後，古書漸出，經義大明。惠、戴諸儒，爲漢學大宗，已盡棄宋詮，獨標漢幟矣。」（見皮錫瑞《經學歷史》，頁343。）是乾嘉時期，惠、戴二人爲復興漢學的巨擘。

〔註9〕　見梁啓超《清代學術概論》，臺北：臺灣中華書局，1989 年 6 月 11 版，頁 53。

〔註10〕見章太炎《章氏叢書‧檢論‧清儒》，卷四。臺北：世界書局，1982 年 4 月再版，頁 23。

〔註11〕歷來針對惠棟學術作探討之重要論著，主要有：耿志宏著《惠棟之經學研究》（臺北：國立政治大學中國文學研究所碩士論文，1984 年 5 月），針對惠棟經學方面的著述作全面性、概括性的討論。江弘遠著《惠棟易例研究》（臺北：國立臺北師範大學國文研究所碩士論文，1988 年 5 月），選擇惠棟《易例》一書作爲研究主題，作全面性地精詳審覈，偏重於惠棟《易例》中九十目的考辨，發個人之見，可以作爲研究惠氏易學之重要參考。孫劍秋著《清代吳派經學研究》（臺北：國立政治大學中國文學研究所博士論文，1992 年 12 月）與《易理新研》（臺北：臺灣學生書局，1997 年 12 月初版），針對惠棟諸《易》著作賅要的評論，對於細節內容方面，則非其論著之必要。李開著《惠棟評傳》（江蘇：南京大學出版社，1997 年 7 月第 1 版第 1 刷），闡發惠棟在《尚書》學、《詩經》學、《三禮》學、《春秋》學、《易》漢學、《論語》學、史學、語言文字學等方面的成就，致力於爲惠氏易學作合理的辯說，有關惠氏治《易》的得失，未見公允的體現。黃順益《惠棟、戴震與乾嘉學術研究》（臺北：國立中山大學中國文學系博士論文，1999 年 6 月），主要論述惠棟之學成歷程、

能享有同時代儒者之尊。究其本因，除了歷來學者批評其惟漢是好、考證不精外，〔註12〕最重要的是他本在還原漢《易》之說，而漢《易》又本偏重於象數之學，又象數之學，一般被視爲經學的末流，同讖緯般敝陋，且哲學性、啓發性低，所以相對不被重視。其實，仔細端詳惠氏易學，未必僅見象數，義理方面亦有可觀之處，或許放心斟酌，可以見其芳香。至若象數之學，未嘗不是治《易》之大方，排斥與否，全在治學之態度，雖似不易理懂，或有造作附會，但廓清迷茫，基礎入門，步步涉入後，仍可海闊天空，知之並未艱難。況乎象數之學，乃至還原最初的占卜實用之學，本質上仍屬一種知識的建構；以象數推用於卜占，相信天地之間，未知的吉凶禍福，有其規律可循，可透過一定的方法測知，也就是藉由隱含於卦象、卦爻辭的變化推理模式中，推演詮釋人事。這樣的從知識建構的角度出發，以象數之理來觀照《周易》，本身仍有高度的邏輯建構之特性，也摻有科學性的意涵，可惜的是，一般人常常視之爲離經背道，神祕而迷信，高度不可取，可以視而不見，甚至棄之如敝屜。其實，研究者認爲，藉著卦象變化模式的思考方法，當中存在某種邏輯推演與理性之分析，以及保有寶貴的文化內涵，經過卦象推演，也能使人們從迷信的窠臼中，孕育出豐富的人文思考智慧，所以，何嘗不是一條可以開闢的道路！並且，實際理解惠棟易學，可以強烈地感受到他本於科學考證的精神，試圖以漢《易》爲本，考索建立的邏輯思路，加上當中也有義理的闡發，故在易學的內涵上，亦有豐富的展現。因此，這是引發作者選擇惠棟易學作爲研究的重要動機之一。

漢代尊尚象數易學，然從王弼有鑒於漢儒用象過盛，忽略了《周易》本身的「言意」主體意義，所以倡言「明象」，「掃象」之風由是生焉；魏晉與宋明易學，或從本體援老學入《易》，論辯有無，競談言意，或以理氣太極，窮究河洛，論述分殊。典籍散佚，漢《易》衰竭，千百年來，難成明白清晰的脈絡，今日能見漢代易學的詳略輪廓，必因清代樸學家窮其精力對漢《易》的宗崇與推闡之有功。惠棟爲清代考證學派之巨擘，其先世代傳經術，棟受家學，益爲發揚。其治學「以博聞強記爲入門，以尊古守家法爲究竟」，〔註13〕也就是在詁

治學方法與學術成就等內容，對於實質的易學方面則少論及。其它短篇小文，數量不多，且易學方面之涉及，亦未詳贍。

〔註12〕是否眞是考證不精，見仁見智，不能以偏概全。

〔註13〕見梁啓超《清代學術概論》，頁 23。

詮經典上，以「尊尚古學」爲志。〔註14〕戴震〈題惠定宇先生授經圖〉稱誦其治學功業，肯定其推明故訓，闡發義理的明經之道：

> 蓋先生之學，直上追漢經師授受欲墜未墜薶蘊積久之業，而以授吳之賢俊後學，俾斯事逸而復興。……夫所謂理義，苟可以舍經而空憑胸臆，將人人鑿得之，奚有於經學之云乎哉！……故訓明則古經明，古經明則賢人聖人之理義明，而我心之所同然者，乃因之而明。賢人聖人之理義非它，存乎典章制度者是也。松崖先生之爲經也，欲學者事於漢經師之故訓，以博稽三古典章制度，由是推求理義，確有據依。〔註15〕

另外，錢大昕也贊說：

> 予嘗論宋元以來，說經之書，盈屋充棟，高者蔑棄古訓，自誇心得；下者勦襲人言，以爲己有；儒林之名，徒爲空疏藏拙之地。獨惠氏世守古學，而先生所得尤深。擬諸漢儒，當在何邵公、服子慎之閒，馬融、趙岐輩不能及也。〔註16〕

又云：

> 漢學之絕者千有五百餘年，至是而燦然復章矣。〔註17〕

惠棟之治經，肯定詁訓明然後古經明，古經明而後理義彰，推求理義，必由博稽詳考功夫上著手不可。其以經義訓詁爲能事，考證名物典章，以弘揚漢學爲職志，故漢學復章而能自成一系統者，始於惠氏，並非浪得虛名。

〔註14〕惠棟於〈學福齋集序〉云：「明於古今貫天人之理，此儒林之業也。余弱冠即知遵尚古學，年大來，兼涉獵于蓺術，反覆覃求，于古與今之際，頗有省悟。」又認爲唐宋以之訓詁注釋不足爲憑，認爲「漢遠於周，而唐又遠於漢，宜其說之不能盡通也，說宋以後乎？」（引自惠棟《松崖文鈔》，卷二，臺北：新文豐出版公司《叢書集成續編》第一九一輯，影印《聚學軒叢書》本，1989年7月臺1版，頁54。）清代朱克敬同阮元提到：「棟少喜讀經，長益窮力研索，尤好古義。九經三史，非唐以前傳注不觀。考證詳博，辨說謹嚴。乾隆以後爲樸學者，以棟爲大宗，時號爲惠九經。」（見《清代傳記叢刊》第十三冊，《儒林集傳錄存・儒林瑣記》，臺北：明文書局，1986年元月10日1版，頁12。）知棟以古今爲是非之標的，是好古義爲眞。

〔註15〕見戴震《戴東原集》，卷十一，〈題惠定宇先生授經圖〉。引自《戴震全書》第六冊，《戴東原集・戴震雜錄・題惠定宇先生授經圖》，安徽：黃山書社，1995年10月1版1刷1，頁505。

〔註16〕見錢大昕《潛研堂文集・惠先生棟傳》，卷三九。引自《錢大昕全集》第九冊，《潛研堂文集》，江蘇：江蘇古籍出版社，1997年12月1版1刷，頁662。

〔註17〕同前註。

　　惠氏畢生精力，多數花在治《易》方面，力圖重返漢《易》的本來面目；採集自漢魏諸家《易》說，使學者「疏其源而導其流」，窺見漢儒解《易》之門徑，摒棄宋儒以來說《易》者穿鑿附會，空談象數、圖書之說，一一原本漢儒，以荀爽、虞翻等《易》論爲主，融會其說，推闡古義，一字一句，具有淵源，故「不可謂非一代之儒者宗也」。〔註18〕其治學乃至治《易》，重視科學驗證的嚴謹本質，「授據博而考覈精，一字不肯放過，亦一字不肯輕下」，〔註19〕尤其在《易漢學》的撰著過程，更是「采掇排次，稿凡五六易」，〔註20〕而《周易述》一書，「歷三十年，四五易稿，猶未卒業」，〔註21〕此等篤實的精神，足爲治學者所仿效。

　　粗覽其著，立論表述，反覆考辨，舉證詳實，不臆度空言，註明出處，明示來源，或直云某義某人云，大體不隱匿、剽竊他人之言。一般人或言其引用大量的緯書作爲考索漢《易》的資料，有失務實立場，事實上，仔細認識其用意，主要是引用當中的天文、曆法等自然科學的知識，或是卦氣說等兩漢普遍盛行的易學主張，而非置重於神學迷信之一方。〔註22〕且《易緯》本是漢代易學思想之重要產物，也反映出漢代易學的主流思想，引用固無不當。惠氏博稽詳考的治《易》精神，基於其認識到彰明經文義理，必先從紮實的詁訓入手。這種治經態度與方法，又是引發作者選擇惠棟易學作爲研究的動機之一。

〔註18〕括弧引自凌廷堪爲江藩《周易述補》作敘之敘言，云：「惠君生千餘年後，奮然論著，取荀、虞，旁及鄭氏、干氏、九家等義，且據劉向之說，以正班固之誤。蓋自東漢至今，未析之大疑不傳之絕學，一旦皆疏其源而導其流，不可謂非一代之儒者宗也。」文見《皇清經解》，卷一千一百六十六；收於臺北：鼎文書局，《胡渭惠棟之易學》，〈周易述補敘〉，1975年4月初版，頁329。

〔註19〕見顧棟高《後漢書補註・序》云：「先生之授據博而考覈精，一字不肯放過，亦一字不肯輕下，洵史志中絕無僅有之書。」高度肯定惠棟考證用字的精細謹慎。《後漢書補註》二十四卷，爲惠棟所著，乾隆十九年甲戌（西元 1754年），顧棟高爲之序，序中署名「錫山同學顧棟高書」。

〔註20〕見王昶《春融堂集》，卷四十三，〈易漢學跋〉，頁1。清嘉慶丁卯年（西元1807年）、戊辰年（西元1808年），塾南書舍刊本。

〔註21〕見王昶《湖海文傳》，卷五十五，陳黃中撰〈惠宇宇先生墓誌銘〉，臺北：廣文書局，1968年初版，頁117。

〔註22〕李開在其《惠棟評傳》中，引證惠棟運用緯書論述漢《易》，主要是擷取其中自然科學的知識，所以提到：「緯書本來是漢代以神學迷信附會儒家經義的書，但其中包括部分天文曆法知識，惠棟考索漢學，大量引用緯書，主要是引用其中的自然科學知識。」（見李開《惠棟評傳》，江蘇：南京大學出版社，1997年7月第1版，頁192。）

　　惠氏諸經熟洽貫串，時尊「惠九經」，〔註 23〕尤邃於《易》，然歷來以其
尊漢信古，不免有失，《四庫全書總目提要》評「其長在博，其短亦在於嗜博；
其長在古，其短亦在於泥古」，〔註 24〕其缺失特別顯現於好以古字改經，臧庸
難其刪改《周易集解》云：

> 惠氏之遵守古義，而發明之功為不可及，而好用古字，頓改前人面
> 目，以致疑惑來者，亦非小失。〔註 25〕

其咎由古，因古改字，疑乎來者，不能視為小缺點。雖是如此，然其矯正宋
明理學空疏之病，專宗漢學的成就，故「海內人士無不重通經，通經無不知
信古，其端自惠氏發之」，〔註 26〕流風所被，羽翼不絕，「成為吳派的開山，
遂成不易之論」，〔註 27〕其時代學術之建樹，是不容小覷的。他專藉考證訓詁
以整理古籍，保存古道之工作，有其時代意義與確定價值，也是不容抹殺的。
功雖如此，後儒仍不免大加撻伐，無情指責，梁任公稱其「凡古必真，凡漢
皆好」，「功罪參半」，尤其罪在致使「啟蒙時代之懷疑的精神，批評的態度，
幾夭閼焉」；〔註 28〕也就是其壁壘森固、旗幟鮮明的「純粹漢學」的態度，造
成膠固盲從、排斥異學的偏狹缺失，是否真是如此，而這樣的情形，是否也
存在於治《易》之中？在勤考漢《易》的過程中，是否真的全然的睥睨、反
對包括王弼的《易》注、孔穎達的《周易正義》，乃至宋明易學，其反對所持
的標準與建構的思維若何？其考證的精神是否真如梁任公所言，破壞了科學
精神的本質？這些都是值得去探索的。〔註 29〕

〔註 23〕見朱克敬《儒林集傳錄存・儒林瑣記》，頁 12。
〔註 24〕見《四庫全書總目提要・經部六・春秋類四》，〈左傳補註六卷〉，臺北：臺灣
　　　　商務印書館，1968 年 3 月臺 1 版，頁 75。
〔註 25〕見臧庸《拜經日記》，〈私改周易集解〉條。收於《皇清經解》，卷一一七四；
　　　　臺北：藝文印書館，《皇清經解》第 16 輯，頁 12473～12474。
〔註 26〕見錢穆《中國近三百年學術史》（上冊），臺北：臺灣商務印書館，1968 年 4
　　　　月臺 4 版，頁 320。
〔註 27〕見王家儉〈清代漢宋之爭的再檢討〉，中央研究院《中央研究院國際漢學會議
　　　　論文集》，第三冊，1981 年 10 月 10 日，頁 521。
〔註 28〕見梁啟超《清代學術概論》，頁 24～25。
〔註 29〕梁啟超對惠棟易學，大致採負面的觀感，除了內文中所提之議評之外，也曾說：
　　　　「棟以善易名，其治易也，於鄭玄之所謂『爻辰』，虞翻之所謂『納甲』，荀諝
　　　　之所謂『升降』，京房之所謂『世應』、『飛伏』與夫『六日七分』、『世軌』諸
　　　　說，一一為之疏通證明，……以吾觀之，此其矯誣，與陳摶之『河圖洛書』有
　　　　何差別？然彼則因其宋人所誦習也而排之，此則因其為漢人所倡道也而信之，
　　　　可謂大不惑不解，然而當時之人蔽焉，輒以此相尚。」（見梁啟超《清代學術

批評者，王引之益加嚴厲譏諷云：

> 惠定宇先生考古雖勤，而識不高，心不細，見異於今者則從之，大都不論是非。〔註30〕

又陳澧《東塾讀書記》也指陳：

> 惠氏好考經字，……而自伸其說，卒之乖舛疊見，豈能掩盡天下之目哉！〔註31〕

惠氏窮其一生，校考纂著，形於筆墨，而易學浩典，付諸桑梓，真智識不高、不論是非？不法常典、自伸其說、掩人耳目？又怎有汪中等輩振臂高舉，稱誦其所治漢《易》，疏通證明，誠「千餘年不傳之絕學」？〔註32〕反思惠氏在清代學術史上的地位，此等迥異的褒貶，耐人尋味，疏理真象，躍躍欲試，又為研究之重要動機！

基於前述研究動機，本論著希望能夠藉由對惠棟易學的全面爬疏，獲得下列的一些認識、釐清與有系統的見解：

（一）認識惠棟易學思想內容，董理其易學所表現的主要特質，以及在義理與象數兩大方面的內涵。

（二）藉由惠棟對漢《易》之考索，陳述漢魏諸家之思想內涵，認識漢魏易學家主張的關係。〔註33〕掌握惠氏對漢代《易》家易學所持

概論》，頁 24。）梁氏這番批評，研究者認為未見公允；其實，爻辰、納甲、升降、世應、六日七分等，都不過是漢儒言《易》理為曆法的一些不同的中介型態，惠氏一一加以考釋辨明，是功而非過，雖有偏袒漢儒之失，但整體來看，是藉由文獻資料的蒐尋，作為考證的依據，不能不說是實事求是的研究方法。又如惠棟反對陳摶的「河圖洛書」，主要是基於從還原漢代易學的角度切入，說明其「河圖洛書」並非等同於或近似於《易・繫辭上》「河圖」與「洛書」，以及《尚書・洪範》所代表的「洛書」（《尚書・洪範》所稱禹治洪水時，天帝賜予他《洪範九疇》的這則神話，劉歆認為《洪範》就是「洛書」）。至於陳摶的說法，以及宋儒所造的納甲圖、周敦頤的太極圖等，其評論在於各說法不同於漢，並且考證了各說法的來源。因此，梁氏對惠氏的批諷似乎過於片面性。

〔註30〕見王引之《王文簡公文集》，卷四，〈與焦理堂先生書〉。
〔註31〕見陳澧《東塾讀書記》，卷四，〈易〉，北京：三聯書店，1998 年 6 月第 1 版第 1 刷，頁 81。
〔註32〕惠氏治《易》，尤對鄭玄的「爻辰」，虞翻的「納甲」，荀諝的「升降」，京房的「世應」、「飛伏」與「六日七分」、「世軌」諸說，一一為之疏通證明，故汪中肯定其為「千餘年不傳之絕學」。（汪中所言，轉引自梁啟超《清代學術概論》，頁 24。）
〔註33〕例如，惠棟在其《易漢學》中考索鄭玄十二月爻辰圖，確認鄭玄與京房《易》都有共同的曆法基礎，他們所言的月建相同，十二月律也完全一致；同時與

　　的觀點，作為探尋漢人理解《易經》的本然特性，以及疏理漢代
　　易學源流的重要參考。

（三）確認惠棟易學對漢代易學的復原價值。

（四）釐清有清一代易學的發展，惠棟易學在當中所扮演的角色、在清
　　代易學史上的定位。

（五）檢討惠棟治《易》的通盤得失，期能獲得客觀之允評。

（六）希望藉由本論著，拋磚引玉，奠定後續研究能力，擴大縱向與橫
　　向的研究，積極掌握易學的發展脈絡。

二、前人研究成果概述

　　清代學術是國中學術思想的典型的鼎盛與再造時期，歷來學者都賦予各種
不同的學術稱號，有所謂的考據學、考證學、徵實學、〔註34〕乾嘉學、〔註35〕
樸學、〔註36〕漢學等說法。〔註37〕不管名稱如何，其學術本質是相同的，即以

　　　　孟喜《易》、《易緯》亦有甚多相同共通之處，可以清楚地廓清鄭玄《易》對
　　　　《易緯》、孟喜、京房《易》的繼承內容。考索京房與孟喜《易》，月建皆在
　　　　十一月建子，都反映為夏曆曆法，對應卦名四月為乾、十月為坤，二者亦皆
　　　　相同。又考索荀爽《易》，可以發現其乾坤升降變化與京房八卦宮次的形成過
　　　　程有許多共同之處，從二者邏輯上的共性，視荀爽《易》脫胎於京房《易》。
　　　　這些異同與共通的情形，可以作為諸家易學源流的重要參考。

〔註34〕不論是考證學、考據學，或是徵實學，基本上是就治學的方法之角度作稱呼，
　　　　意指研究古籍字義、歷代典章制度、名物象數、史實發展等等，能予一一考
　　　　辨察覈，使之確鑿有據，徵實而不虛的一門學問。持此說者，諸如唐鑑《清
　　　　學案小識》、梁啟超《清代學術概論》、林慶彰《中國文化新論・學術篇・明
　　　　清考據學的發展》、馬積高《清代學術思想的變遷與文學》、來新夏《清代考
　　　　據學述論》、鄭天挺《清史簡述》等。

〔註35〕以乾嘉之學為稱，乃從時代發展的縱的區隔上來說。由於清代乾嘉年間，大
　　　　儒惠棟、戴震等人，以漢儒經注為宗，從小學入手，用訓詁考據方法治經，
　　　　開創吳、皖二大學派，造就後學，大張旗幟，形成鼎盛學風，故名。持此說
　　　　者，諸如馮友蘭《中國哲學史》、勞思光《中國哲學史》、于鵬翔《乾嘉學派
　　　　成因論》、陳祖武《從清初的反理學思潮看乾嘉學派的形成》、周維衍《乾嘉
　　　　學派的產生與文字獄無因果關係》、王俊義《清代的乾嘉學派》等等。

〔註36〕樸學乃學術的內容本質而言，《漢書・儒林傳》有所謂「吾始以尚書為樸學」，
　　　　可見樸學指的是質樸不尚辭藻之學。民國期間，支偉成撰有《樸學大師列傳》，
　　　　可以為此說之代表。

〔註37〕以漢學為名，是從與宋學相對的角度來說。江藩《經解入門・漢宋門戶異同》：
　　　　「何謂漢學，許鄭諸儒之學。何謂宋學，程朱諸儒之學也。」曾國藩《曾文
　　　　正公全集・歐陽生文集序》：「當乾隆中葉，海內魁儒畸士，崇尚鴻博，繁稱

漢學爲宗，重視考據實證，反對空疏不實之說，也就是希望循著「以經學之實，濟理學之虛」的學術理想而邁進。因此，從學術方法與學術傾向的角度言，崇尙漢學在於以經典之實，代替空憑的胸臆；以客觀的實證，代替主觀的思辨，回復漢學原來的面目，使經世致用的實學，能夠代替無用的理學；因爲惟有重回漢代經學的時空情境，才能夠撥亂反正，移風易俗，並馴致於治平之用。

確定漢代經學的學風理想，並進一步追求通經致用的目的，而其經世之志的理想高度，未必每個治經者皆能達到，往往一些人只能把重心放在循著考據的途徑，透過故訓驗證的方式，以辨明古書的義理。惠棟就是如此，雖必未能夠達到致用的理想，卻能超越宋學末流的窠臼，開啓漢學研究的新天地。後人評述前人經學造詣與成就，仍無法擺脫以那仰之彌高的形上義理視爲是較高的價值尺度來作爲衡量標準，在這樣的形情下，以回復漢《易》——偏重於象數之學爲職志的惠棟自然不能獲得較高的肯定了。是否眞的如此，或許仍需進一步詳細的通覽研究惠棟易學，排除以義理才是眞價值的態度，才能獲得較爲公允客觀的認識。

（一）史論書籍之有關評論

今日，不論我們以那一種價值判準來論定惠棟的學術成就，至少我們可以肯定的是，從惠棟同時期的相關典籍之呈現，對惠棟的易學成就，仍然是持著極高的評價，所以他在清代的學術發展上，仍佔有極其重要的角色。遺憾的是，一般研究者對清代學術的關注目光，大都把焦點擺在清初的王夫之、顧炎武、黃宗羲、毛奇齡與胡渭等人，乃至於同時期的戴震，以及之後的焦循、段玉裁等等名儒的身上，而惠棟始終仍是一直被忽視的。盱衡諸思想史論著，談到清代乾嘉學術思想的發展，惠棟或被數語點綴，或略而不言，而個別人物的思想專論，更看不到惠棟的影子。檢閱思想史對他的評論，馮友蘭的《中國哲學史》、韋政通的《中國思想史》、任繼愈的《中國哲學史》都未予論及，而勞思光在其《中國哲學史》中，提到乾嘉時期的學風，認爲「乾嘉之學，創於江（永）戴（東原），而大成於段（玉裁）王（念孫、引

旁證。考核一字，累數千言不能休，別立幟志，名曰漢學。」故漢學即崇尚漢儒專重訓詁的治經方式，排斥宋明之學的束書不觀、游談無根，空論心性義理的流弊，乃標幟「漢學」，以與「宋學」相抗。清代力崇實學，以矯空疏的諸儒，尚稱自己是漢學家，如江藩《漢學師承記》，錢穆《中國近三百年學術史》、徐復觀《清代漢學衡論》，皆以漢學爲尊。

之）」，〔註38〕至於惠棟的「惠氏之學則以株守漢人成說爲主，全無客觀是非標準，只是乾嘉時期出現之另一保守盲從之學派；與『乾嘉學風』不可相混」。〔註39〕根本否定惠棟在乾嘉時期應有的學術地位。另外，羅光《中國哲學思想史》在〈清代學術中的哲學思想〉中，於「考據學中的哲學思想」的段落裡，提到惠棟《易》著裡有一些哲學的觀念，包括「元」、「無」、「潛」、「隱」、「微」、「幾」、「虛」、「始」、「初」、「本」、「道」、「遠」、「神」、「誠」、「中」、「純」、「精」等，而「這些觀念又都是儒家哲學的重要觀念」；對惠棟的綜合評論，則說「他在易學上，雖然對漢易有所說明，然在思想上並沒有重要的位置」。〔註40〕

　　在儒學史的有關論著中，皮錫瑞《經學歷史》，前面研究動機中已略有引述，「雍、乾以後，古書漸出，經義大明。惠、戴諸儒，爲漢學大宗，已盡棄宋詮，獨標漢幟矣」，惠棟對當世學風之影響深遠，故其復興漢學功不可沒。〔註41〕趙吉惠等人編撰的《中國儒學史》，談到清代漢學的興衰時，對惠棟並無過多的評論，認爲他「用漢學對抗宋學，模依和繼承漢代經師的家法」，「引導人們埋頭儒家經典，重訓詁，審音義，考證典章制度」，對於漢學的復興，有一定的功勞存在。〔註42〕苗潤田著《中國儒學史》，在明清卷中提到〈乾嘉學派的文化努力〉，引用惠棟《松崖文抄》說明「古訓」與「經師」對治學的重要性，認爲「漢經師之說，立於學官，與經並行。五經出於屋壁，多古字古言，非經師不能辨。經之義存乎訓詁，識字審音，乃知其意。是故古訓不可改也，經師不可廢也」。惠棟治學或有缺失，但整體而言，他「在清代學術舞臺上第一個揚起了漢學之幡，成爲乾嘉之學的開派宗師」，所以錢大昕評論他是漢學的「燦然復章」的推動者。〔註43〕

〔註38〕見勞思光《中國哲學史》（三下），臺北：三民書局，1995 年 9 月增訂 8 版，頁 824。

〔註39〕同前註，頁 806。

〔註40〕參見羅光《中國哲學思想史》，臺北：臺灣學生書局，1981 年 11 月初版，頁 393～400。

〔註41〕參見皮錫瑞《經學歷史》，臺北：藝文印書館，1996 年 8 月初版 3 刷，頁 343。

〔註42〕參見趙吉惠、趙馥潔、郭厚安、潘策等著《中國儒學史》，河南：中州古籍出版社，1993 年 4 月第 2 次印刷，頁 802。

〔註43〕參見苗潤田《中國儒學史》（明清卷），廣東：廣東教育出版社，1998 年 6 月第 1 版第 1 次印刷，頁 294。轉引惠棟語，見《松崖文抄・九經古義述首》，卷 1。轉引錢大昕語，見《潛研堂文集・惠先生棟傳》，卷 39。

　　有關易學史的論著方面，徐芹庭《易學源流》中，論述清代之易學源流時，分爲十餘個派別來說明，〔註44〕其中在象數派易學與輯佚派易學方面，特舉惠棟時期爲漢學全盛之時，「蓋彬彬乎大有漢儒重現之勢」，肯定他「鉤證考稽，掇拾散佚。引據古義使學者得見漢易之門徑，信有功於儒林者也」。〔註45〕並且，在「《周易》條例之撰述」的論說方面，以惠棟始爲《易》之例，著《易例》專考漢儒易學之條例，凡九十類，其「採摭漢儒易說，隨手題識，以爲資料。故有不當爲例而立一類者，有一類爲數例者，良由未及整理而卒故也。然漢儒傳經之大略，皆在於是。其嘉惠儒林，功不可沒」。〔註46〕徐氏致力於易學研究，深入各家《易》說，洞悉惠棟論著，瞭解優劣良窳，肯定其易學之成就。

　　朱伯崑《易學哲學史》的評論，認爲乾嘉時期，「吳派即惠棟一派或博采、闡述漢人古訓，或唯漢學是從，可謂典型的漢學家」。〔註47〕針對惠棟的易學論著，提出幾個治《易》的特點，首先認爲惠棟以漢學爲經之正統，認爲後來漢學遭到破壞，而《易經》尤甚，王弼乃其禍首；所以他提倡漢《易》，旨在反對王弼以來的義理之學。〔註48〕朱先生所言爲是，不過，惠棟是否爲反對義理之學而反對？其實其反對的動機在於回復漢學本質，並不意在反對義理，因爲他肯定古訓明，然後真義理才明，如此一來，惠棟關於宋明以後，不合漢《易》本質的象數之學，他仍然反對到底，如此才能還原漢《易》的真面目。其次，認爲就解字系統來說，其對《周易》經傳中的文字訓詁，旁徵博引，涉及北魏以前的許多典籍，以此證明荀爽、虞翻等人對經文的注釋爲正宗。所以，其注疏提供許多可貴的資料，這也是惠氏漢學的主要貢獻。〔註49〕惠氏這方面的基本貢獻，是不容否定的，對研究漢代易學，提供了不少彌足珍貴的資料，尤其是針對鄭玄易學的輯佚，更是有目共睹的。奈何王引之

〔註44〕徐氏將清代之易學，分爲清皇室易學、程朱派易學、其他理學派與義理派易學、象數派易學、清代圖書之學、疑古派易學、考據音韻派易學、佛老心性派易學、占筮派易學、史學派易學、集解派易學、輯佚派易學、其他述著與《周易》條例撰述等十餘類別。（參見徐芹庭《易學源流》，臺北：國立編譯館，民國76年8月初版，頁992～1172。）

〔註45〕括弧引文，同前註徐書，頁1028、1036。

〔註46〕同前註，頁1106。

〔註47〕見朱伯崑《易學哲學史》（第四卷），北京：華夏出版社，1995年第1版第1刷，頁293。

〔註48〕同前註，頁298。

〔註49〕同前註，頁301。

以皖派後傳之見，嗤之以無所建樹？其三，認爲惠氏注釋著眼於象數，既不同於宋代的義理之學，也不同於宋《易》中的象數之學。〔註 50〕惠氏之學，既以復原漢《易》爲宗旨，其說《易》、解《易》，自不同於宋《易》通說。惠氏依漢《易》之說，對《周易》經傳中重要範疇和命題所作的解釋，著眼於卦象的形成和變化；其引卦氣說，也在於說明卦爻象變化同氣象的變化一樣，有其規律性。這樣的解釋，與宋代義理之《易》相比，當然其哲學的意味就被淡化了，至於是否也取消了其哲學範疇的價值，這未必然，畢竟象數之說，仍有其高度的哲學的邏輯與驗證之特質存在。總而言之，朱先生肯定惠棟在考據方面的成就，至於哲學範疇的開創則不足，所以「惠棟只是一位考據學者，並非哲學家」。〔註 51〕

此外，楊向奎編撰《清儒學案新編》，第三卷納入惠周惕、惠士奇、惠棟祖孫三人學案。〔註 52〕其中談到惠棟的部份，提出了一些對惠氏治學的觀念看法，綜合歸納如下：

其一、質疑惠棟治《易》是本於今文經，抑或歸於古文經？今綜觀惠氏易學諸論，引用孟喜、虞翻、京房、干寶、宋咸、鄭玄、荀爽諸家之《易》說，綜今古文於一爐，而尤以虞仲翔爲主，又不廢荀慈明。虞氏直紹《孟氏易》，爲一般通說，無須贅議，而荀氏則傳費直古《易》，這也是可考的。〔註53〕惠氏綜述諸家之《易》，是否合同今、古文？楊向奎斷言惠棟之所謂古文、今文，另有含義，認爲惠氏以《易》經說都屬今文，而文字章句都是古文。王弼、韓康伯而後，多俗字易古字，因而古訓淪亡。〔註 54〕楊氏提出這樣的一個概念，是值得去進一步仔細探索的，到底是惠氏誤認今、古文《易》家呢？或者他真的另用想法呢？不過，在這樣至少可以肯定的是，不論是表代

〔註50〕同前註，頁 302。

〔註51〕同前註，頁 306。

〔註52〕楊向奎《清儒學案新編》，第三卷，撰〈惠周惕、惠士奇、惠棟《三惠學案》〉，山東：齊魯書社，1994 年 3 月第 1 版第 1 刷，頁 106～175。

〔註53〕關於荀爽傳《費氏易》的情形，荀悅曾論述爽治《易》，提到：「臣悅叔父司空爽傳《易傳》，據爻象承應陰陽變化之義，以十篇之文，解說經義，由是兗豫之間言《易》者咸傳荀氏學。」（見《前漢記》，卷 25）清人陳澧也提到：「孔子作十篇，爲經注之祖；費氏以十篇解說上、下經，乃義疏之祖。費氏之書已佚，而鄭康成、荀慈明、王輔嗣，皆傳費氏學。此後諸儒之說，凡據十篇以解經者，皆得費氏家法者也。其自爲說者，皆非費氏家法也。說《易》當以此爲斷。」（見《東塾讀書記・易》，卷 4）可以看出荀爽《易》同於費直古《易》。

〔註54〕參見楊向奎《清儒學案新編》，第三卷，頁 117。

今文的，或是代表古文的，惠氏基本上對漢《易》諸家並不排斥，他治《易》的主要目的是要還原漢《易》諸家的本來面貌，至於使用古字，本來就是清代樸學的正統觀念，希望通過古字古音以明古訓，因爲惟有藉由古訓才能夠眞正的明白經典的本義。

其二、談到惠棟講「天人之道」的問題。〔註 55〕基本上，漢代今文《易》多雜有陰陽災異、天人感應的概念，這些概念常呈顯於「爻辰」、「納甲」、「卦氣」、「升降」等倡論當中。例如漢儒使用卦氣配合曆象，掌握天時，以爲天時不正，則可以隆冬大暑，盛夏嚴寒；而天時所以不正，主要是由於統治者「失道妄行」，以致卦氣悖亂；卦氣勃亂則陰陽失調而災異流行。這是漢代經師的「天人之學」。惠棟慨歎於宋、元以來，漢學淪亡，本於復興漢學爲任，故而也倡論「天人之學」。

《易》以言天道，而《春秋》則言人事，爲歷來典籍、儒者所認同的基本本質。楊向奎認爲惠氏的天人之學，即溝通《易》與《春秋》；所以他進一步說明：

> 《易》是「天學」，宇宙萬物之成長，實與《易》之成長相因乃二而一者。而《春秋》紀事，效法《易經》，以人事結合天道，所以他（惠棟）說：「易與春秋，天人之道也。」……萬物發展是宇宙的實體，而《易》是宇宙實體的表德。《春秋》紀事，效法于《易》，歷代以紀『元』開始，即效法《易》以太極爲首。《易》爲天道，《春秋》爲人事，天道與人事結合，是「天人之學」。〔註 56〕

楊氏所般說法，初見合理，但未明確指證加以說明，以強化惠氏眞將《易》與《春秋》溝合的立論。不過，楊氏所說「天人之學」的概念，確實是惠氏所重視的，而這樣的概念，基本上也點出了宇宙論本體論、天人觀等義理方面的思想，這方面的思想，是探尋惠氏義理思想的重要一環，尤其是「元」、「氣」的概念，這是值得去詳細瞭解的。至於這方面思想的材料，可以從《易例》、《易微言》等論著中獲得更豐富的資訊。

從惠氏「天人之學」的概念，可以引發出以經通史的思想融通之傾向，這樣的議題，或許可以進一步去探索。

關於宇宙本體論的議題，這裡這特要指出的是有關「有」與「無」的問

〔註 55〕參見楊向奎《清儒學案新編》，第三卷，頁 118。
〔註 56〕參見楊向奎《清儒學案新編》，第三卷，頁 118。

題；個人粗觀惠棟各著，尤其是《易微言》所述，認爲惠氏是否定「無」的，確定儒家不會以「無」爲本，也就是所謂「六經無有以『無』言道者」，「無通于元，故元爲道之本」，在這種情形下，既知「元」爲道的根本，那「後世先天、無極之說，皆不可用也」；〔註57〕以此進一步推論後儒所謂的太極爲「無」，是極其荒謬的，藉由對「有」的肯定，來否定太極的「無」，這是惠棟的看法。關於這方面的觀念，個人將於本論著中，對惠棟易學的義理思想方面的部份，予以詳細推闡。

其三、楊氏理解到惠棟既然以漢學爲主，而漢代經學，尤其是今文經學，不離讖緯，當中《易》更多緯，於是惠氏著作中多引用讖緯思想。〔註58〕綜觀漢代經學發展，尤其是今文經學，摻有陰陽災異等讖緯思想，並且後來與道教合流，在這種情形下，惠棟所謂的漢學，本來就是今古雜糅，其引進諸如《陰符經》、《靈寶經》等道教經典，以及具有道教色彩的《抱朴子》，是可以被理解的。

其四、提到惠棟對「理」的理解，認爲惠棟所言之理，乃引法家之言爲立論。〔註59〕惠棟雖然引《韓非子・解老》云「理」：

> 凡理者，方圓、短長、麤靡、堅脆之分也，故理定而後物可得道也。

〔註60〕

這樣的「理」的概念，事實已是漢代黃老刑名思想下的普遍概念，楊氏以從純法家的角度去論定，未必圓融。惠氏對「理」的本質之詮釋，其詳細說法爲：

> 理字之義，兼兩之謂也。人之性，稟于天，性必兼兩。在天曰陰與陽，在地曰柔與剛，在人曰仁與義。兼三才而兩之，故曰性命之理。《樂記》言天理，謂好與惡也。好近仁，惡近義，好惡得其正，謂之天理。好惡失其正，謂之滅天理。……性有陰陽、剛柔、仁義，故曰天理。
> 後人以天人、理欲爲對待，且曰「天即理也，尤謬」。〔註61〕

從事物對立的普遍性視野來解釋「理」，與宋儒所說的「理」，根本不同，而與戴震的「理存乎欲」的概念，則極爲接近。宋儒以理欲相分，理欲之界爲

〔註57〕見《周易述・易微言上・無》，《皇清經解》，卷三四九。收於臺北：藝文印書館《皇清經解易類彙編》，頁 546。

〔註58〕參見楊向奎《清儒學案新編》，第三卷，頁 119。

〔註59〕參見楊向奎《清儒學案新編》，第三卷，頁 121。

〔註60〕見《周易述・易微言下・理》，頁 587。

〔註61〕見《周易述・易微言下・理》，頁 586～587。

君子小人之分，認爲「不出於理則出於欲，不出於欲則出於理」，把理和欲分爲二途，並且予以對立起來。戴震則於《孟子字義疏證》一書中，提出不同於宋儒的見解，強調人生的基本需求，在於謀生存活，而不但要自己活下去，也要讓別人也能活下去，從而從成了仁與不仁的基本分野，因此，在談論邪與正的區別時，合乎超驗的理是正，不合超驗的理則爲邪。〔註 62〕這般的說法，與惠棟對立言理，是相謀合的。

其五、提到惠棟對「明堂」的理解，將「明堂」與《易經》相結合。楊氏進一步批評惠棟「這是相當笨拙的結合」，「惠棟本人也未必清楚他說的究竟是什麼」。〔註 63〕楊氏這般批評，似乎未能詳明惠棟的用心與論述觀點。惠棟專著《明堂大道錄》一書，其明堂制可以贊天地之化育，而《易經》則是贊天地化育的根本，所以明堂制度效法《易經》；惠棟提到：

> 太極生兩儀，兩儀乾坤也，故分而爲二以象兩，大衍之數有三才。……引伸三才，觸類而長之，以成六十四卦。聖人成能，故天下之能事畢矣。明堂者，王者貫三才之道，以施於春秋冬夏，即大衍之數也。孟子曰：「夫明堂者，王者之堂也。」一貫三爲王，王者順時行令，故兼三王之道，以施於春秋冬夏，所以贊化育也。明堂以聽朔爲先，本大衍歸奇再扐之法。〔註 64〕

惠氏引孟子言「明堂」，認爲「明堂」是天子的太廟，而「明堂」法《易經》，也就是效法《易經》的天人之道，天子以政教之所，行天人之道，自是合宜的。同時，惠棟以八卦、九宮卦氣解釋明堂，基本上是漢代易學思想的反映。又因九宮在地上的表現是「天子輪流居九室」的明堂，故惠棟以九宮卦氣、八卦《易》理探究明堂組成的深層含義，以《易》理說明明堂大道，是合乎周秦文化的歷史事實，也是合乎漢儒的有關認識的。〔註 65〕

〔註 62〕戴震《孟子字義疏證》一書，對「理」的論述極爲詳細。強調「人之生也，莫病於無以遂其生」，這是人的基本需求；而「欲遂其生，亦遂人之生，仁也。欲遂其生，至於戕人之生而不顧者，不仁也」。欲本無正邪之分，但不能以己之欲妨礙他人之生存。至於正邪之分，「則謂以理應事也」。關於戴震理欲不分的概念，《疏證》但言詳密，在此不予贅言。

〔註 63〕參見楊向奎《清儒學案新編》，第三卷，頁 122～123。

〔註 64〕見惠棟《明堂大道錄》，卷二，〈明堂權輿〉。收於臺北：廣文書局輯《惠氏易學》（下）（輯自南菁書院《皇清經解續編》本），民國 62 年元月初版，頁 1268。

〔註 65〕參見李開《惠棟評傳》，江蘇：南京大學出版社，1997 年 7 月第 1 版第 1 刷，頁 372。

　　楊氏從義理的方向著手，提出以上幾個概念，基本上大致不認同惠氏的說法。不過，所言者無非也引出讀者一些思路，或許不認同，仍不失有可觀之價值。關於不認同的看法，作者也於前述一一提出辨駁，或許觀點不同，亦有可討論之處，惟待研究詳考。

（二）專著之研究情形

　　歷來不論是思想史、經學史與易學史的專著，對惠棟所作的評論不多，且評論正反不一，大致認為其治學功過參半。至於對其易學論著之研究論文，則亦寥寥無幾，今蒐羅所見，也只有幾篇；包括從其一生治學作傳述評論，或從其經學的成就來評論，或以其單一著作《易例》作為研究對象，無法有系統、全方位的透視其易學的全部。以下分別將今所見相關論著，作簡要介紹與評析。

1. 李開《惠棟評傳》〔註66〕

　　李開在其《惠棟評傳》的論著中，深入惠棟原著，闡發惠棟在《尚書》學、《詩經》學、《三禮》學、《春秋》學、《易》漢學、《論語》學、史學、語言文字學等方面的成就。在易學方面，主要針對惠棟《易漢學》與《周易述》系列著作兩部份進行考述。認為惠氏易學是解釋學和重知科學精神的邏輯發展，而其治《易》之功勞有五：其一乃惠氏易學居清儒之冠，前無儔匹；其二為立漢儒易學為考論《易經》本經本論的準繩，顯揚《易經》於千古幽渺之中，引脫《易》理於從來的玄奧之外；其三為著述於筆墨，基本廓清漢儒易學的原委真相；其四，在考索和考論漢儒易學的過程中，梳理、闡揚漢以後諸儒有用之說，如孔穎達、二程、朱熹等，初步形成一條易學學術史的線索；其五為惠氏罷斥王弼、韓康伯注疏，獨宗漢儒，以復興漢學為旗幟，具有實證的科學精神，也是對我國第一次西學東漸的科學精神的繼承與發揚。因此，惠棟在我國古代學術邁向近代學術中，具中介橋樑的作用。〔註67〕然而，李氏對於這五大功勞的主要內涵若何，並未詳實而有系統的作交待與說明。

　　李氏提到惠棟考索漢《易》，大量引用緯書，初步肯定其所用者，主要是當中的自然科學知識。〔註68〕基本上，也就是一些天文、曆法的概念；進一步地說，漢《易》實際上實證《易經》本質上是曆法的呈現。〔註69〕惠棟清

〔註66〕李開《惠棟評傳》，江蘇：南京大學出版社，1997年7月第1版第1刷。
〔註67〕同前註，頁173、187。
〔註68〕同前註，頁192。
〔註69〕惠棟以漢《易》反映曆法的本質，在李氏著作中每可呈現，諸如同前註，頁

楚地處理《周易》中的一些科學知識的問題，將《易》視爲古代的曆法，也就是還原《易》爲天象運動及其曆象記錄，進一步地說，惠棟是以天文曆法科學知識配合象數以解釋《易》理。李氏這般的見解與體會，值得研究者之參考。不過，惠棟是否眞的標示出《易》理等同於天文曆象，這是需要更深入斟酌理解的；惠氏基於科學考證的需要，確認諸家引天文曆法合同於《易》象，這是解說建構的過程與方式；《易》理同天地自然之道，以天文曆法中介於《易》理，是極合乎邏輯判斷的。

一般人認爲惠氏尊古爲好，標漢幟而揚棄宋明之學，然李氏在其論著中也點出惠棟考古文獻原典，考證漢儒《易》說，並不排斥宋人之說。〔註70〕另外，論著也指出，惠棟以八卦、九宮卦氣解釋明堂，完全是漢易學的思想反映；以九宮卦氣、八卦《易》理深究明堂組成的深層含義，以《易》理闡說明堂大道，是合乎周秦文化的歷史事實的，也是合乎漢儒的有關探究的。〔註71〕

李氏論述惠棟治《易》本著高度的科學驗證的態度與精神，卻未將惠氏易學的特質作有系統的分析，致力於爲惠氏易學作合理的辨說，有關惠氏治《易》的得失，未見公允的體現，實在可惜。

2. 耿志宏《惠棟之經學研究》〔註72〕

耿志宏《惠棟之經學研究》的研究論文中，針對惠棟經學方面的著述作全面性、概括性的討論，包括對惠氏家學與著述的考索、易學、尚書學、禮學、春秋左氏學及九經古義學等方面。

關於易學方面，對惠氏的個別著述作了簡略的個別說明，包括《易例》、《周易述》、《易漢學》與《周易本義》等四部，並未包括惠氏的全部易學著作。在《易例》的探述方面，主要提出《易例》的三個缺失：

其一爲未能明辨，有不當爲例者；

其二爲一例叢出，併散見他處者；

其三爲引證之文，有與易例無涉者。〔註73〕

這些缺漏，確實可以在《易例》中檢視出來，然而去蕪存菁，仍可體現《易

189～206、221、245 所述。
〔註70〕同前註，頁 203～204。
〔註71〕同前註，頁 373。
〔註72〕耿志宏《惠棟之經學研究》，臺北：國立政治大學中國文學研究所碩士論文，1984 年 5 月。
〔註73〕見耿志宏《惠棟之經學研究》，頁 71～74。

經》的本然面貌，漢《易》傳述的崖略。〔註74〕故檢視缺失，固是研究之入門，若能精審詳考，建議增補分合，方可益見研究的價值。宜增之例，諸如「卦氣」〔註75〕、「爻辰」〔註76〕、「世月」〔註77〕、「納甲」〔註78〕、「納支」〔註79〕、「六親」〔註80〕、「五行」〔註81〕、「沖合」〔註82〕等等。《易例》當中，僅提

〔註74〕　參見《四庫全書總目提要‧經部六‧易類六》，〈易例〉提要云：「苟汰其蕪雜，存其菁英，因所錄而排比參稽之，猶可以見聖人作《易》之大綱，漢代傳經之崖略。」（臺北：臺灣商務印書館，民國57年3月臺1版，頁56。）

〔註75〕　李道平《周易集解纂疏》提到：「卦氣之說，出于易緯稽覽圖。」（見李道平《周易集解纂疏》，北京：中華書局，1998年12月1版北京2刷，頁12。）屈萬里《先秦漢魏易例述評》則云：「卦氣之說，出于孟喜。」（見臺北：廣文書局，1975年3月版，頁82）二說雖異，但知漢《易》確有。卦氣之說，惠棟《易例》雖少言，但《易漢學》中則有「卦氣圖說」一節。

〔註76〕　李道平《周易集解纂疏》提到：「爻辰者，乾坤十二爻左右相錯，當十二辰也。……又京房亦言爻辰，與鄭不同，乾左行陽時六，始于子而終於戌，二家所同；坤右行陰時六，始未而終巳者，鄭氏說也；始未而終酉者，京氏說也；二家同出于律辰。」（同前註李書，頁29、31）屈萬里《先秦漢魏易例述評》亦云：「至鄭玄復小變其說，於乾六爻則從京氏，於坤六爻則值未酉亥丑卯巳。」（同前註屈書，頁110）又徐芹庭云：「此鄭氏易注用之。其法以乾初九爲子配黃鐘，九二爲寅配太簇，……坤初六爲未，配林鐘，六二爲酉，配南宮，……」（見徐氏《兩漢十六家易注闡微》，臺北：五洲出版社，1975年12月出版，頁74）爻辰之說，漢時已有，無待辯駁。惠棟《易例》未列入其說，然《易漢學》卷六中則載有「鄭氏周易爻辰圖」一節，以及「鄭氏易」一節，皆云爻辰解《易》之法。

〔註77〕　李道平《周易集解纂疏》提到：「胡一桂京房起月例云，一世卦，陰主五月，一陰在午也；陽主十二月，一陽在子也。……歸魂二世所主，與三世卦同。案自納支以下，干氏易多用之，蓋干氏說易多附人事而取例，亦比諸家較也。」（同前註李書，頁48）屈萬里《先秦漢魏易例述評》亦云：「京房占術，又有世卦起月之例，以八宮卦分值十二月。其術與卦氣之說殊。」（同前註屈書，頁106）惠棟《易例》未列入其說，然《易漢學》卷五中則載有「世卦起月例」一節，即云世月之說。

〔註78〕　「納甲」之說，京、費、荀、虞、干氏，皆以此解易。徐芹庭《兩漢十六家易注闡微》中已予證言（見徐書，頁69），在此不再贅舉。其實惠棟易學中，對納甲之說有極詳細論述，主要見於《易漢學》卷三「八卦納甲之圖」與卷四「八卦六位圖」各節當中。

〔註79〕　李道平《周易集解纂疏》提到：「納支者，以八卦之六畫分納陰陽六辰。」（同前註李書，頁39）徐芹庭《兩漢十六家易注闡微》亦云：「納支者以八卦六爻分納十二支也。配以五行與納甲，則六十四卦乾在內者初九納甲子水，九二甲寅木，九三甲辰土；乾在外卦者，九四壬午火，九五壬申金，上九壬戌土，餘依圖類推。」（同前註徐書，頁69）惠棟於《易例》「爻等」一例及《易漢學》卷四「八卦六位圖」中有其論，宜另列出。

〔註80〕　李道平《周易集解纂疏》提到：「六親爻例起于京君明。」又云：「如乾初甲

標目而缺引文案語者，如「緯書所編多周秦舊法不可盡廢」、「易氣從下生」、「大衍之數五十一章即伏羲作八卦之事後人用之作卜筮即依此法」、「左傳之卦說」、「中」、「承乘」、「應」、「君道尚剛不尚柔」、「說卦方位即明堂方位」、「性命之理」、「震初爲聖人」、「乾九三君子」、「坤六三匪人」等例，皆爲宜補之例。其他關於宜分宜合之例，亦有甚多值得探討之處，在此就不予贅述。惠棟《易例》雖僅二卷，但可以探究之處頗豐，除了對《易》之例本身的考辨外，也可以瞭解惠棟注引資料的蒐羅情形，以及《易例》所展現出的特色、得失、價值等等，最重要的是能綜合惠氏全部易學論著來討論，以明惠氏易學思想之全。

　　對於《周易述》的探述方面，耿氏提出了幾個概念，包括《周易述》遠溯漢儒注《易》之大義；徵引群經以說《易》；徵引《十翼》以說《易》；徵引諸子以說《易》；徵引字書以說《易》；詳明禮制以說《易》；歸本於人事以說《易》；兼取緯書之文以說《易》；獨採孟喜、趙賓義，謂明夷六五「其子」讀爲「亥子」等等。〔註 83〕耿氏所言者，主要是考索惠棟《周易述》的論述

子，子爲水，金生水爲義爻；乾外壬午，午爲火，火剋金爲制爻是也。」（同前註李書，頁 41、42）此即視爻與爻之間六親關係。另外，徐芹庭《兩漢十六家易注闡微》亦云：「六親爻例起於京氏易傳。而荀九家間亦用以解易。」（同前註徐書，頁 74）惠棟於《易例》「爻等」一例第二條引京房乾卦傳註曰：「水配位爲福德（陸績曰：甲子水，是乾之子孫）。」其陸績註云云，即視爲爻與本宮之六親關係。

〔註81〕「五行」之名首見於《尚書・洪範》。屈萬里《先秦漢魏易例述評》云：「於參天兩地數之語，證知已取乎以五行配數字之義。」（同前註屈書，頁 57）徐芹庭《兩漢十六家易注闡微》列「五行」一例云：「說卦傳云：『乾爲金，坤爲地（地即土也），巽爲木，坎爲水，離爲火。』……此漢儒注易所取五行之象。繫辭傳：『五位相得而各有合。』虞翻注云：『五位，謂五行之位。』」（同前註徐書，頁 68～69）惠棟《易漢學》卷五詳載「五行」一節，在《易例》一書中宜予補入。

〔註82〕惠棟《易漢學》卷五「五行」一節引王充論衡云：「王之衝死，相之衝凶。」其「衝」同「沖」字，謂八卦相沖之義。卷三「五位相得而各有合」一節，引虞註《繫傳》云「甲乾乙木，相得合木」諸語，是謂天干之相合。王洪緒《卜筮正宗・生剋沖合論》載「子午相沖，丑未相沖」云云，則指地支之相沖。又載「子丑相合，寅亥相合」云云，又謂地支之相合。（見王氏《卜筮正宗》，臺北：宏業書局，民國 74 年 3 月版）惠棟《易漢學》卷五「五行」一節引《淮南子・天文訓》「木生于亥，壯於卯，死於未，三辰皆本也」云云，又引高堂隆議臘用日「水始於申，盛於子，終於辰」云云，即後世所謂「三合會局」之例。《卜筮正宗》卷一「三合會局歌」云云，以申子辰爲水局，亥卯未成木局，巳酉丑成金局，寅午戌水局，其源有自，驗於《淮南子・天文訓》等，是漢代已有此法，故可增爲《易》之例。

〔註83〕見耿志宏《惠棟之經學研究》，頁 75～90。

依據，既是如此，惠氏注引群書，可以發現其引用缺漏或錯誤者，這方面是值得提煉出來的。《周易述》是惠棟易學論著當中的主要著作，內容極爲豐富，可以探索的題材頗繁，耿氏限於對惠棟經學的通論性研究，故未予詳細疏理。

在《易漢學》的探述方面，包括對孟喜、虞翻、京房、鄭玄與荀爽諸家《易》之簡要探述，以及提到駁斥宋人諸說等部份。〔註 84〕耿氏所述，似乎僅舉惠棟論《易》之非，未明其對復原漢《易》之功，取一般對惠氏易學的缺失觀點，抹殺惠氏治《易》的成就，實有所偏。復原漢《易》，當然必須站在漢代易學環境實況來立說，漢代諸家說《易》有誤，自是漢人之誤，復原者的功夫本在復原，至於原諸家之誤，則可以另爲之補說；在這補說的方面，則確爲惠氏所不足者。不過，以標幟漢學，考證復古爲目的者，我們當予以體會，不能單以我們的角度，定其功過，如此則對前儒不公。

此外，關於對《周易本義辨證》的探述方面，論其要旨，包括辨證文字，以歸於古；注加音釋，宛述《易》義；疏通句讀，以求《易》義；歸本漢儒，以見旨歸等內容。〔註 85〕簡要列舉，詳細內容不明。

關於惠棟易學的研究，耿氏只作簡要的概括說明，並引用王引之的譏評作結——「考古雖勤，而識不高，心不細，見異於今者則從之，大都不論是非」。〔註 86〕每個人觀照人事的角度、態度皆有不同，惠氏易學，盛於斯時，廣被「惠九經」之崇澤，然而時過境遷，轉以毀譽參半，治學如斯，自是千萬不樂見。抽剝缺舛於細微，亦當見其可觀之大處，既是優點，理應不吝共襄推闡。

3. 孫劍秋《清代吳派經學研究》〔註 87〕與《易理新研》〔註 88〕

孫劍秋在其論著中提到惠棟之易學，針對《周易述》，簡略列舉其特色爲「述而不作」、「雜糅家法」與「改易經文」三項，〔註 89〕但未就所舉特色，提出實例詳加說明。關於所言惠氏「述而不作」方面，確實惠氏所論卦爻象與卦爻辭的關係，基本上是恪守虞翻、荀爽與鄭玄等人所提出的體例，加以

〔註 84〕見耿志宏《惠棟之經學研究》，頁 91～101。
〔註 85〕見耿志宏《惠棟之經學研究》，頁 105～110。
〔註 86〕耿氏註引王引之之言，出自焦循《焦氏叢書》，卷首，王伯申手札。另外，王引之《王文簡公文集》，卷四，〈與焦理堂先生書〉，同錄一文。
〔註 87〕孫劍秋《清代吳派經學研究》，臺北：國立政治大學中國文學研究所博士論文，1992 年 12 月。
〔註 88〕孫劍秋《易理新研》，臺北：臺灣學生書局，1997 年 12 月初版。
〔註 89〕見孫劍秋《清代吳派經學研究》，頁 130。另見孫氏《易理新研》，頁 121～122。

融合，未見明顯的新意，然而觀照惠氏治《易》的基礎，本來就在復原漢說，豈能輕改漢人之說，倘能將漢人之說，予以條理分明的區分列說，亦不失爲漢代易學輯佚上的寶貴資料。今通觀惠氏《周易述》上下經考論，採取自注自疏方式考論經文，並另外專章考論《易傳》，此種架構，乃從古經傳分開之例，因爲《十翼》原皆單行，漢代學者爲便於誦習，連傳於經，才編成經傳參合本。其注疏結構，主要呈現卦名而後惠注──卦辭而後卦辭惠注與惠疏──爻辭而後爻辭惠注與惠疏的基本架構，其注疏極爲詳要，故不能偏言惠氏「述而不作」。至於「雜糅家法」方面，若強爲界說，確實惠氏未將今古文分列，一併作訓解，此今古《易》相雜，〔註90〕孫氏卻視之爲「未免不辨家法之譏」，〔註91〕或有厚誣之嫌。惠氏改易王弼以來的本子爲古子，雖本意出於尊古歸漢，卻也犯了擅易之忌，難辭其咎。〔註92〕

至於惠棟《周易述》裡對義理的闡發方面，孫氏也歸納出三點：其一爲釋《易》以「取象」、「卦氣」爲主；其二爲以《易》爲通天人之學；其三爲援道術以入《易》。〔註93〕的確，屬漢《易》大宗的虞翻，對《易》義的論述，確實雜有道家道術之說，這在黃老學說盛行的兩漢，乃至於東漢末年至三國時代，黃老道術成型的時代，學說摻雜道術之言，在所難免。不過，縱使惠棟引虞翻之言，或是闡發虞說，也未必刻意參用道術思想。另外，關於惠棟引讖緯之說入《易》方面，惠棟所引者，大多是緯書中的天文曆法的觀念，未必不宜。

孫氏也針對惠棟《周易本義辯正》作簡要的評論，提出三點論著上的成就，

〔註90〕孟喜、施讎、梁丘賀三家《易》，西漢宣、元帝時與京房《易》同立學官。（見《漢書‧藝文志》詳載）三家《易》皆受自王孫，源自田何，屬今文學家系統，而京氏之《易》，有說是傳自孟氏，從《漢書‧藝文志》有《孟氏京房》十一篇，以及《災異孟氏京房》六十六篇，可以看出二者關係匪淺；五代傳《孟氏易》，虞翻本此今文《易》說系統。至於鄭玄、荀爽二人，則皆傳自古文《費氏易》系統。惠氏注疏，同列諸家，混合今古，並非不辨家法，而是基於眾採諸家的本意，何況鄭玄治經，也混同了今古文，是否也該說他不識家法？

〔註91〕見孫劍秋《清代吳派經學之研究》，頁130。

〔註92〕阮元在〈十三經注疏校勘記序〉中，對惠棟改易經文提出批評：「國朝之治《周易》者，未有過於徵士惠棟者也。而其校刊雅雨堂李鼎祚《周易集解》與自著《周易述》，其改字多有似是而非者。蓋經典相沿已久之本，無庸突爲擅易。況師說之不同，他書之引用，未便據以改正久沿之本也。但當錄其說於考證而已。」（見《揅經室一集》，卷11，〈十三經注疏校勘記序〉）擅改經文，實屬大忌。

〔註93〕見孫劍秋《清代吳派經學之研究》，頁131～133。另見孫氏《易理新研》，頁122～125。

其一爲改易篇章次第，其二爲補音訓之未備，其三爲釐正篇章字句。〔註94〕可惜並未對所列成就，提出具體說明。關於惠棟其他重要的論著，包括《易漢學》以及《周易述》系列的《易微言》、《易例》與《易大誼》等著作，並未提及，無法表現出惠棟易學的全面性與概括性內涵。

4. 江弘遠《惠棟易例研究》〔註95〕

　　《易例》全書二卷，爲惠棟論著中的一小部份，江弘遠選擇惠棟《易例》一書作爲研究主題，能夠針對全書作全面性地精詳審覈，實屬可貴。其研究的內容，主要偏重於惠棟《易例》中九十目的考辨，江氏能予案語，發個人之見，體現用功之深；然而，通篇研究，以後人之說作爲標準，嚴厲批判惠氏之失，甚多內容多有過於苛責之嫌。

　　江氏研究結論，簡要提出惠棟《易例》所展現出的主要特色。〔註96〕首先提到，惠棟《易例》一書，多條引諸家眾書之語，而惠氏自身案語則少，並且有引文而無案語者。這一點，也可以說是惠棟的缺點與美中不足的地方。其次是書中行文有取同音借字者，這包括有爲避清高宗弘曆諱而改字者，以及慣用古本字者。又其次是惠棟於《易例》中，亦屢發異凡之語，或取舊以翻新之論。其實，取法舊說，終在復原考證，不足爲過，至於發凡人不同之論，只要立說成理，考實有據，仍不失創新有功。又其次，惠棟謂聖人不言先天圖，其意以先天圖爲後人所造，非聖人之旨，不可信。這也就是惠棟反對宋儒所言的先天之說，援引荀子法後王的思想，認爲先天四圖不可信，《易漢學》「辨先天後天」提到：

> 學者不知來觀諸往，不知先觀諸後，知後天則知先天矣。捨後天而別造先天之位，以周孔爲不足學，而更問庖犧，甚矣！異端之爲害也，不可以不闢。〔註97〕

在惠棟看來，認識後天就認識一切，而漢《易》是認識後天的。基本上，這也是考證學的基本精神，殆以遠古飄虛，流傳事物愈久則愈失其眞，必從實

〔註94〕見孫劍秋《清代吳派經學之研究》，頁 134～135。另見孫氏《易理新研》，頁 126。

〔註95〕江弘遠《惠棟易例研究》，臺北：國立臺北師範大學國文研究所碩士論文，1988 年 5 月。

〔註96〕見江弘遠《惠棟易例研究》，頁 497～500。

〔註97〕見惠棟《易漢學》卷 8，頁 3。《皇清經解續編》本，收錄於臺北：藝文印書館，《續經解易類彙編》，頁 117。

際的材料加以發揮，詳引考核，而不擅自杜撰附會。後天的概念，可以視爲
惠棟哲學思維的重要觀念，耿氏欲詳明此道，當從《易漢學》入手。

　　另外，江氏研究結論中也提到惠棟的幾個缺失，包括驗於惠棟他著，引案
注有與之出入者；引案注互相矛盾者；驗於他文，引案注有與之出入者；引案
注與例義不合者；未說明所引之處，而有抄襲之嫌；徵引與原文有異；避重就
輕；倒果爲因；有應爲例而略缺者；有不宜爲例而徵引之者；徵引他說欲密反
疏；引語之書名今見於他本者；諸例不合理引案注因之者。〔註98〕羅列諸多缺
失，部份言之成理，部份則吹毛求疵，見人見智。不過也可以見其用心之苦，
察毫末之細，故能於考據、象數與義理方面，得到一些啓示。〔註99〕此外，江
氏也提出惠棟《易例》宜合、分、補、增之建議；〔註100〕在增加的建議上，提
出甚多的例目，不過當中包括「卦氣」、「爻辰」、「世月」、「卦身」、「納甲」、「納
支」、「五行」、「沖合」、「長生訣」、「六獸」等等，這些例目在惠棟的《易漢學》
與《周易述》中皆有詳略提到，只不過惠氏未再將之列入《易例》著作中，畢
竟《易例》爲惠氏未竟之作，江氏若能引進說明，便可使之更臻完備。

　　江氏選擇惠棟《易例》一書作爲研究，雖屬惠氏易學論著之隅，其研究
範圍已屬完備，例仍有商榷之處，可以作爲研究整個惠氏易學的參考與借鏡。
惠氏易學的版圖廓畫在胸，自我期許，冀望開墾！

5. 黃順益《惠棟、戴震與乾嘉學術研究》〔註101〕

　　惠棟與戴震同爲乾嘉時期學術的巨擘，彼此熟識，治學方法又近，而又
各有特色，一般研究者普遍的評價，認爲惠棟求古，而戴震求是；二人論學
有合，又各著系統，瞭解惠棟與戴震學術，正可掌握乾嘉學術的脈動。黃氏
基於這樣的認識，試圖以惠棟、戴震二人的學術爲中心，對乾嘉學術作完整
的探究，期望能夠具體而清晰的朗現出乾嘉學術的條理本末，並予合理、客
觀的歷史定位。

　　對於惠棟的學術論述，首先黃氏提出惠棟的治學方法，主要表現在以經解
經以及實地親驗的兩個方面。〔註102〕黃氏這樣的概括，確實點出惠氏治經上的

〔註98〕見江弘遠《惠棟易例研究》，頁 500～512。
〔註99〕參見江弘遠《惠棟易例研究》，頁 512～515。
〔註100〕參見江弘遠《惠棟易例研究》，頁 522～540。
〔註101〕見黃順益《惠棟、戴震與乾嘉學術研究》，臺北：國立中山大學中國文學系博
　　　　士論文，1999 年 6 月。
〔註102〕參見黃氏《惠棟、戴震與乾嘉學術研究》第三章第二節〈惠棟的治學方法〉

部份特色，但也似乎有整體性上的不足，例如惠氏重視訓詁的方法，這是不可忽略的。而以經解經作爲文獻的引述上，表現的張力也似乎不足，因爲廣引群籍更能表現惠氏在文獻運用上的實質，引用經典只不過是其中的一部份而已。例如在治《易》的表現上，惠氏除了以群經釋《易》外，特別也以《易傳》解經，更以漢儒《易》說作爲論述的主要內容，除此之外，也以先秦諸子之說，以及漢代群籍爲說，引述廣泛，不以引經爲特別。至於黃氏所云「實地親驗」，作爲惠氏治學的兩個主要方法之一，殊不知黃氏特重此說，個人認爲此說並不足以代表惠氏之主要治學方法，惠氏畢生學術論著，主要表現在易學方面之成就，而在其易學論著中，難以釐晰出「實地親驗」這樣的治學方法。黃氏述明此一色特，指出「在其《漁洋山人精華錄訓纂》中，表現最爲明顯」，〔註 103〕這樣的說法，是可以獲得普遍認同的，但問題是《漁洋山人精華錄訓纂》並不足以代表其論著之主要部份。「實地親驗」的另一個側面，即是一種務實態度的表現。惠棟治學反對憑空臆說，重視考據，重視文獻的引用與論證，重視驗證的治學精神，而「實地親驗」或許只能反映出當中的一部份。

　　另外，黃氏也針對惠棟的學術成就，作了簡要的說明，包括從易學、《尚書》學、史學、考據學與義理學等方面，〔註 104〕大抵根本前人舊說，作整理概說，並無新義。除此之外，黃氏也置重於惠棟與戴震及乾嘉考據學發展的探討，包括二家的學術關係：從二人的交往、學術各著系統與吳皖分派等方面而言；並且談到二家的學術群體。最後針對乾嘉學術作爲概括性的回顧與展望。〔註 105〕

　　黃氏之研究，主要圍繞在乾嘉學術的宏觀面向來談，對於惠氏在易學方面的實質表現，則未深入觸及。

6. 康全誠《清代易學八家研究》〔註 106〕

　　康氏檢選清代易學家，包括王夫之、毛奇齡、李光地、程廷祚、惠棟、張惠言、焦循、姚配中等八家，以其易學思想，皆承先啓後，引領易學風氣，

　　　所述，頁 88～96。

〔註 103〕見黃順益《惠棟、戴震與乾嘉學術研究》，頁 95。

〔註 104〕參見黃氏《惠棟、戴震與乾嘉學術研究》第三章第三節〈惠棟的學術成就〉所述，頁 97～113。

〔註 105〕參見黃氏《惠棟、戴震與乾嘉學術研究》第五章、第六章，頁 158～288。

〔註 106〕見康全誠《清代易學八家研究》，臺北：私立中國文化大學中國文學研究所博士論文，2003 年 6 月。

足爲清代易學的主要代表，所以特別擇此八家作爲研究的對象。然而，所論內容，僅就各家各作介紹，八家間並無作任何聯繫或比較說明，一種概括性的論述，無法特別表現出某一家的詳細情況，介紹的性質，不能充份展現出突破性的研究成果，只能總結前人所言作簡要的資料整理分析。

對於惠氏易學，主要表現在其第八章〈惠棟易學研究〉中，〔註107〕其中主要談到惠氏易學淵源；以及惠氏治《易》的方法，包括「以群書解《易經》」，以及「釋《易》以『卦氣』、『取象』爲主」兩個方面；以及惠氏的易學理論，包括「棄宋復漢」與「以天地造分、〈乾〉〈坤〉相交爲《易》理」兩方面；最後提到惠氏的易學成就，從「對漢《易》之恢復與保存」與「建立完整之漢《易》考據學」等兩個方面來談。

惠氏之研究，由於所涉八家內容其廣，因此只能粗略概說，不能集中於某家而詳細梳理，故在前人研究的基礎上，難有更進一步的突破。不過，對於惠氏易學，康氏也能架構輪廓，點出其部份重要的內容。

目前惠氏之有關學術研究，除了前述諸作外，尚有短篇研究論文，如三英〈惠棟的治學思想〉，〔註108〕尹彤云〈惠棟《周易》學與九經訓詁學簡評〉以及〈惠棟學術思想研究〉，〔註109〕漆永祥〈惠棟與古籍整理〉，〔註110〕漆永祥〈惠棟易學著述考〉，〔註111〕陳居淵〈論惠棟的經學思想〉，〔註112〕孫劍秋〈惠棟治《易》特色及其貢獻述評〉等等。〔註113〕其它探討乾嘉時期有關之議題，可謂汗牛充棟，但針對惠氏而言者，相較於同時期人物如戴震者，則顯得不成比例。因此，有關惠棟易學思想的有關論著，目前可見者，數量仍算不多，也不夠全面，與其爲乾嘉時期之大師的名份相比，似乎難以作聯繫。同時，在探討乾嘉學術時，各家所言，大都採取負面評論，直指其非，至於

〔註107〕見康全誠《清代易學八家研究》，第八章〈惠棟《易》學研究〉，頁 349～384。

〔註108〕見三英〈惠棟的治學思想〉，《社會科學輯刊》，1993 年第 3 期，頁 69～76。

〔註109〕見尹彤云〈惠棟《周易》學與九經訓詁學簡評〉，《寧夏社會科學》，1997 年第 1 期，89～93。又〈惠棟學術思想研究〉，《清史評論》，1999 年第 2 期，頁 90～98。

〔註110〕見漆永祥〈惠棟與古籍整理〉，《古籍整理研究學刊》，1992 年第 1 期，頁 39～41。

〔註111〕見漆永祥〈惠棟易學著述考〉，《周易研究》，2004 年第 3 期，頁 51～57。

〔註112〕見陳居淵〈論惠棟的經學思想〉，《郭店簡與儒學研究》（《中國哲學》，第二十一輯），遼寧：遼寧教育出版社，2000 年 1 月 1 版 1 刷，頁 405～427。

〔註113〕見孫劍秋〈惠棟治《易》特色及其貢獻述評〉，引自《大易集說》頁 1～16。

其優點與貢獻之處，能爲表彰者則相形見絀。對待如斯，或因前人大師如王引之等儒，非議之評定在前，而先入爲主之見已成？或惠氏眞無糟糠建樹可以洞燭？不論從學術史或易學史出發，皆有予以公允對待的認識，因此，詳細研究其著，瞭解其易學的實質內涵，以進一步作客觀的評斷。

三、研究方法與主要研讀之資料

（一）研究方法

一個研究，大概很難單從幾個研究方法、方式來涵蓋全部研究的歷程，本論著所採之方法也是如此；加以研究方法的種類，眾說紛紜，名目紛沓，一一列舉，固顯冗雜，但列舉主要研究內容所運用的研究方法，則不失其概括的義意。因此，以下將針對本論著明顯採用者，以及幾個重要研究課題所使用的方法，略述如下：

1. 歷史研究法

梁啓超曾經提到從歷史的概念來作爲學術思想研究的重要思考，藉由歷史可以證察時代的背景與時代的意識，認爲：

> 凡思想皆應時代之要求而發生，不察其過去及當時之社會狀況，則無以見思想之來源。凡一思想之傳播，影響必及於社會，不察其後此之社會狀況，則無以定思想之評價。〔註114〕

基於此等認識，研究人物的學術思想，必本於歷史的眼光，從置身於人物原來時代的角度，進行觀照與疏理，才能對人物的學術思想有正確而客觀的瞭解，避免造成個人的主觀偏見，與過多的錯估、誤解和不公平的批評。本論著對於惠棟的治《易》態度與方法，以及其易學論著所呈現的內容特質，就是希望從惠棟所處的當時歷史位置來著眼，並進一步從回溯漢代的歷史文化，乃至易學思想的本質，參照惠棟之論著所表現出的漢《易》特色與文化特質，確認其對漢《易》的根本認識。

當我們欲以目前眼光，以純負面的角度批判惠棟「純粹漢學」的治學態度時，我們也當平心檢視其所立的學術時代位置，畢竟他所處的那個時期，其學術成就是被同時期者所肯定的，而其學術角色與今日不能作等同；他在破舊立

〔註114〕見梁啓超《先秦政治思想史》，臺北：臺灣中華書局，1984 年 4 月臺 11 版，頁 9。

新、走向考據化經學的時代使命中,已樹立了典範,已使漢學燦然復章了。他歸本漢學的本身,或許缺乏較多的開創的認識,相對缺少較強烈的思想性,但回復的漢《易》本身,或許就是如此的性質,所以,基本上他儘量地在尋求還原漢《易》的本眞。另外,在易學史上,西漢時期可以視爲中國歷史上象數易學最爲興盛的時代,由於這個時期在其文化環境既有的特殊性所孕育的成熟條件下,所以有像孟喜、焦延壽、京房、鄭玄、荀爽與虞翻等《易》家的出現,將《周易》卦爻象與天文、曆法、陰陽、五行等結合而成的卦氣諸象數學說,這樣的易學思想,在我們今日的易學環境裡,或許會認爲它們與我們所認識的、認同的易學相較,總有一些缺陷與不足。然而,這些缺陷與不足的存在,基本上是我們以我們今天的意識形態來加諸它們身上,如此一來,惠棟的缺陷與不足也就自然存在了;在惠棟所處的當時,那些是他們迫切追求的學問內容,而非糟粕缺失。因此,本論著將從歷史角度,儘量回歸歷史的當時,投射在歷史的視野上,去認識惠棟的易學,不論是對惠棟考索漢魏諸家《易》說的檢討研究、象數與義理思想的探尋,乃至其易學思想的整體得失,皆本此歷史研究的態度,期望對惠棟作較客觀的認識與評價。

2. 系統研究法

勞思光先生認爲系統研究法,「就是將所敘述的思想作系統的陳述的方法」,〔註115〕特別強調研究的思想性與理論性的建構;然而,本論著的系統研究法,則重視研究的系統性,重視研究對象(材料)的連結性與全面性的概念,特別是在研究取材、資料讀取方面,不以片面材料爲主,而是希望儘量連結研究對象的所有材料。因爲本研究對象涉及惠棟諸多易學論著,這些論著,彼此間都有密切的相關性與聯繫性,諸如《易漢學》論述漢代諸家《易》說,而《周易述》又以發揮漢儒之學爲基點;又《易微言》以漢家學說闡揚義理。因此彼此互補,相輔相成,以彰顯惠氏的漢易學說的全豹。另外,《易例》一書,可以視爲惠氏的漢《易》思想之基本原理與總綱,與前述諸作有密切的關係,尤其在檢討惠氏爲《易》之例的時候,不能單從《易例》一書作取材與檢討,宜綜觀包括《易漢學》、《周易述》等其他論著,才能得以全面理解惠氏爲《易》之例的精神所在,並且檢討其得失時,也才能得到更精確的認識與評判。關於其他的論著,也是如此,不再贅舉。總而言之,本研

〔註115〕見勞思光《中國哲學史》(一),臺北:三民書局,1995 年 8 月增訂 8 版,頁 6。

究重視研究材料的系統性原則，綜合分析惠氏有關易學的全部論著內容，使在考索漢魏易學、象數與義易思想、整體易學特色、得失檢討等主題上，得到較全面而妥切的結果。

3. 歸納、分析與考證

　　傳統的歸納與分析的研究方法，爲一般常見的研究方式，惠氏易學研究也不能免。面對思想宏富、材料龐雜，在離析某些議題前，則不免先執歸納的功夫，折衷分類，以進一步分析闡發所論述的議題。研究惠氏易學中的象數與義理思想，以及對其易學思想的全面檢討、治《易》得失，都重視歸納的工作。又惠氏論《易》內容，多用歸納博采的方法，順其所用，進一步分析與考證其采用之恰當與否。探討惠氏易學之諸多命題，皆不離諸法，如在「虞氏逸象」的平議考述上，仍不免須採取繁瑣的歸納、分析與考證之作法。因此，這是本論著所必須重視的研究方法。

4. 相對比較法

　　本論著在考索惠氏的漢魏諸家《易》說時，特別注意從相對比較中認識諸家彼此特性上的異同，源流關係，並疏理共同的特色，清楚地掌握漢魏諸家易學的面貌。以及藉由歷來對漢魏易學的闡述結果，分析比較出漢魏《易》家的實質內涵，並獲得惠氏所理解的漢《易》與實質漢《易》的差異，同時也可因而管窺惠氏復原漢《易》的得失。

5. 主題討論法

　　本論著在各個論題上，爲凸顯惠棟在某些易學觀點上的特殊性，不單採取一般性的論述，〔註116〕而以主題式作探討，諸如在述《易》的主要特色之研究內容上，對「之卦」、「互體」、「爻位」等等主題的探討；又如在義理方面，重視惠氏提出的特別觀念，如宇宙觀、古史與《易》的會通、《中庸》與易理的融攝等，以及更小的子題，包括如「理」、「有無」、「虛」、「日月爲易」等概念。採取主題的研究，有助於凸顯惠氏易學思想的特性，展現具體的見解。

　　本論著本著從歷史的角度來認識與論述惠棟的易學思想，並在主要的研究課題上，重視研究的系統性與全面性，採用蒐整歸納、分析考證、相對比

〔註116〕這裡所指的一般性的論述，諸如一般討論義理思想，總從宇宙本體論、認識論、人生論、政治論等議題上作論述；或是採用綜合的、概括性的，不設定主題的方式來論述。本研究則不同於這樣的一般性論述，而是設定諸多特殊的子題作爲討論的對象。

較與集中主題等方式，期使本論著能獲得新的視野與更合理的詮釋面貌。另外，在論著的最後，透過當代詮釋學的概念，對惠氏易學作簡要的探述。

（二）主要資料之研讀

漢代諸家《易》說，史籍所載，浮光掠影，難窺全豹，歷來研究者根據歷代的蒐羅斟尋，以見其輪廓大綱。本研究以研究惠棟易學思想爲宗，並重於從惠氏復原漢《易》所闡述的漢《易》特質，力圖認識漢《易》之本眞，以瞭解惠氏對漢《易》的理解情形，予以檢討評論。因此，本論著的研讀資料，除了惠氏論著外，並著重於有關漢易的相關文獻研究資料。研讀的主要資料包括：

1. 惠棟易學思想相關論著：《易漢學》、《周易述》、《易微言》、《易例》、《易大誼》、《周易古義》、《新本鄭氏周易》、《周易本義辨證》、《明堂大道錄》、《禘說》等著作。〔註 117〕

2. 惠棟其他有關論著：《九經古義》、《松崖文鈔》、《松崖筆記》、《九曜齋筆記》等。〔註 118〕

3. 漢代易學有關輯佚資料與研究論著：以李鼎祚《周易集解》爲重點書籍，參合陸德明《經典釋文》、馬國翰《玉函山房輯佚書》等對漢代諸家《易》說的輯佚資料。另外，現代有關漢《易》的研究成果，也屬於必讀資料，諸如徐芹庭《兩漢十六家易注闡微》、高懷民《兩漢易學史》、劉慧珍《漢代易象研究》、劉玉建《兩漢象數易學研究》等等。

〔註 117〕本論文引《周易述》、《易例》、《易漢學》、《明堂大道錄》等典籍之本文，均以臺北：廣文書局影印學海堂皇清經解本《周易述》、南菁書院皇清經解續編本《易例》、南菁書院皇清經解續編本《易漢學》、南菁書院皇清經解續編本《明堂大道錄》。因此，論文中所引前列諸書，均以廣文書局輯本《惠氏易學》爲版本（廣文書局輯本《惠氏易學》，所輯包括前列諸書，1971 年元月初版，1981 年八月再版）。另外，《周易古義》等《九經古義》，以及《新本鄭氏周易》，採用臺北：臺灣商務印書館《景印文淵閣四庫全書》本。《禘說》用臺北：新文豐出版公司《叢書集成新編》第三十五輯，影印經訓堂叢書本，1985 年元月初版。《周易本義辨證》採用上海：上海古籍出版社《續修四庫全書》編纂委員會編《續修四庫全書・經部・易類》第二十一輯，據北京大學圖書館藏惠氏紅豆齋抄本影印原書版。後文所引諸書，不予另注引出處，僅標明書名與頁數。

〔註 118〕《松崖文鈔》二卷引自臺北：新文豐出版公司《叢書集成續編》第一九一輯，影印聚學軒叢書本，1989 年 7 月臺 1 版。《松崖筆記》三卷與《九曜齋筆記》三卷，均引自新文豐出版公司《叢書集成續編》第二十輯，影印聚學軒叢書本，1989 年 7 月臺 1 版。後文引用，不再詳注。

4. 惠棟學術相關研究成果：包括耿志宏《惠棟之經學研究》、江弘遠《惠棟易例研究》、孫劍秋《清代吳派經學研究》與《易理新研》、李開《惠棟評傳》、黃順益《惠棟、戴震與乾嘉學術研究》等學術論著。

5. 宋代諸家《易》說：包括陳摶、邵雍、周敦頤、朱震、朱熹、項安世等諸家思想。

6. 清代有關易學思想，以及乾嘉學說相關文獻、研究論著。

7. 《周易》相關典籍資料與研究論文。

第二節　易學發展概況

　　易學是藉由對《周易》的解釋形成和發展起來的。先秦文獻中，涉及《易》之內涵者，包括如甲骨文、金文中的《易》卦材料與筮法，乃至《左傳》等典籍的論述；到了戰國時代，《易傳》奠定了先秦易學的基礎。此外，晚近出土的各種材料，特別是 1973 年 12 月湖南長沙馬王堆出土的帛書《周易》，雖然學者對其成書年代說法紛歧，但普遍仍認爲大抵可以反映爲戰國後期或秦漢期間的易學系統。所以，易學的發展可以追溯至先秦。漢代隨著經學的發展與確立，易學研究才成爲一種專門的學問，〔註119〕從易學發展的歷史縱線來看，選擇以漢代作爲重要的起點，並且下接魏晉南北朝、隋唐、宋元明，乃至清代；下文針對這樣的分類，綜採前人既有成果簡要說明各時期的易學發展的概況。

一、漢代易學

　　漢代經學作爲漢代社會的官方哲學，同時也標志著儒學從先秦子學一變而爲具有統治地位的官方意識形態，使儒學成爲了中國傳統文化的主流。

　　漢代經學作爲漢代社會的官方哲學，同時也標志著儒學從先秦子學一變而爲具有統治地位的官方意識形態，使儒學成爲了中國傳統文化的主流。經

〔註119〕朱伯崑主編《易學基礎教程》即明白指出，「只有到了漢代，隨著經學的確立和發展，人們對《周易》的研究才成爲一種專門的學問，於是產生了易學」。（是書，見北京：九州出版社，2004 年 10 月 1 版 4 刷，頁 129。）因此將易學的發展分期，以漢代爲起點。這樣的分法，爲一般學者較普遍採用的方式。當然，學者也有以先秦作爲起點者，特別如高懷民著《先秦易學史》（臺北：學者自印，1990 年 6 月 3 版。）一書，專論先秦易學；目前學者論述先秦易學，除了以傳統的文獻資料如《左傳》等作爲依據外，也大量採用出土文獻作爲該時期的重要內容。在這裡，簡述易學發展概況，仍從漢代說起。

學的確立對於傳統社會和傳統文化的發展具有十分重要的意義。五經博士的確立使得作爲上古三代文獻滙編的論著成爲社會公認的經典，自此以後，儒學的發展便採取了經學的形態。五經之所以成爲經典，一方面因爲它是上古三代文化傳統和文化經驗的凝結，另一方面在於儒家對於五經文化傳統的總結和闡釋。沒有儒家的經典詮釋，五經是不可能被社會視爲經典的。在經學家的眼裡，五經已不是文獻資料的滙編，而是經過聖人的選擇、編排、刪改等制作的功夫而形成的萬世不變的經典。其次，儒家對經典的闡釋以及五經官方地位的確立，標幟著上古三代的文化傳統的命脈得以肯定與傳承，儒家所理解的社會歷史觀占據了傳統文化的主導地位。漢代經學的確立不僅在思想文化上總結與概括出傳統文化的價值觀、社會理想等基本觀念，而且還在社會政治方面正式確立了儒家文化觀的正統地位。自此以後，傳統社會的文化價值理念就以儒學爲主導，傳統文化的發展也都延續漢代經學所確立的方向前進。儒學成爲歷代社會的意識形態和人生哲學，儒學的價值理想成爲古代中國人的人生追求的基本信念。經學的確立，標榜著傳統知識份子確立了人生使命、人格形象與人生境界。〔註120〕漢代易學作爲五經之首，立於漢代儒學的主流地位，也正標示著屬於漢代的傳統文化之特殊性，在易學傳承的過程中，具有承先啓後的地位，尤其象數之學，更反映爲漢《易》的主流與原始本義的回歸，也是中國易學史上不可跳脫或排除的價值。

在易學發展的歷史長河中，主要可以劃分爲象數與義理兩大流派。大體而言，漢代易學以象數派爲主流，魏晉易學以義理派爲宗，宋、元、明、清時期，則呈現象數與義理二者並行發展的局面。就易學本身而言，這種分化的本質，注重哲學性意義者，或是義理派的學者，常視之爲形式與內容的區別，認爲是圍繞著如何處理內容與形式的關係而形成的；象數學派把形式置於首位，以爲義理盡在於象數之中，義理學派則置內容於首位，把象數看作是表現義理的一種工具，以爲只要通過象數掌握了義理，可以「得意而忘象」。〔註121〕「象數」是否只是一種「形式」的存在，個人認爲它仍是一種純粹「內容」的呈現，只是「象數」與「義理」二者的內容不同，而形成了不同的「內容」而已。

〔註120〕參見姜廣輝主編《中國經學思想史》，第二卷，北京：中國社會科學出版社，2003 年 9 月第 1 版第 1 刷，頁 9。

〔註121〕今人余敦康即視二者分別置重於形式或內容而作區別。見余敦康《內聖外王的貫通——北宋易學的現代闡釋》，上海：學林出版社，1997 年 1 月 1 版 1 刷，頁 453～454。

　　漢代易學之所以形成象數派的主流，致力於編織卦氣圖式來講陰陽災異，主要是受到當時的以天人感應論爲理論基礎的經學思潮的影響。魏晉義理派的易學掃落象數，不講陰陽災異而著眼於自然與名教之理，是適應了當時玄學思潮取代經學思潮的時代需要。宋、元、明、清時期，理學思潮爲了與佛學思潮相抗衡，有人側重於利用易學的象數構造宇宙的體系，有人側重於發揮易學的義理，建立道德本體論的系統，因而象數與義理兩派易學都有了高度的發展。因此，易學的演變與時代思潮的推移以及中國哲學思想的發展有著同步進行的脈絡。〔註 122〕

　　秦統一中國，以《易》爲卜筮之書而不焚，在儒家經典中，因而相對保存較爲完整，得以傳承不絕。《史記・仲尼弟子列傳》云：

> 商瞿，魯人，字子木。少孔子二十九歲。孔子傳《易》於瞿，瞿傳
> 楚人馯臂子弘，弘傳江東人矯子庸疵，疵傳燕人周子家豎，豎傳淳
> 于人光子乘羽，羽傳齊人田子莊何，何傳東武人王子中同，同傳菑
> 川人楊何。何元朔中以治《易》爲漢中大夫。〔註 123〕

孔子傳《易》於瞿，瞿傳楚人馯臂子弘，再傳矯疵子庸、周豎子家、光羽子乘、田何、王同、楊何等一系。漢興，田何以齊田徒杜陵，號杜田生，傳東武王同、洛陽周王孫、丁寬、齊服生，並皆著《易傳》。〔註 124〕要言《易》者多本自於丁寬，著《丁氏八篇》，或爲《易說》三萬言，《漢書・儒林傳》云：

> 丁寬字子襄，梁人也。初梁項生從田何受易時，寬爲項生，從者讀
> 《易》精敏，材過項生，遂事何。學成，何謝寬，寬東歸，何謂門
> 人曰：《易》以東矣！寬至雒陽，復從周王孫受古義，號《周氏傳》。
> 景帝時，寬爲梁孝王將軍，距吳楚，號丁將軍，作《易說》三萬言，
> 訓故舉大誼而已，今小章句是也。寬授同郡碭田王孫，王孫授施讎、
> 孟喜、梁丘賀，繇是《易》有施、孟、梁、丘之學。〔註 125〕

是丁寬與王同、周王孫、服生、項生爲同學，而丁寬一系之施、孟、梁、丘

〔註 122〕參見余敦康《內聖外王的貫通——北宋易學的現代闡釋》，上海：學林出版社，1997 年 1 月 1 版 1 刷，頁 454。

〔註 123〕見《史記・仲尼弟子列傳》，卷六十七，頁 2211。

〔註 124〕《漢書・藝文志》載王氏、周氏、服氏《易傳》各二篇，而丁氏則八篇。

〔註 125〕文見《漢書・儒林傳》卷八十八。本傳載丁寬作《易說》三萬言，而《漢書・藝文志》則又有《丁氏八篇》，班固自注「名寬」，此八篇可能即是本傳中所記的《易說》，不見於《隋書・經籍志》。清馬國翰《玉函山房輯佚書》輯有《丁氏易傳》二卷。

之學，成爲今傳漢代易學源流之主要傳系。

　　漢代定儒學爲一尊，罷黜百家，善守傳統，政治與學術的交互影響下，學者重視師法與家法，白首窮經，實事求是，以解說章句爲宗旨，形成經學傳承的具體形式。「漢人無無師之學，訓詁句讀皆由口授」，〔註 126〕漢人傳經特重師法，並以口授方式爲之。至於師法與家法的實質內涵，皮錫瑞《經學歷史》云：

> 前漢重師法，後漢重家法。先有師法，而後能成一家之言。師法者，溯其源；家法者，衍其流也。師法、家法所以分者：如《易》有施、孟、梁丘之學，是師法；施家有張、彭之學，孟有翟、孟、白之學，梁丘有士孫、鄧、衡之學，是家法。家法從師法分出，而施、孟梁丘之師法又從田王孫一師分出者也。〔註 127〕

又云：

> 漢時不修家法之戒，蓋極嚴矣。然師法別出家法，而家法又各分顓家；如幹既分枝，枝又分枝，枝葉繁滋，浸失其本；又如子既生孫，孫又生孫，雲礽曠遠，漸忘其祖。是末師而非往古，用後說而舍先傳；微言大義之乖，即自源遠末分始矣。〔註 128〕

皮氏所言，師法爲溯其源者，而家法則爲衍其流者，至於何者爲源，何者爲流，實在很難釐清。事實上，師法與家法並無本質上的區別，只是相對而言；師法指的是西漢初年經學確立過程中的諸位大師解經的基本觀念，後來五經各立數家，數家經學又有不同的傳承，於是有不同的家法，而家法就是來源於這些大師，守家法就是守這些大師的家法，所以重家法必然重師法。

　　《漢書・楚元王傳》云：

> 往者博士《書》有歐陽，《春秋》公羊，《易》則施、孟，然孝宣皇帝猶復廣立穀梁《春秋》，梁丘《易》，大小夏侯《尚書》，義雖相反，猶並置之。〔註 129〕

此爲西漢劉歆爭立古文經時，不同的家法的情形。到了漢章帝時，明確地宣稱：

〔註 126〕見皮錫瑞《經學歷史》，臺北：藝文印書館，1996 年 8 月初版 3 刷，頁 134。
〔註 127〕見皮錫瑞《經學歷史》，頁 139。
〔註 128〕見皮錫瑞《經學歷史》，頁 140。
〔註 129〕見《漢書・楚元王傳》，卷三十六，頁 1971。

> 漢承暴秦，褒顯儒術，建立五經，爲置博士。其後學者精進，雖曰
> 承師，亦別名家。孝宣皇帝以爲去聖久遠，學不厭博，故遂立大小
> 夏侯《尚書》，後又立京氏《易》。至建武中，復置顏氏、嚴氏《春
> 秋》、大小戴《禮》博士。此皆所以扶進微學，尊廣道藝也。〔註130〕

從漢代今文經學家自身來說，注重師法和家法是爲了證明自己學說的權威
性。彼此相互爭立博士，尚有功利之取向，其學說倘能召立爲博士，不僅顯
示自己經說的正統地位得到官方的承認，可以開宗立派，招收博士弟子，培
植自己的學術與政治勢力，而且博士學官可以視爲宦途顯赫的表現。因此，
爭立家法成爲漢代經學發展的一大特色。在易學發展上，西漢易學來源於田
何，而後有施、孟、梁丘三家易學，都立爲博士，相對田何來說，三家《易》
可以說是家法，但是由於兩漢易學多從三家《易》中分化出來的，所以施、
孟、梁丘也被稱爲兩漢易學的師法了。東漢初年確立今文十四博士，在《易》
方面，除了施、孟、梁丘外，尚有京氏《易》，成爲今文經學的象徵與代表。
與官方爲主的今文易學相抗衡者，則爲民間易學《古文易》，以費直、高相二
家爲首，未立爲博士，費氏一系尤盛。兩漢今、古文《易》傳承世系略表如
圖表 1-2-1、圖表 1-2-2：

圖表 1-2-1　田何一系今文易學

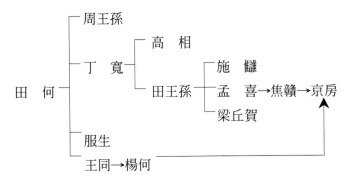

圖表 1-2-2　費氏一系古文易學

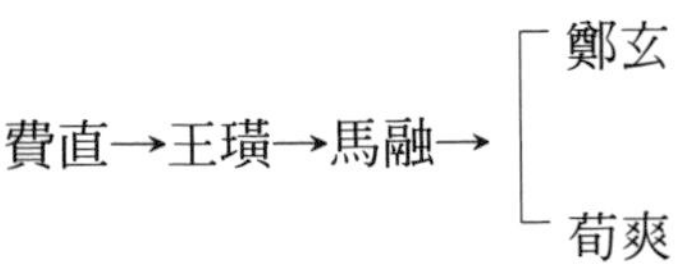

費直→王璜→馬融→鄭玄／荀爽

〔註130〕見《後漢書・章帝紀》，卷三，頁 137～138。

　　漢代易學家，繼承先秦易學的傳統，發展出象數與義理兩種不同的易學詮釋系統，〔註131〕今文學家大致講論「卦氣」、「納甲」、「爻辰」等象數之說，其主要大家的傳承或是延續，大概從西漢的孟喜（約西元前 90～40 年前後）、京房（西元前 77～37 年）、《易緯》，乃至東漢的馬融（西元 77～166 年）、鄭玄（西元 127～200 年）、荀爽（西元 128～190 年）、虞翻（西元 146～233 年）、陸績（西元 187～219 年）等人所建構的象數主張。而古文學家則重於義理之闡發，特別是費直，治《易》不講卦氣或陰陽災變，而是以《易傳》文意解經，著重於義理之論述；馬融、鄭玄、荀爽等人皆本於費氏古文經學傳統，但專用其象數易例，本質上與費氏之學迥異而同歸於象數之範疇，這方面的議題，將在後面詳說。這裡仍要強調的是，義理之學並不因以象數爲典型而不復存在，相對的，漢初易學注重義理，並且主要是闡發《周易》經傳的人道教訓之義，誠如司馬遷所言「《易》以道化」，〔註132〕「《易》本隱以之顯」，〔註133〕是視《易》爲講述思想理論之書。皮錫瑞也認爲，「賈董漢初大儒，其說《易》皆明白正大，主義理，切人事，不言陰陽術數，蓋得《易》之正傳，田何、楊叔之遺，猶可考見」；〔註134〕就董仲舒本人引《易》說《易》的情形來看，宜屬於義理之學的路線。然而，正因董仲舒天人感應、陰陽災異之說的大力推闡，爲其後不久象數易學的興起而迅速發展，並爲躍居漢代易學的主流和官方地位提供了重要契機。如果說孟喜、京房是漢代象數易學的開創者和奠基者，那麼在一定意義上應該承認，董仲舒是孟、京易學的不祧之祖。董學構成了漢代象數易學

〔註131〕一般學者論述漢代之易學，大致分說象數與義理二派，亦有從風格或方法上來分，另列黃老派者。陳鼓應先生著有《易傳與道家思想》（北京：三聯書店，1996 年 7 月 1 版，1997 年 9 月 2 刷。），特別強調《易傳》的黃老色彩，乃至晚近發現的簡帛之易學思想中，亦多有歸類爲黃老者。漢代崇尚黃老之學，以黃老解《易》自不可免，爲當時易學思想闡述上的一種傾向。諸如嚴君平《道德經指歸》，於闡釋老子思想的過程中，並不完全恪守道家思想，往往對於儒家思想兼融並包，特別引用《周易》經傳之義，反映出儒道互補的傾向。又如嚴氏弟子揚雄，摹依《周易》經傳而作《太玄》，以老子的天道觀和陰陽變易思想與《周易》思想及五行觀相互結合，而建立其宇宙觀的思想體系。又如東漢後期的魏伯陽，其《周易參同契》，藉《周易》卦爻之象以闡發其丹道，特別以卦氣之說來解釋煉丹術。這些思想論著，或皆可視爲黃老派之易學。
〔註132〕見《史記・太史公自序》卷一百三十，頁 3297。
〔註133〕見《漢書・司馬相如傳》司馬相如贊曰：「司馬遷稱《春秋》推見至隱，《易》本隱以之顯。」（見《漢書・司馬相如傳》卷五十七下，頁 2609。）
〔註134〕見皮錫瑞《經學通論》，臺北：臺灣商務印書館，1989 年 10 月臺 5 版，頁 18。

的觀念背景、思想基礎和理論依據。〔註135〕而且，董仲舒曾經明確概括《周易》的特點，認爲「《易》本天地，故長於數」；〔註136〕這對後來象數易學的興盛當有一定的推動作用。

　　漢代的經學，吸取秦漢之際的陰陽五行的思想，乃至天文、歷法、醫學等自然科學的內容，運用陰陽五行的宇宙圖式，根據天人合一的思維模式，對五經進行全面的闡釋。藉由運用陰陽五行的變化解釋政權的更迭，強調自然災異與政治的聯繫，並運用陰陽五行論證儒家的社會政治道德原則。在這些經典當中，《周易》的融攝最深。以《易》結合陰陽五行之象數易學，由西漢宣帝時期之孟喜揭開序幕；在此之前，易學上大體是守師法，明故訓，主義理，切人事，尚未明顯地分化爲壁壘分明的象數與義理之學。不過在這經學的發展階段，一旦被立爲官學，被奉爲師法與家法，將可能萎縮經學闡釋的創造性，而經學的發展空間只能是抱殘守缺、拘於既定章句訓詁的傳承，無法發揮五經的微言大義，進而失去了思想發展的活力。

　　宣元時期，孟喜、京房將陰陽術數納入易學體系之中，建立了一種後世共認的以卦氣爲核心爲特色的漢代象數易學；〔註137〕這種卦氣之說，可以視爲是陰陽術數的範疇下之產物。推究其學術的歷史背景，則是受董仲舒所領導的思想變革之影響。《漢書・五行志》指出：

　　漢興，承秦滅學之後，景武之世，董仲舒治《公羊春秋》，始推陰陽
　　爲儒者宗。〔註138〕

董仲舒「罷黜百家，獨尊儒術」，援引陰陽術數來闡揚《公羊》的微言大義，將儒家的文化價值理想，納入陰陽家的世界圖式中，儒家各類經典的詮釋，皆群起效尤，形成一股不可逆轉的思潮。孟喜、京房的易學思想，也是這股強大學術思潮下的產物；透過陰陽五行之學，所建構出的新的易學思想，帶有濃厚的符瑞與災異之色彩，成爲孟、京易學的重要特色，也爲漢代象數易學的主要奠基者。

〔註135〕參見張濤《秦漢易學思想研究》，北京：中華書局，2005 年 3 月 1 版 1 刷，頁 98～99。關於漢代易學的發展概況，大抵參考張濤先生該著之說，乃至余敦康先生《內聖外王的貫通——北宋易學的現代闡釋》，後文或有短引或觀念轉述者，不再作詳注。

〔註136〕見董仲舒《春秋繁露・玉杯》。引自清蘇輿《春秋繁露義證》卷一，北京：中華書局，1996 年 9 月北京 1 版 2 刷，頁 36。

〔註137〕參見余敦康《內聖外王的貫通——北宋易學的現代闡釋》，頁 455。

〔註138〕見《漢書・五行志》，卷二十七上，頁 1317。

　　哀平之際，由於政治的因素，帶引學術風氣的進一步改變。病入膏肓的衰弱政權，造就了讖緯風氣的甚囂塵上，《易緯》也就是這個時期的產物，成爲漢代易學的重要一環。《易緯》同孟、京一樣強調卦氣之說，並使之更爲完備，在漢代象數易學中佔有舉足輕重的地位，研究漢代的易學，自不能視之爲糟糠，亦不能避而不言，不論在易學史上，或是儒家文化的歷史脈絡上，它仍能體現與代表某個時期的文化價值理想與思想面貌。

　　東漢初期，「宣布圖讖於天下」，讖緯神學充斥，這個時期的易學思想，仍繼承了孟、京與《易緯》的思路與內涵，藉由天文歷法等卦氣之說以占驗災異，遂行其政治影響的實踐功能，所以此時易學仍擺脫不了政治的束縛。然而，神學迷信的彌漫下，也帶引了理性自覺的揚起，光武時期的桓譚、章帝時的王充，即是典型代表，對思想界注入新的活力與血脈。在此同時，《易》爲群經之首的地位也由此建立，班固《漢書·藝文志》認爲《易》爲六藝之原，《易》之價值地位抬頭，隨著時光的流轉，漸漸地掙脫了政治服務的掌控，陰陽災異的實用色彩消退，增長其理性的學術氛圍，鄭玄、荀爽、虞翻等易學大師由是生焉。光武、明、章諸帝，延續西漢天人感應、陰陽災異之說，卦氣說的易學思想一直獲得主流的認同。然而，從安帝至桓靈之際，這種以卦氣爲主的象數之學，邁向新的歷程。《後漢書·儒林傳》云：

　　　自桓靈之間，君道秕僻，朝綱日陵，國隙屢啓，自中智以下，靡不審其崩離。〔註139〕

東漢政權至此，必然面對崩潰之途，直接影響知識份子的動態，一些經學家脫離政治，隱居教授，閉門著述，專門從事學術性的經學活動，不再追求經世致用的學說；〔註140〕另外一些學者則拋棄那被視爲正統經學中的天人感應、陰陽災異的陳腐理論，重新去思索與建構新的學說思想，學術上的「清議」活動由此開展。今古文經學的融合也在這時候產生，相對地今文經的《京氏易》走向衰落，古文經學的《費氏易》起而代之，鄭玄與荀爽的易學即是典型的代表。鄭玄、荀爽致力於象數之學的常規研究，突破了孟、京易學和《易緯》的範式，創設了一系列新的易例，卻也帶動義理之學的萌芽。

　　鄭玄雜採《費氏易》以傳解經的訓詁經文之方式，並參用京氏爻辰之說，建構其專主爻辰解《易》之法。所以王應麟在其《周易鄭注》中云：

〔註139〕見《後漢書·儒林傳》，卷七十九下，頁2589。
〔註140〕參見余敦康《內聖外王的貫通——北宋易學的現代闡釋》，頁475～476。

鄭注《詩》、《禮》中所引《易》義，皆用京氏學，與《易注》用費
學不同。〔註141〕

雜糅今古，特別以爻辰說作爲解釋經文的主要著眼，也就是根據爻辰的象數
主張來闡明經文義理，也隱隱將象數易學帶入終結的絕境，所以皮錫瑞在《經
學歷史》中指出「鄭采今古文，不復分別，使兩漢家法亡不可考」，且「鄭學
雖盛，而漢學終衰」，「鄭《易注》行而施、孟、梁丘、京之《易》不行矣」。
〔註142〕至於荀爽，與鄭氏同時，從匡救政局無力而轉隱漢濱，以論著《易傳》
爲事，大倡乾升坤降之說，並作爲詮釋《周易》的普遍原則。〔註143〕費氏易
學以傳解經，而鄭、荀則同以解經作爲出發點，只不過運用其建構之易例，
作爲釋經的普遍性方法，如此則將會面對難以全面圓說的困境，將可能加速
象數易學衰退的命運，這是鄭、荀等人所始料未及的。因此，「荀爽的易學與
鄭玄的易學同樣，以《傳》解《經》做得並不成功，矛盾抵牾之處甚多，無
法自圓其說」，使「易學不斷陷入自相矛盾的窘境」，〔註144〕最後激化了象數
易學的沉寂與魏晉王弼爲主的義理之學的掘起。

二、魏晉南北朝易學

魏晉時期之易學，主義理，並會通老莊以入《易》，一反漢《易》象數之
說與繁瑣學風，主要之代表人物爲王弼與韓康伯。王弼（西元 226～249 年）
著《周易略例》、《周易注》，強烈批評漢代的象數易學，象數與義理的明顯分
立由此爲著。王弼之前，並非無義理之說，只不過沒有過度的強調分野而不
壁壘分明。以《易傳》爲例，雖仍不乏卜筮與象數的影子，卻已賦予高度的
義理上的哲學意涵，所以象數與義理同時融攝而不悖，使後來的易學，不論
是象數或是義理學派，都可在《易傳》中找到依止點。然而，王弼卻執意用
義理之學來取代象數之學，指責漢代的象數學家「存象忘意」的根本錯誤，

〔註141〕見《周易鄭注》。引自臺北：新文豐出版公司《大易類聚初集》第一輯，據湖
海樓叢書本排印，1983 年 10 月初版，頁 67。
〔註142〕見皮錫瑞《經學歷史》，頁 154。
〔註143〕惠棟在《易漢學》中特別指出荀爽之學以乾升坤降說爲主旨，其後張惠言在
《周易荀氏九家義》中，贊同惠棟之說，也認爲「荀氏之義莫大乎陽升陰降」，
且指出「乾升坤降，其義出於《乾鑿度》」。不論如何，荀氏這種象數之學，
是西漢易學的延伸與改造。
〔註144〕括弧見余敦康《內聖外王的貫通——北宋易學的現代闡釋》，上海：學林出版
社，1997 年 1 月 1 版 1 刷，頁 488。

重新詮釋《周易》的體例與卦爻結構，將象數形式完全改造成表現義理的一種工具，恢復《易傳》中原有的卦義說。王弼認爲易學研究的目的在於「得意」，藉由「尋言以觀象」，「尋象以觀意」，於「得意」之後，當「忘言」、「忘象」，擺脫形式的束縛，以得其「意」之本身，所以「得意在忘象，得象在忘言」。這種「得意」之主張，主要在於對六十四卦卦義之掌握，並通過對六十四卦卦義之確認，把自然與名教的魏晉時期之玄學思想予以有機地結合起來，成就了那個時期易學在義理範疇上的新的詮釋內涵。

王弼新的易學詮釋型態，當追溯到其所處時代的學術思潮。魏晉時期以玄學爲盛，玄學思潮不同於經學思潮，它不強調天人感應、宇宙生成，並不憑藉陰陽術數以占驗祥瑞災異，其理論形態是一種以「有」與「無」爲基本範疇而構築的本體論哲學，並將傳統的天人之說轉化爲自然與名教的關係問題；〔註145〕現象之有不離本體之無，自然統攝名教，名教合乎自然。玄學思潮的重要特色，即是儒道兼綜，特別是透過《易》、《老》的會通，以處理有與無、儒與道、自然與名教的關係問題，並尋求新的思想價值。〔註146〕王弼在這種與玄學思潮緊密聯繫在一起的學術環境下，建構起劃時代的義理之學，成爲代表易學史上的一個極爲重要的發展階段。

南北朝大抵經學對立，有「南學」與「北學」之分，南學以王弼之易學爲主，而北學則遵尙鄭玄易學，王氏之南學挾優勢之主流力量，「與鄭學枘鑿，亦與漢儒背馳」，「以致後世不得見鄭學之完全，並不得存漢學之什一」。〔註147〕這個劃時代的易學演變，誠如宋代趙師秀所言，「輔嗣《易》行無漢學」，〔註148〕王學對漢《易》的影響極爲深遠，在風行草偃下，彌漫著以義理學爲主流價值之氛圍，漢代象數之學由此旁落，傳述重挫，難以再見英華。

在王弼之前，王肅（西元195～256年）亦以義理爲尙，著有《周易注》

〔註145〕參見余敦康《內聖外王的貫通──北宋易學的現代闡釋》，頁495。

〔註146〕劉劭《人物志・八觀》云：「《易》以感爲德，以謙爲道。《老子》以無爲德，以虛爲道。」阮籍《通老論》云：「道者，法自然而爲化，侯王能守之，萬物將自化。《易》謂之太極，《春秋》謂之元，《老子》謂之道。」魏晉學者藉由《易》、《老》的會通與互補，以尋求新的思想價值。

〔註147〕見皮錫瑞《經學歷史》，臺北：藝文印書館，1996年初版三刷，頁179。

〔註148〕見《清苑齋集補遺》〈秋夜偶成〉一詩。元代方回《瀛奎律髓》卷十五同輯趙氏此〈秋夜偶成〉詩文。惠棟於《易漢學》序文中特別引趙氏此一詩句，以批判王弼之失，認爲「王輔嗣以假象說《易》，根本黃老，而漢經師之義蕩然無復有存者矣」，王學之隆盛，可以說是漢學之最大浩劫。

今已亡佚，爲古文經學派之集大成者，論述文字簡明，而其釋《易》之主要特色在於重義理而輕象數。王弼之後，韓康伯（西元 332～380 年）作《繫辭傳》以補王弼之不足，與王注並收於唐代孔穎達《周易正義》中，後世並以王韓並稱；注重義理，排斥漢代象數之說，以老莊玄理釋《易》，強調「無」爲天地之本源。不同於王、韓之義理易學，亦有以佛教與易學雜糅而獨樹者，即南朝梁武帝蕭衍（西元 464～549 年）爲代表的易學，《隋志》記載其《易》著有《周易大義》、《周易繫辭義疏》、《周易講疏》諸作，以佛教義理比附《易》義，是一種有別於《易》、《老》會通的另一義理學說，可惜過早亡佚，而失去其應有的學術地位與發展潛力。

雖然王弼以降之義理學取代了傳統象數之學的地位，但象數易學並不因此而飛灰煙滅，魏晉時期仍有以象數解《易》者，如曹魏時期的管輅（西元 208～256 年）、東晉時期的郭璞（西元 276～324 年）、干寶（西元 286～336 年）與孫盛（西元 302～373 年）等人，特別是干寶，有《周易注》、《周易宗塗》、《周易爻義》、《周易問難》、《周易玄品》等大量著作，可惜今皆亡佚，部份佚文爲李鼎祚《周易集解》所輯錄。這個時期的象數之說，主要是繼承漢代的餘緒，推衍陰陽術數，但不主章句訓詁；反對老莊玄學解易的風尚，成爲與之抗衡的象數學派。

三、隋唐易學

義理派與象數派的爭論，一直貫串整個魏晉南北朝，然而王弼爲主之義理學派，則居於上風，到了隋朝統一，王學大盛，義理派成了主導之地位。這個時期的主要代表爲以欽定教科書爲著的孔穎達（西元 574～648 年）《周易正義》。唐太宗貞觀年間，孔穎達奉敕撰著《五經正義》，頒於學官，其《周易正義》採用王弼、韓康伯的《易》注，在「疏不破注」的前提下，對王、韓之注加以疏解，抒發孔氏對《周易》哲學的認識，拓展義理學的論述，並總結漢魏以來的經學研究成果。

南北朝學風紛亂，對立益甚，南北諸儒也都抱殘守缺，使諸家學說概梗，皆得以承繼，所以皮錫瑞指出「歷南北朝之大亂，異端雖熾，聖教不絕也」。〔註149〕隋代入主以來，經學統一，南、北混學，不復有南、北學強烈對立之

〔註149〕見皮錫瑞《經學歷史》，頁198。

分。根據《隋書・經籍志》於《易》下云：

> 梁、陳，鄭玄、王弼二注，列於國學。齊代，唯傳鄭義。至隋，王
> 注盛行，鄭學浸微，今殆絕矣。〔註150〕

隋代雖以王學爲盛，然鄭學之浸微，發展至此已成絕學，鄭學並不完全被排斥，因爲在此一時期的學術景況，無強烈之對立性，經學重在義疏，凡有利於經義之詮解者，皆可采用。因此，皮氏對隋唐的發展，作了極爲懇切的說明，認爲：

> 漢學重在明經，唐學重在疏注；當漢學已往，唐學未來，絕續之交，
> 諸儒倡爲義疏之學，有功於後世甚大。〔註151〕

面對時代的變易，古籍淪亡十不見一，欲存漢學於萬一，窺鄭玄諸儒之藩籬，捨唐人義疏則難以徵實。以孔穎達《周易正義》之義疏，雖主以詳申王、韓之舊注，然在疏解的過程中，往往取漢代諸家之說，如《易緯》、《子夏傳》、京房，以及鄭玄等人之言，有選擇地吸收與接受象數之說，並無象數與義理分明的強烈之意識型態。又以陸德明《經典釋文》爲言，其釋《易》雖主南學王氏之說，然對漢儒諸家之說，援引不絕，爲後世復原漢《易》之重要來源。從隋唐至宋初，儒士謹守官書，學風保守而無特別偏立異議者，是學術統一相對最久時代；雖然王氏所主義理之學相對爲盛，而漢儒象數之說，也並不因此而受到壓制，相反地，在歷經長期的磨難所存下的漢學片段，視之爲珍寶，得以獲得重新的輯補與保存。

　　孔穎達《正義》在唐代具有絕對權威的地位，使罕傳的漢代象數易學益見旁落，幸因李鼎祚《周易集解》使此「絕學」得以存續。李氏以王、鄭相訟後之易學生態，「紛然淆亂，各脩局見，莫辨源流，天象遠而難尋，人事近而易習」，所以蒐采漢魏以降群賢之遺言，「刊輔嗣之野文，補康成之逸象」，〔註152〕以探三聖之幽賾。明確表達其崇象數、黜義理的易學主張。主要采摭之《易》說，有子夏、孟喜、焦延壽、京房、馬融、鄭玄、荀爽、劉表、宋衷、王肅、王弼、何晏、虞翻、陸績、姚信、翟玄、韓康伯、向秀、王廙、張璠、干寶、蜀才、劉瓛、沈麟士、伏曼容、姚規、崔覲、虞氏、何妥、王

〔註150〕見《隋書・經籍志》，卷三十二，頁913。
〔註151〕見皮錫瑞《經學歷史》，頁198。
〔註152〕引文見李鼎祚《周易集解・序》，臺北：臺灣商務印書館，1968年12月臺1
　　　　版1刷，1996年12月2刷，頁2。

凱沖、侯果、朱仰之、蔡景君、孔穎達、崔憬等三十五家，以及引《九家易》
爲名之一家。其博采眾說，保存兩漢以迄唐代象數學說之一脈餘緒得以不絕，
《四庫提要》特別稱誦其學術地位，「蓋王學既盛，漢《易》遂亡，千百年後
學者得考見畫卦之本旨者，惟賴此書之存耳，是眞可寶之古笈也」。〔註 153〕
因此，李氏《集解》開啓了漢代易學研究的新紀元，爲研究漢代易學提供了
極爲重要的材料。

　　唐代易學，受科舉與官學的影響，仍以義理之學爲主流，然而象數之學
並未因此而大受排斥，以義理爲重之《易》說，也能普遍見其象數之迹，而
較爲純粹的象數之作又能行焉，今傳陸氏《釋文》與李氏《集解》，於復原古
義，最有大功。

四、宋元明易學

　　王應麟（西元 1223～1296 年）《困學紀聞》指出「自漢儒至於慶曆間，
談經者守訓故而不鑿」，「至《三經義》行，視漢儒之學若土梗」，〔註 154〕認爲
經學發展至宋仁宗慶曆年間才產生巨大的變化。仁宗以降之學風，治經的態
度主要因經以明道，明道以知經，探究經義，發明經旨，對傳統的治經方法
或內容，並不重視，特別是不信注疏，馴至疑經，遂成改經、刪經、移易經
文以就己說之風。〔註 155〕這種學術風氣，主要受到科舉制度之影響；科舉取
士，闡發經義，皆以發明新異，創爲新奇，標新以別異於古，以歆動試官，
成爲一時之好尙，所以王安石著《三經新義》，頒行天下，實教人捐棄古說，
以從新義，皮錫瑞特別痛斥，「名爲明經取士，實爲荒經蔑古之最」。〔註 156〕
是宋學之大盛，爲漢學之凋敝；雖在經學史上注入新的血脈，卻也阻斷了舊
的氣息，漢、宋的鴻溝由此生焉，而此舊恨一直發展到清代，特別是乾嘉時

〔註 153〕此《四庫提要》文，引自臺灣商務印書館本李鼎祚《周易集解》前輯之《提
　　　　要》，頁 2。
〔註 154〕見王應麟《困學紀聞·經說》，卷八。引自翁元圻《翁注困學紀聞》，臺北：
　　　　臺灣中華書局《四部備要》本，卷八，頁 40。
〔註 155〕王應麟《困學紀聞·經說》卷八，引陸游之言云：「唐及國初，學者不敢議孔
　　　　安國、鄭康成，況聖人乎！自慶曆後，諸儒發明經旨，非前人所及；然排《繫
　　　　辭》、毀《周禮》，疑《孟子》，譏《書》之〈胤征〉、〈顧命〉，黜《詩》之序，
　　　　不難於議經，況傳注乎！」此一時期經學之發展，並不重於從經傳本身爲出
　　　　發，而重於個人意志之抒發。
〔註 156〕見皮錫瑞《經學歷史》，頁 303。

期，成爲了新仇，這是宋人所始料未及的。

在易學的發展上，特別深受此一學風之影響，宋人不論在象數或義理之範疇上，大體不離「先天後天」、「河圖洛書」之說，亦有不涉諸說之純粹義理者。象數之學者，已脫離了傳統漢《易》之說，而是由陳摶（西元 871？～989 年）以降之圖說爲盛，故可以另作「圖書之學」爲名。因此，宋代易學可以粗分爲圖書與義理二說。

圖書之學，爲華山道士陳摶首啓，其傳承情形如圖表 1-2-3 所示：

圖表 1-2-3　宋代圖書學派傳承表〔註 157〕

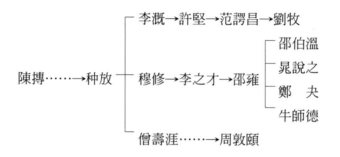

陳摶以其道教之詮釋內涵，融入《周易》之中，建立新的易學圖式，並發展出後來屬於宋代的重要易學特色——圖書之學，其主要核心包括「河圖」、「洛書」、「先天圖」、「後天圖」，以及「太極圖」。這些學說所反映出的，不論是形式或內容，皆異於漢代象數之學，與傳統易學大異其趣，以今日的哲學觀點來看，可以視爲突破傳統界面的創造性詮釋。在「河圖」與「洛書」方面，以北宋中期之劉牧（西元 1011～1064 年）爲首，提出「圖九書十」之說，以「洛書」體現天地之數中陽奇和陰偶相配合的法則，而「河圖」則闡發八卦的來源，以及一年之間陰陽二氣消長的過程；朱熹（西元 1130～1200 年）《易學啓蒙》與

〔註 157〕此傳承圖式參見劉瀚平《宋象數易學研究》，臺北：五南圖書出版公司，1994年 2 月初版 1 刷，頁 17。此傳承支系，亦有略異之說者，有以陳摶傳种放與西蜀隱者；在种放一系上，傳李溉與穆修，李溉後傳至劉牧，而穆修傳周惇頤與李之才二支系。至於西蜀隱者，則傳蔡元定，朱熹《易學啓蒙》、《周易本義》中備載。張其成《易經應用大百科》作此說，與前引小異。圖書之說的授受源流，主要是根據南宋朱震《漢上易傳》所述：「濮上陳摶，以先天圖傳种放，放傳穆修，修傳李之才，之才傳邵雍。放以河圖、洛書傳李溉，溉傳許堅，堅傳范諤昌，諤昌傳劉牧。修以太極圖傳周敦頤，敦頤傳程顥、程頤。」（見《漢上易傳》卷首。）又《宋史·朱震傳》所記略同。

《周易本義》中載錄二圖，使河洛說之傳佈與影響更爲久遠。「先天」、「後天」
方面，則以邵雍（西元 1011～1077 年）易學爲代表，〔註158〕認爲《周易》卦
爻辭乃文王之《易》，屬於後天之學；而其一生重在建立先天易學，認爲伏羲氏
之圖式，雖有卦無文，但盡備天地萬物之理，特別以「先天八卦圖」、「六十四
卦次序圖」來解釋八卦乃至六十四卦的形成，並結合歷法知識說明季節變化與
陰陽消長的過程，進一步說明國家社會的興衰起滅與世界的終始轉化，具有世
界觀與宇宙論的意義。在「太極圖」方面，則本諸於周敦頤（西元 1017～1073
年），其圖說大致以道教的先天太極圖爲藍本，並參照陳摶的無極圖，以及禪宗
思想的影響，〔註159〕而成的一種新的易學論述內涵，視「無極」與「太極」爲
宇宙萬物的本源，建立一套不同於以往的新穎之宇宙論體系，並對理學產生了
深刻的影響。

　　宋代儒者以清新而別緻的圖式學說來闡釋易學，除了具備「象」的概念
外，也重視「數」的運用，其圖式內容中，或以數示象，或以象寓數，或象
數兼具，而全然脫出西漢易學那種強烈摻雜天文歷法的知識所普遍倡論之卦
氣說，以及互體等易例的象數易學之窠臼；同時把易學概念引申推展到傳統
易學之外的哲學領域，揭示大自然或宇宙本體的生成規律上，這樣的易學觀，
與西漢注重占驗災變的講求實用之精神迥然相異。因此，宋代的圖書易學，
在其建構的易學圖式中，常常包含著深弘豐厚的義理內蘊，這種義理的成分，
也往往從屬於宋代理學之基本範疇，並不同於純粹的傳統易學所標幟的哲
理，可以視爲理學所表述的重要觀點。故而，宋代的圖書易學，或稱爲另類
的象數易學，但始終反映出濃郁的理學體系下之義理內涵，這是宋代易學所
獨有的。

〔註158〕邵雍主要易學著作有《皇極經世書》與《伊川擊壤集》，而《皇極經世書》又
　　　　包括《觀物內篇》與《觀物外篇》，其實質內容已不全，當中諸多圖式，多爲
　　　　邵伯溫、蔡元定、朱熹等人所補述。

〔註159〕黃宗炎《圖學辨惑・太極圖辨》云：「《太極圖》者，創于河上公，傳自陳圖
　　　　南名爲《无極圖》，乃方士修鍊之術也。與老莊之長生久視又其旁門岐路也。
　　　　老莊以虛无爲宗，无事爲用，方士以逆成丹，多所造作，去致虛靜篤遠矣。
　　　　周茂叔得之更爲《太極圖說》，則窮其本而反于老莊，可謂拾瓦礫而悟精蘊。
　　　　但綴說于圖，合二途爲一門，其病生矣。……茂叔得圖于方士，得偈于釋心，
　　　　証于老。」明白指出周子之《太極圖》，是儒、釋、老與仙道冒昧淆亂的結果。
　　　　此外，《宋元學案・濂溪學案》、朱彝尊《曝書亭集》（卷五十八），以及《二
　　　　程遺書》游定夫記程子語等諸書中，皆記周子之圖學，是兼容此諸家之學而
　　　　成的。

在圖書易學外，專主義理之闡發者，大概可分為以儒理論《易》者、以史事證《易》者，以及以心學解《易》者；〔註160〕當然這樣的區分未必最為適切，然而宋代易學家，其治《易》之內容，確實可以從這幾個傾向來論述。但已如前述，這個時代的義理學家，大體都融入了濃厚的理學思想的時代哲學特色。其發展的進程，北宋時期之名家，如胡瑗（西元 993～1059 年）、歐陽修（西元 1007～1072 年）、李覯（西元 1009～1059 年）、司馬光（西元 1019～1086 年）、張載（西元 1020～1077 年）等人開其先路，至程頤（西元 1033～1107 年）的《周易程氏傳》，成就了某種學術的格局與勢力；南宋時期，經楊萬里（西元 1127～1208 年）、朱熹（西元 1130～1200 年）、楊簡（西元 1141～1225 年）等人進一步的推闡發揮，義理學派儼然已具主導的地位，並且持續影響到元明兩代的易學發展。這種義理學派的易學思想，有一基本之特色，即以新興的儒理釋《易》，與王弼那種強烈的老莊玄學之氣韻有所不同，程頤於此奠定了基礎，樹立其因象明理、以理解《易》的方法與內容，其中心的議題即是一個「理」字，將「理」看成是宇宙天地萬物的本原和總則，並由朱熹進一步地開展，他站在理學的立場上，結合其對儒家哲理的領悟與發揮，來闡說《周易》的義理，成為理學的宗師。程朱二家所延續的這條易學路線，代表著宋代義理學的主要傾向，並對後世產生深遠的影響。

此外，義理學上，亦有特別強調援史證《易》者，也就是透過歷代史事來推證《周易》的哲理，最具代表性者，如李光（西元 1078～1159 年）與楊萬里，「大旨本程氏，而多引史傳以證之」，〔註161〕以大量的歷代史實材料，尤其是統治者的德行與政治得失為事例，來說明進退、存亡、治亂之道，闡明對當前政治社會的批判與不滿，賦予諷喻與規諫之情，並進一步參證《周易》經傳的內涵懿旨；將《周易》的論述重心安置在哲理與歷史經驗教訓的溝通基點上，並對後來之易學家的釋《易》方式，產生了極為顯著的影響。又有專就心性解《易》者，如王宗傳的《童溪易傳》，以及楊簡（西元 1141～1225 年）的《楊氏易傳》，〔註162〕認為《易》所以明人心之妙用，為吾心所

〔註160〕一般研究宋代易學者，常作此種分類。張善文《象數與義理》即作此分。見張善文《象數與義理》，遼寧：遼寧教育出版社，1997 年 4 月 1 版 3 刷，頁 243。

〔註161〕見《四庫全書提要・誠齋易傳》。引自臺北：臺灣商務印書館《景印文淵閣四庫全書・經部・易類》，第十四冊，《誠齋易傳・提要》，頁 513。

〔註162〕《四庫全書提要・楊氏易傳提要》指出「以心性說《易》者，始王宗傳及簡」，認為王、簡二人為從心性範疇論《易》之首見者，然而因為如此，全然脫離

固有，《周易》這部聖典，更含有聖人對天地、自然萬物與人心的「先覺」；因此，這一系的義理之學，特別強調以人心為主要論述內涵的易學思想，標幟出其獨有的義理特色。〔註163〕

　　宋代的易學，大抵以義理為盛，而在象數方面，則主要歸屬於圖書的範圍。也就是說，宋代易學的主要特色，以及對後人造成深遠的影響者，即為其圖書易學。這個綿延七八百年的宋人圖書之說，「其大部分易圖，對於闡釋《周易》原旨，並無重大價值」，〔註164〕然而在中國哲學史上，卻建立起龐大的體系與豐富的面向，並延續與影響後世的易學發展。尤其元明兩代，學者論《易》，大抵不脫宋儒窠臼。元代的易學，大多數的易學家在宋《易》的基礎上，發揮圖書，論述性理，在方法與內容上，基本上不出宋人的範圍。由於程朱理學地位的確立，取士用書皆主程朱，所以元代易學家也都以程朱為宗。至於明代二百餘年間的易學發展，也大部分都跟在宋元之後，或繪易圖，或以《易》說「理」，尤其是萬歷以後，雜入心學、佛家禪偈，《周易》經傳本旨的闡發則乏人問津，所以皮錫瑞稱明代的經學發展，是個「極衰時代」。〔註165〕

　　元明這個時期，能夠獨明古文，不囿於宋《易》之風者，則屬元陳應潤《周易爻變易縕》與明代姚士粦輯陸績《易解》。陳氏認為「義理元妙之談墮於老莊。先天諸圖，雜以《參同契》爐火之說，皆非《易》之本旨」，〔註166〕力排宋《易》，以探求《周易》本來之真義。姚氏抄撮京房《易傳注》、李鼎

《易》之原來質性，「遂流於恍惚虛无耳」。

〔註163〕《童溪易傳》云：「聖人本天地以作《易》，非有他也，故所以發明人心之妙用。人心之妙用，即天地之變化也；天地之變化，見於萬物成象成形之際，與夫雷霆風雨、日月寒暑之運動。人心之妙用，則為可久可大之德業，其實皆无越乎自然之理而已矣。」（卷二十七）又云：「聖人憂世之心如此其深且至也，……發之於《易》故也。夫聖人之所有者安在乎？曰：此性之所見者是也。此性之所見，而伊尹之所謂『先覺』也。有是先覺，故以覺後覺為已任，此聖人憂世之心也。然則見天下之賾、見天下之動，聖人之先覺其在茲乎？故《易》象與爻由是而立焉。然則聖人區區於立象與爻何也？曰：為天下後世之言動設也。使天下後世言无過言，行无妄動，即是象與爻而有得焉。此則聖人作《易》之本心也。」（卷二十八）此二段話，可以深刻表明以心學論《易》者所表述的主要內涵。

〔註164〕見劉大鈞《周易概論》，四川：巴蜀書社，2004年5月1版1刷，頁133。

〔註165〕見皮錫瑞《經學歷史》，頁317。

〔註166〕見陳應潤《四庫書總目提要‧周易爻變易縕》。引自臺北：臺灣商務印書館《景印文淵閣四庫全書‧經部‧易類》，第二十七冊，《周易爻變易縕‧提要》，頁2。

祚《集解》諸書所引陸績之《易》說，雖未必搜討勤博，然掇拾叢殘，於元明《易》家中，尚稱翹然獨秀者。此外，來知德著《周易集注》，「師心自悟，暗與古會，足以卓然名一家者」，「皆由冥心力索，得其端倪，因而參互旁通，自成一說，當時推爲絕學」，〔註167〕算是明代顯著而有成就之易學家。

五、清代易學

杭辛齋《學易筆談》對清代易學及其名家概況，作了極爲精簡的論述：

> 有清一代，經學之盛，遠過宋明；其治易學專家，如刁氏包（蒙吉）、李氏光地（厚庵）、胡氏（曉滄）、胡氏渭（胐明）、任氏啓運（翼聖）、惠氏奇（仲孫）、惠氏棟（定宇）、萬氏年淳（彈峰）、姚氏（配中）、張氏（乘槎）、彭氏（申甫）、皆能獨抒己見，各有心得。而顧亭林、毛大可、錢辛楣、王引之、江愼修、段懋堂、王蘭泉諸氏，雖不專治《易》，其音韻、訓詁、考據、於吾《易》亦多所發明。至若焦氏循（理堂）之《通釋》、紀氏大奎（愼齋）之《易問》與《觀易外編》，一則宗漢學，而能串合六十四卦之爻象，無一辭一字不相貫通；一則講宋學，而能闡發性理，與六十四卦之爻象變通化合，尤爲歷來講《易》家之所未有。端木國瑚（鶴田）後起，更治漢、宋於一爐，一一以經傳互證，無一辭一字之虛設，視焦、紀二氏爲更上一層，允足以殿全軍，而爲勝清一代易學之結束矣！〔註168〕

對清代易學大家作了概括性的分類介紹。又，張舜徽《清儒學記》則針對乾嘉時期的各學派作了議論：

> 余嘗考論清代學術，以爲吳學最專，徽學最精，揚州之學最通。無吳、皖之專精，則清學不能盛；無揚州之通學，則清學不能大。然吳學專宗漢師遺說，屛棄其他不足數，其失也固。徽學實事求是，視乎固泥者有間矣，而但致詳於名物度數，不及稱取大義，其失也褊。揚州諸儒，承二派以起，始由專經匯爲通學，中正無弊，最爲近之。〔註169〕

〔註167〕見錢基博《近百年湖南學風》，北京：中國人民大學出版社，2004 年 9 月 1 版 1 刷，頁 141～142。

〔註168〕見杭辛齋《學易筆談》，卷一，〈勝朝之易學〉，臺北：廣文書局，1975 年，頁 12～13。

〔註169〕見張舜徽《清儒學記·揚州學記第八》，山東：齊魯書社，頁 378～379。

清代學術之發展，主要表現在乾嘉時期，劃分吳、皖與揚州學派，則各有所長。大抵主要的易學家，也都產生在這個時期。這個時期，以漢代象數之學爲大宗，又有象數與義理兼綜者。易學發展到了清代，進入到一種回歸漢學、反省宋學的新的里程。

經過明代的衰微之後，清代的易學發展，進入另一個新的盛世。明王朝的覆滅，從教訓、刺激中帶來反省與革新，學術界也開啓新一波的發展契機，所以剝極生復，貞下起元，經學的在此歷史發展的軌跡上，再次昌明鼎盛，且駸駸復古之風，所以，「一時才俊之士，痛矯時文之陋，薄今愛古，棄虛崇實，挽回風氣，幡然一變」。〔註170〕漢《易》就在這種環境下，又蓬勃發展起來。

在漢《易》逐漸萌芽的時候，清初仍以宋《易》據有主流的地位，並隨著漢《易》的復興，形成了漢宋之爭的局面。事實上，康熙、乾隆等主政者的治《易》態度，本著「兼收並采，不病異同」，「數百年分朋立異之見，至是而盡融」，〔註171〕並且「於宋易漢易酌取其平，探羲文之奧蘊，以決王鄭之是非，千古易學，可自此更無異議矣」！〔註172〕這種漢宋揉合的作法，使漢《易》的復萌在清代大放異采。

漢《易》、宋《易》都有其自存的發展契機，形成清代易學的發展史上，漢宋之學百家爭鳴，長期並存的局面，粲然有成者不可勝數。綜觀有清兩百餘年，易學家人才輩出，論著斐然，根據《清史稿・藝文志》的記載，《易》有一百五十餘家，一千七百多卷。然而，眞正能夠反映清代治《易》之主要特色者，仍表現在對兩漢與魏晉南北朝時代《易》著之輯錄、考證、校勘與整理，在易學發展史上呈現其卓越的成就與貢獻。

清初的易學，關於主述義理，或對宋《易》的承繼者，可以王夫之（西元1619～1692年）和李光地（西元1642～1718年）作爲代表。王夫之《易》著浩繁，〔註173〕其《周易考異》、《周易稗疏》重於對《周易》經傳之校勘與訓詁，

〔註170〕見皮錫瑞《經學歷史》，頁328。
〔註171〕參見《四庫全書總目提要・周易折中》所云。《周易折中》爲康熙命李光地采摭群言所編纂而成的，本著兼容並收的態度纂成御著。
〔註172〕參見《四庫全書總目提要・周易述義》所云。乾隆亦命傅恆等人撰《周易述義》，「所解皆融會群言，擷取精要，不條列姓名，亦不駁辯得失」，「大旨以切於實用爲本」（同前書）；抉取諸說，而不全然偏用程朱之言。
〔註173〕王夫之一生學術歲月，大都致力於治《易》的領域，撰《周易稗疏》、《周易考異》、《周易外傳》、《周易內傳》、《周易大象解》、《周易內傳發例》等專門

而其《周易外傳》、《周易內傳》、《周易大象解》等主要論著,則重於義理之闡發。王夫之治《易》之主要特徵,「大略以乾坤並建爲宗,錯綜合一爲象,象爻一致,四聖同揆爲釋。占學一理,得失吉凶一道爲義。占義不占利,勸戒君子,不瀆告小人爲用。畏文、周、孔子之正訓,闢京房、陳摶、日者、黃冠之圖說爲防」。〔註174〕以「宗」、「象」、「釋」、「義」、「用」、「防」六者成爲其建構《周易》核心思想的主體,特別又以「宗」、「象」爲重。王氏透過易學以建構出一套深邃嚴密的哲學思想體系,然而其重義理之闡發,並不否定象數之用,主張以「錯綜合一」之「象」來說明「乾坤並建」之理,也就是將錯綜看作是乾坤並建的展開過程,不能離「象」而言理。〔註175〕誠如《周易外傳》所言,「盈天下而皆象」,「彙象以成《易》,舉《易》而皆象」,「無象外之道」,「《易》統會其理」,〔註176〕《周易》是對天下萬象的最高概括,藉由對萬象的認識,而通天下之理,因此,「《易》即象」,〔註177〕言《易》不離「象」,論理也不能免除「象數」。另外,李光地致力於易學著述,〔註178〕以宋學爲宗,推崇程朱,爲時期義理學派與官方易學之重要代表。李氏奉敕編纂之《周易折中》,雖「歷代諸儒敘述源流,講論指趣,其說皆不可廢」,〔註179〕然諸家取捨,皆以程朱爲重,以義理爲主,否定焦、京之象數易學,對漢易相對多有擱置不用,反而對邵雍的易卦圖數,則仿朱子而多加吸收與推崇。《周易折中》標幟著宋易在清

〔註174〕 論著,並有與易學相涉者,如《思問錄》、《張子正蒙注》、《讀四書大全說》、《尚書引義》、《莊子通》、《俟解》、《讀通鑑論》、《續春秋左氏傳博議》等。見王夫之《周易內傳發例》。引自《船山全書》第一冊,湖南:長沙嶽麓書社,1998 年 10 月 1 版 2 刷,頁 683。

〔註175〕 王夫之於《周易內傳》開宗明義云:「《周易》之書,乾坤並建以爲首,《易》之體也;六十二卦錯綜乎三〔十〕四象而交列焉,《易》之用。純乾純坤,未有《易》也,而相峙以並立,則《易》之道在,而立乎至足者,爲《易》之資。屯蒙以下,或錯而幽明易其位,或綜而往復易其幾,互相易於六位之中,則天道變化、人事之通塞盡焉。」(引自《船山全書》第一冊,湖南:長沙嶽麓書社,1998 年 10 月 1 版 2 刷,頁 41。)是以乾坤十二陰陽,純然至足皆備而爲體,六十二卦錯綜乎三十四象則爲其用。雖在明義理,仍無法去象數而不言。

〔註176〕 見《周易外傳》卷六。引自《船山全書》第一冊,湖南:長沙嶽麓書社,1998 年 10 月 1 版 2 刷,頁 1038～1039。

〔註177〕 同前注,頁 1039。

〔註178〕 李光地撰著《周易通論》、《周易觀象大旨》、《周易觀象》、《象象拾遺》等作,並奉敕主編《周易折中》,於清初易學思想領域,佔有一席之地。

〔註179〕 見《御纂周易折中·凡例》。引自臺北:臺灣商務印書館《景印文淵閣四庫全書·經部·易類》,第三十八冊,頁 12。

代的發展高峰與沒落，至此之後，漢易的勢力逐漸掘起並續占上風，一直到了乾嘉時期，漢易獨領風騷，而宋易則相對沈寂。

　　清初以義理述《易》之大家，除前述二者外，尚有孫奇逢《讀易大旨》五卷、刁包《易酌》二十卷、陳夢雷《周易淺述》八卷、張英《易經衷論》二卷、李塨《周易傳注》七卷、沈起元《周易孔義集說》二十卷等皆有一定之影響力。發展到清代中、末期，較著名者如程廷祚的《程氏易通》十卷、《大易擇言》三十六卷、《象爻求是說》六卷、《易說辨正》四卷、王心敬的《豐川易說》十卷、邊廷英的《周易通義》十六卷、吳汝綸的《易說》二卷、馬其昶的《易費氏學》八卷、《周易敘錄》一卷、丁晏《周易述傳》二卷等。這些易學家陳述之義理，大抵是循宋易之脈絡。

　　學術的發展傾向，有其孕育形成的必然因素，在天崩地解的歷史變動等錯綜因素的影響下，儒學的發展也產生了巨大的變化，從理學回歸原始儒學的路線，尋求新的經世良方，成為清初普遍的時代需要與趨向。儒學的復歸，相對的是對程朱道學的懷疑與批判；清初學者如徐乾學、朱彝尊、毛奇齡、黃宗羲等人，為儒學正名，不外乎是要求與程朱之道學區隔，普遍認為原始儒學所弘揚的經世精神，被空談義理的性理之學所取代，儒學完全喪失了以天下為己任的歷使命感和社會責任，儒學的「經天緯地」、「立功建業」精神不復存在。〔註180〕經世致用的方法寄託於經學，形式上是從心性之學向原始儒學的回歸，關注於對傳統經學的重新審視和體認。在這種學術的認識與發展方向上，學者大力糾正「離經言道」的弊病，也同時致力於儒家經典的重振，導正宋明以來經學研究中的種種錯誤解讀。順此學術脈絡，經學研究日趨漢學化，經世的學風導向講求實證方法的文獻考證之樸實學風，而尊漢黜宋的以漢學獨幟之形式也儼然成俗。易學的發展，在這以漢學為尊的大洪流下，自然是以漢《易》為主，以復原漢《易》為任。

〔註180〕見黃宗羲《南雷文案》云：「儒者之學，經天緯地。而後世乃以語錄為究竟，僅附答問一二條於伊洛門下，便廁身儒者之列，假其名以欺世。治財賦者，則目為聚斂；開闔扞邊者，則目為粗材；讀書作文者，則目為玩物喪志；當心政事者，則目為俗吏。徒以生民立極，天地立心，萬世開太平之闊論鈐束天下。一旦有大夫之憂，當報國之日，則蒙然張口，如坐云霧。世道以是潦倒泥腐。遂使尚論者以為立功建業，別是法門，而非儒者之所與也。」（《南雷文案》後集卷三，〈贈編修弁玉吳君墓志銘〉）黃宗羲認為真儒之學，在於能夠經天緯地、建功立業，而非紙上空談、蒙然張口，如坐雲霧之腐儒，儒學的本質於經世的精神。

　　清代的漢《易》之學，除了重新闡發卦氣等象數之說外，特別重視以輯佚、校勘、考據等方法治《易》，排除漢人特有的迷信成分，提倡實事求是的樸學之風。這種樸學風氣下的易學，濫觴於清初顧炎武、黃氏兄弟、毛奇齡、胡渭等儒者之說，並浩蕩鼎沸於惠棟、戴震爲首的乾嘉時期，一直延續到清代末期。

　　顧炎武（西元 1613～1682 年）主要《易》著爲《易解》與《易言》，並在《日知錄》與有關作品中也可見其易學主張。大體而言，顧氏反對漢《易》象數之說的穿鑿附會，推崇程朱，但並不全然認同程朱之言，對宋易圖書學大肆批判，主以考據訓詁治《易》，處在這宋《易》向漢《易》過渡的時期，對於往後漢《易》之興起有開河之功。黃宗羲（西元 1610～1695 年）著《易學象數論》，針對「河圖洛書」、「先天卦位」、「納甲」、「納音」、「月建」、「卦氣」、「卦變」、「互卦」、「筮法」、「元包」、「潛虛」、「皇極數」、「六壬」、「太乙」、「遁甲」等等議題，作了批判、考證、訂訛與辨僞，所涉之「象數」內容與所持之見解，不單堅守漢《易》之說，也直接肯定宋儒之說法，然而其治《易》之方法、態度與所持之見解，對後來漢易之發展有極大之影響。黃宗炎（西元 1616～1686 年），主要《易》著有《周易象辭》、《尋門條論》、《圖書辨惑》等作，對象數之學與圖書之學，進行有系統之分析與批判，否定「太極圖」爲周敦頤所作，對宋儒以來的一貫說法，造成重大之打擊，也爲後來主張漢學之易學家奠定了駁斥宋學之基礎。

　　另外，在黃宗炎之後，特別著力於易圖之考辨者，則爲毛奇齡與胡渭。毛奇齡（西元 1623～1716 年）著《仲氏易》、《推易始末》、《春秋占筮書》、《易小貼》、《易韻》、《河圖洛書原舛編》、《太極圖說遺議》等作，辨證圖書，力斥宋《易》，並發明荀、虞、干、侯諸家之學，對清代考據學或樸學之發展有極大之貢獻。胡渭（西元 1633～1714 年）著《易圖明辨》，可以視爲清初以來易圖辨僞之集大成者，其採集廣博，論難精審，爲學者所嘆服。針對「河圖」、「洛書」、「先後天之學」等圖學之說，進行有系統之批判，否定爲易學之傳統內涵。其治《易》的方法上，爲後來的考據學立下典範。

　　在樸學或考據學的發展歷程中，乾嘉學者的主要風格，在於最能執著於漢儒之說，特別是惠棟（西元 1691～1738 年），固守漢《易》之堡壘，建立了「唯漢是好」的主要特色，並開啓了清代漢學的全盛時期。在輯錄漢《易》方面，以惠棟爲名，繼王應麟之業，探求鄭玄遺文，增補遺漏，著《增補周

易鄭注》一卷，並於其《易漢學》、《周易述》、《易例》、《周易古義》中，廣
引漢魏《易》家之言，搜輯鉤稽，考校與推闡漢魏諸說，釐正古義，詁訓有
據，成爲清代易學的重要代表，也是乾嘉學風的巨擘。〔註 181〕另外，張惠言
（西元 1761～1802 年）繼惠棟之後，特別針對虞翻易學作大規模的輯錄與整
理，有關虞氏之論著包括《周易虞氏義》、《虞氏消息》、《虞氏易事》、《虞氏
易言》、《虞氏易候》、《虞氏易變表》等，另外又有《周易鄭氏注》、《周易荀
氏九家義》、《易圖條辨》、《易緯略義》、《易義別錄》、《讀易札記》等作，是
惠棟後繼之復原漢《易》之最有成者，所以阮元認爲「自仲翔以來，綿綿延
延千四百餘載，至今日而昭然復明，嗚呼，可謂盛矣」。〔註 182〕其易學成就，
特別在探賾虞氏學上，搜集輯錄較惠棟更爲全面而詳細。再之後，曾釗著《周
易虞氏義箋》、李銳著《周易虞氏略例》、胡祥麟著《虞氏易消息圖說》，皆是
針對虞氏學之闡釋與增補。〔註 183〕在這發展的過程中，尚有一人不能不特別
提出，即著《雕菰樓易學三書》的焦循（西元 1763～1820 年），〔註 184〕採取
「實測」、「天元術」以說明卦爻之運動，認爲《周易》六十四卦三百八十四
爻是運動的有機體，這個運動正如天體的運動一樣，可以由實測找到它的規
律；至於天元術，即列代數方程中正負之相消，也就是《易》之「齊同」術。
並且運用中國文字六書中之「轉注」、「假借」來考釋經文。在其數學理論的
基礎上，經過類比推理的方法，創制了「旁通」、「時行」、「相錯」的釋《易》
三術，譽爲「鑿破混沌」、「石破天驚」，「直達聖人之旨」，〔註 185〕在易學史
上，可以視爲發前人未發之蘊，獨樹一幟，別開生面，誠然創新有成者。

　　乾嘉易學，漢宋對立嚴峻，而以漢《易》佔主導之地位，一直到了清代
中葉以後，漢、宋從立對漸入融合之勢，其《易》家如沈夢蘭、丁晏、丁壽

〔註 181〕關於惠棟之易學，爲本研究之對象，在此僅作簡述，後文研究中將見其大觀。
〔註 182〕見張惠言《周易虞氏義》，阮元序言。
〔註 183〕對漢易之闡釋，其後繼而有名者，除本文所指諸家外，尚有如吳翊寅著《易漢
　　　　學考》、《易漢學師承表》、《周易消息升降爻例》等作；戴棠著《鄭氏爻辰補》；
　　　　何秋濤著《周易爻辰中鄭義》；方申著《諸家易學別錄》、《虞氏易學彙編》、《周
　　　　易互體詳述》、《周易卦變舉要》等作。惟諸家皆爲漢易發展後期之餘緒。
〔註 184〕焦循的易學三書，包括：《易通釋》二十卷，依《周易》經傳中之概念、術語、
　　　　範疇與命題，加以會通，解釋其所提出之易學體制；《易章句》十二卷，依其易
　　　　學體例，對《周易》經傳文句作簡明注釋；《易圖略》八卷，對《易通釋》中體
　　　　例作進一步之提要與圖解，並批評漢易與宋易中象數派提出之解《易》體例。
〔註 185〕見焦循撰，李一忻點校《易學三書》（上），北京：九州出版社，2003 年 12
　　　　月 1 版 1 刷，頁 10。

昌、俞樾等學者，皆具有此等傾向。此外，今文學派的崛起，秉持懷疑之精神，提出反傳統之易學觀，如姚際恆《易傳通論》、《古今偽書考》，崔述《文武周公通考》，以《易傳》非孔子所作，並對文王、周公與《周易》卦、爻的關係諸出不同於以往的大膽質問，給予後世在易學史上的新省思。

　　傳統的易學，在學術史的歷史長河中，各時期不論所抱持的立場或觀點為何，它們所連結的是一種不斷的詮釋歷程，並在不同的詮釋立場上，樹立了個別的特色，擴大了易學的深度與廣度；不論是象數或是義理，都有其學術上的貢獻，也有其學術史上的主要地位，我們絕不能以現在的、個人的主觀認識，去作嚴苛的價值判準。乾嘉易學，承擔復漢的學術傾向之必然性，將泯滅一千多年的漢《易》，透過輯錄、整理與有系統的校勘、考證和論述的泣血工夫，得以重見天日，並且刺激易學研究在這一時期的彼此交鋒爭鳴，使學風活躍、論著繁盛，在易學史上足稱功垂隆盛。惠棟作為乾嘉時期的漢《易》宗師，堅持其執著的學術立場，標幟出時代的獨特風味，在易學的發展上，當有其一定之崇高地地，在漢《易》的研究上，一直到今日，不得不受到他的影響與助益。

第三節　惠棟生平與學術概況

　　惠棟，字定宇，號松崖，江蘇吳縣東渚鎮人，因其地名關係，人稱小紅豆先生。〔註186〕生於清康熙三十六年（西元 1697 年），卒於乾隆二十三年（西元 1758 年），享年六十二。畢生致力於漢學研究，專研漢《易》，專宗象數，為乾嘉時期的一代宗師。

一、生平與學術養成概況

（一）一脈相承的書香門第

　　惠棟出生於儒學的官宦世家，一生學行，深受先人之影響。曾祖父惠有聲，字樸菴，為明末國子監貢生，與同鄉徐枋友善，開授九經傳徒於鄰里間，

〔註186〕東渚西臨太湖，東接蘇州市中心，因惠氏家族聲名顯赫而改名紅豆村。惠棟先祖人稱老紅豆先生，先父為紅豆先生，棟因而得小紅豆先生之名。先祖周愓栽種紅豆樹，使老而枯萎的樹轉而生意盎然，進而以相思紅豆遇知己，以相思子點化成雅潔悠遠、別具情趣的人文寄托，文人雅士，絡繹交遊，紅豆齋主人的雅名得盛傳，並得以被及子孫。

以《詩經》、《左氏春秋》尤專。儒學世家，由此而立傳統。

　　祖父惠周惕，原名恕，字元龍，一字硯溪，愛好自然，嚮往田園，澹泊名利，結交賓友，唱和詩文，以宅中紅豆樹得名，世稱紅豆先生。少年時期即受授家學，學習五經章句。年輕時期與江琬、徐枋、潘耒、石年、吳権、李蜀才等等地區仕林時俊唱和詩文，「每讀史漢唐宋之文，愛其文筆馳騁，銳意欲效之，及爲制義，輒彷彿其氣象，摹擬其字句，自以爲古文類，或出示以示人，或持以應試，亦無不以古文許之也」，〔註187〕嗜好古文，由文見道，以立不朽。尤其他從江琬學經史，得其精髓，「通其變，窮其神，極其理趣，而卓然自成一家，故其立言命意，皆有所本，即一字一句其根抵亦有所自來，非余小子所能窺見萬一者」。〔註188〕與同村孝廉徐枋交遊，酷愛詩文，「搜集先生手書，裝之以俱，往往秋風獨夜，籌燈披覽」，「讀其書，想見其人，予于是冊不獨溯先生之風流，且于人世盛衰聚散之外，戚戚焉有桑梓霜露之悲」，〔註189〕因其亡國喪家之痛，習染名節流風，對其愛好山野田園的情感養成不無影響。知己好友潘耒的偉岸人格，也予以潛移默化，樹立稟性，品德高尚，坦然耿介。康熙十七年（西元1678年），舉博學源儒科，丁憂，不與試。康熙二十三年（西元1684年）客遊京師，與浙江查慎行、常熟錢良擇、寶應喬崇烈等人聚會，查氏並爲其《峥嶸集》題序，其詩文中體現「世事已可料」，「忽思北堂親」，〔註190〕頓然有歸鄉之情，在這重要的人生旅途中，已表述其生命的向度，充溢著歸隱於平凡的情性。直至康熙三十年（西元1691年）榜上進士，又經考入翰林院爲庶吉士，年紀已近知天命之歲。後又因不闇滿文國書，不能入選翰林院編修、檢討等要職，外調密雲知縣，善政可爲風表，卒於縣職。其作以《詩說》三卷稱著，並著錄於《四庫全書總目提要》，另著有《易傳問》二卷、《春秋問》五卷、《三禮問》六卷、《扶風惠世譜》二卷、《東籬草》、《陽山草堂集》、《研谿先生全集》十一卷、《北征集》一卷、《峥嶸集》二卷、《東中集》一卷、《紅豆集》

〔註187〕見《硯溪先生遺稿》，卷下，〈歷科文錄序〉。

〔註188〕見《硯溪先生遺稿》，〈書堯峰文鈔後〉。

〔註189〕見《硯溪先生遺稿》，〈書徐昭法先生手札後〉。

〔註190〕括弧詩文引自惠周惕《峥嶸集》現存二篇逸詩。今存於《研溪先生遺稿》卷上。其一闋爲〈東黃欽緒，時余將南遊〉：「世事已可料，問君歸不歸？莫將燕市酒，輕換故山薇。春色幾時至，梅花昨夜飛，一竿吾計決，先去拂魚磯。」另一闋爲〈江上煮魚〉：「倚棹清江濱，煮魚秋蓬底。忽思北堂親，白髮厭糠秕。空庖突不黔，誰爲致雙鯉。對此傷客心，投箸三嘆起。」二詩反映出惠周惕宦遊旅途中的懷鄉幽思，不被功名羈絆，充溢著歸隱於平凡的情性。

一卷、《囈語集》一卷、《謫居集》一卷,以及《文集》一卷。今存《硯溪先生
遺稿》二卷。所著除詩文外,仍在經學的家世傳統。

　　父親惠士奇（西元 1671～1741 年）,字天牧,一字仲孺,晚年自號半農
人,世稱紅豆先生。年幼即能工詩,十二歲以「柳未成陰夕照多」一句,而
爲鄉里仕紳所驚佩。二十一歲爲諸生,孜孜矻矻,手不釋卷,博通九經、諸
子,每能背誦,學能振聵。康熙四十七年（西元 1708 年）,鄉試第一,明年
禮部會試,榜上進士,並進而爲翰林院庶吉士。康熙五十一年（西元 1712 年）
授予翰林院編修。五十八年（西元 1719 年）獲特派祭告炎帝陵、舜帝陵之榮
銜;明年主湖廣鄉試、督學廣東。雍正繼位（西元 1723 年）,知其廉正,特
令留任三年,並奉修鎮江城。乾隆元年（西元 1736 年）回調京都,明年以其
品學兼優,破格擢拔爲補翰林院侍讀,再明年,以病歸老還鄉,乾隆六年（西
元 1741 年）卒,得年七十一。先生一生清正,政績卓著,榮享三朝恩遇,清
楊超曾評其行誼云,「迹公之行,其大端有四:曰持品端嚴,曰律身孝友,曰
取士公明,曰居官廉勤」;〔註 191〕素勵志節,公明執事,非德不交,纖塵不污,
足式典範。先生博通經史文學,不因宦途而費,其論著包括:在詩歌方面有
《詠史詩》一卷、《南中集》一卷、《采蕈集》一卷;史論方面有《紅豆齋時
術錄》一卷;天文樂律方面有《交食舉隅》一卷、《琴遂理數攷》四卷;經學
方面有《易說》六卷、《禮說》十四卷、《春秋說》十五卷,均收錄於《皇清
經解》中。此外,尙有《歸耕集》一卷與《人海集》四卷待考。

　　惠氏儒士家風,自有傳統。棟爲半農先生之次子,自幼勤勉向學,家之
藏書,無不誦讀徧熟,「自經、史、諸子、百家、雜說及釋、道二藏,靡不穿
穴」,「終日課徒自給,甌塵常滿,處之坦如。雅愛典籍,得一善本,傾囊弗
惜,或借讀手鈔。校勘精審,於古書之眞僞,瞭然若辨黑白」。〔註 192〕年二十,
入吳江縣學,後改歸元和籍,補元和縣諸生,即徧通諸經,於漢唐說經諸家
熟洽貫串。康熙五十九年（西元 1720 年）父親視學廣東,棟從之任所,與嶺
南學子,論述學問,大有精進,其中粵中高才生蘇珥、羅天尺、何夢瑤、陳
海六,時稱「惠門四子」,經常入署講論文藝,而學問該洽,四子皆自以爲遠

<hr>

〔註 191〕見楊超曾《翰林院侍讀學士惠公墓志銘》。引自《碑傳集》,臺北:明文書局
　　　　《清代傳記叢刊》本,1985 年 5 月初版,頁 554。
〔註 192〕見江藩《漢學師承記》,北京:三聯書店,1998 年 6 月北京第 1 版第 1 刷,
　　　　頁 30。

遠不及逮。雍正九年（西元 1731 年）鄉試，以用《漢書》爲考官所黜，由是息意進取，澹泊仕途之志。〔註193〕乾隆六年（西元 1741 年）遭父喪，陋巷屢空，仍不以貧廢禮。十五年（西元 1750 年），帝頒詔諭，薦舉經明行修之士，爲兩江總督文端公尹繼善、文襄公黃廷桂同爲推選，題有「博通經史，學有淵源」之語，而棟之於兩公，卻未有半面之識。〔註194〕薦舉未成，其學術聲望未曾減損，往來宦達仕紳，莫不爭睹儒宗。乾隆十九年（西元 1754 年），棟因兩淮鹽運使盧見曾之仰慕，延聘作幕邗上，期間戮力於《周易》之撰述，夙興夜寐，宵衣旰食，惟病體交迫，乾隆二十三年（西元 1758 年）春，以疾篤而辭歸，同年五月頓筆辭世，享年六十二。

　　在此後期，棟致力於易學之作，《周易述》即其深憾未完成之遺作，遺稿由二子交盧氏於同年在揚州刻竣問世，而《易漢學》也是卒前數度易稿而傳予後學王昶者。其《易》作或多有疏漏空脫，以其未得卒業爲大因，倘能多予時日，必當更臻完整。然其傳世諸作，已然標緻著乾嘉漢學的開展與全盛的重要階段，一代堅持自我理念的儒士，後學或多有批駁，然處於學術的時代脈絡，誠值得肯定與尊崇。

（二）家學風尚的傳繼光大

　　惠棟生長在蘇州這個襟江帶湖，山水秀麗，物華天寶，人文薈萃的環境，此一人傑地靈的盛況，從唐宋乃至明清，薪火相傳，未曾稍退，所謂「吳中盛文史，群彥今汪洋，方知大藩地，豈曰財賦強」，〔註195〕即是如此。成就這一文化學術重鎮，或是這一文化學術重鎮的孕育與影響，惠棟是一位重要的代表。其學術養成，受其家學影響最遽，儒學世家，已賦予其畢生的職志，他於〈上制軍尹元長先生書〉中云：

　　　棟少承家學，九經注疏麤涉大要，自先曾王父樸菴公以古義訓子弟，
　　　至棟四世，咸通漢學，以漢猶近古，去聖未遠故也。《詩》、《禮》
　　　毛、鄭，《公羊》何休，傳注具存；《尚書》、《左傳》，僞孔氏全採馬、
　　　王，杜元凱根本賈、服，唯《周易》一經，漢學全非。十五年前曾

〔註193〕參見王昶《春融堂集》，卷五十五，〈惠先生棟墓誌銘〉。江藩《漢學師承記》，頁 30。

〔註194〕惠棟一生清貧，未有出仕，於經明行修之士的薦舉，會大學士九鄉索所著書，未及進而罷歸。雖是如此，其學問淵博，名被四方，其榮有焉。

〔註195〕見韋應物《郡齋雨中與諸文士燕集》。引自臺北：臺灣商務印書館《景印文淵閣四庫全書‧集部‧總集類》，第一四二四冊，《全唐詩》，卷一八六，641。

取資州李氏《易解》，反覆研求，恍然悟潔靜精微之旨，子游《禮運》、

子思《中庸》，純是《易》理，乃知師法家傳，淵源有自。〔註196〕
世代治經爲本，疏通漢學，以古義授受，「師法家傳，淵源有自」，棟年少即
承繼此一治經之道與家學傳統，畢生誦習專研，保存古義爲志業。

家學通經之法，同漢代之家法，口授訓詁，由經師而爲義辨，所以由先
曾王父四世傳經以來，古義不廢，而棟更予光大紹繼，並期盼子孫傳之而毋
墜。能夠繼承家學風尚，惠門子弟，皆以博學彊記爲基礎，故「奮志力學，
晨夕不輟，遂博通六藝、九經、諸子，及《史》、《漢》、《三國志》，皆能闇誦」。
〔註197〕棟生長於此藏書豐富的書香門第，也耳濡目染於長輩的勤勉奮學、廣
涉博學之下，對於經學、史傳、子諸、天文、歷法、醫藥、道藏、讖諱之學，
無不涉獵而能學殖深厚。

遵尙古義，爲其家學之重要傳統，從曾祖父有聲時，即以古義訓弟子，
所以其「弱冠即知遵尙古學」，〔註198〕古學爲是，因爲古學離文本的時代較近，
其本義的保存比較眞確，離古愈遠，眞實性愈減。對於古書的訓詁，鄭康成
之箋註尙有偏失，更遑論唐宋以降，義理充斥、不求訓義的淆亂經典，失卻
經典的本來面貌，這是後來者不論在詮釋或方法上的治經誤謬所在，此一論
學以古今爲是的準據，以漢爲尊，汲汲於漢人經說的綴拾，這是得之於家學
的治經傳統。

棟之學術奠基承於家學，論著中常有先人遺作的引用，如其在《易》著
與《左傳》補註序言中嘗云：

棟曾王父樸菴先生，嘗閔漢《易》之不存也，取李氏《易集解》所
載者，參眾說而爲之傳。天崇之際，遭亂散佚；以其口說授王父，
王父授之先君，先君於是成《易說》六卷。又嘗欲別傳漢經師說《易》
之源流而未暇也。棟趨庭之際，習聞餘論，左右采獲。〔註199〕

棟曾王父樸菴先生，幼通《左氏春秋》，至耄不衰；常因杜氏之未備
者，作《補註》一卷，傳序相授，于今四世矣。……棟少習是書，

〔註196〕見《松崖文鈔》，卷一。見載臺北：新文豐出版社《叢書集成續編》第一九一
　　　　冊，影聚學軒叢書本，1989 年 7 月臺 1 版，頁 50～51。
〔註197〕見江藩《漢學師承記》，北京：三聯書店，1998 年 6 月第 1 版第 1 刷，頁 25
　　　　～26。
〔註198〕見《松崖文鈔》卷二，〈學福齋集序〉，頁 54。
〔註199〕見《易漢學自序》。引自《松崖文鈔》，卷一，頁 46。

> 長聞庭訓，每謂杜氏解經，頗多違誤，因刺取經傳，附以先世遺聞，
>
> 廣爲《補註》六卷。〔註200〕

其學淵源總不離溯其先世，以家學出發，而其著作，多有傳述或增補家學；家學對其治學方法與治學的內容，影響最甚。《春秋》之學，意在追補先人之不足，而易學也是循先人之法，取先人之作，採擷增補，而爲新作。尤其在注釋諸經，常引先人之說入注，諸如《九經古義》引「家君曰」凡二條；《春秋左傳補註》引「家君曰」凡八條，引「樸菴子惠子」或「子惠子」者凡五十五條；《漁洋山人精華錄訓纂》，凡例中提出採用「惠氏家集書目」者，祖父硯谿先生的論著《詩說》、《硯谿先生詩集》與《硯谿先生文集》，以及父親半農先生的論著《易說》、《禮說》、《琴篷理數攷》、《南中集》、《採蓴集》、《人海集》與《紅豆齋時錄術》等。凡此，可以體現其學術所本，家學、先人之說不可偏廢。因此，徐世昌對惠氏家學作了言簡意賅的詮釋，「惠氏之學，以博聞強記爲初基，以尊古守家法爲究竟。其治經要旨純宗漢學，謂漢經師之說當與經並行。樸菴篳路藍縷，研谿半農繼之，益宏其業，至松崖而蔚爲大師」。〔註201〕惠棟青出於藍而勝於藍，宏展家學，擴而爲清代漢學的標幟宗主，成就了清代學術的黃金歲月。

（三）士林好友的交遊勵學

惠棟世代士林，趨庭就教、論學交遊者眾，而棟尤有君子之德，以文會友，以友輔仁之情，因其學問之道、問學之懿，良師益友，相契之同好，自然趨之若鶩，切磋琢磨，教學相長，對其治學必當有所影響。

早期可以視爲刎頸之交的論學好友，主要爲徐夔、蘇珥、羅天尺、何夢瑤與陳海六等人。徐夔（1676～1725），字龍友，江蘇長洲人，年長棟二十一歲，能屬文，兼工詩歌，有聲藝林。惠士奇視學廣東期間，得以交遊。〔註202〕棟注《漁洋山人精華錄訓纂》，採用了徐注《詠史小樂府》與《近體詩》中的立說作爲訓纂的材料，可見惠棟之論學多少與之或有習成或影響。何、羅、

〔註200〕見《春秋左傳補註·序》。引自臺北：臺灣商務印書館《景印文淵閣四庫全書·經部·春秋類》，第一八一冊，《春秋左傳補註》，卷一，頁122。
〔註201〕見徐世昌《清儒學案》，卷四十三，臺北：世界書局，頁1。
〔註202〕徐夔一生貧寒，不謁貴人，仕途未進。惠士奇視學廣東，邀居其署以終，享年五十。主要學能表現在詩歌，有箋注李義山詩，《王尚書士禎精華錄》，典核精實，並有《凌雪軒詩稿》，其女刻以行世。詳見曹允源、李根源《吳縣志》，卷六十八上，〈列傳〉六，江蘇：江蘇古籍出版社，1991年，頁1239。

蘇、陳等惠門諸子，爲時期粵中的高才生，常入署與棟講論文藝，相處融洽，情感莫逆。何氏性長於詩，兼通音律算術，訓釋《律呂新書》，研究《律呂正義》八音協律和聲之用，述其大要，又著《算迪》一書，述梅氏之學，兼闡《數理精蘊》、《曆象考成》之旨，對此律曆，知其法要，學有專長；另精研邵氏之學，著有《皇極經世易知錄》。〔註203〕羅氏長於詩賦，嘗爲惠士奇嘉許，表彰於諸生，徵博學鴻詞，念母天年而不就，終老於居所。〔註204〕蘇氏爲文擅序記，又工書法，有「南海明珠」之稱。〔註205〕陳氏潛心宋五子書，玩索於圖書之學，講論《太極圖說》，並對惠士奇教授之《三禮》、《三傳》經術，大爲倡導，風氣成形之功不小。惠棟在此階段之學養，除有源自於家學外，好友們的激盪影響也不在話下，而這些人所學，又不限於一隅，對惠棟之博覽雜取、擴張學術之廣度有極大的幫助。

惠棟五十歲以後，更加勤於經術，〔註206〕心繫學術發展脈動，論學尤密，從遊者亦眾，同輩後學，切蹉琢磨，勵進學業，堅持治經考索詁訓之法，專明漢學古義之好，引領風潮。同輩友人往來頻繁者，如顧棟高（西元1679～1759年），以窮經著書爲事，特詔舉爲經明行修之士，並授國子監司業，後辭官以經

〔註203〕何氏字報之，廣東南海人，與同里勞孝輿、吳士忠，順德羅天尺、蘇珥、陳世和、陳海六，番禺吳秋，一時並起，有「惠門八子」之目。雍正八年成進士，出宰粵西，治獄明慎，終奉天遼陽知州。除了內文所述論著外，尚有參以曹廷棟《琴學》，爲書一編；又有《菊芳園詩鈔》、《菊芳園文鈔》、《莊子故》、《醫碥傷寒論》、《三角輯要》、《移橙餘話》等作。有關傳記，參考《清史稿·列傳·文苑》，卷四百八十五，北京：中華書局，1998年1月北京第1版，頁13375。以及《清史·列傳·文苑》，卷71，瀋陽：遼寧人民出版社，1993年，頁5846。

〔註204〕羅氏略傳，見《清史稿·列傳·文苑》：「天尺，字履先。年十七，應學使試。士奇手錄其賦、詩示諸生，名大起。徵鴻博，念親老不就，以舉人終。雍正時修《一統志》，與孝輿同纂《粵乘》。孝輿忤俗，被口語，天尺力白之。所居里曰石湖，世以前有范石湖，因稱後石湖以別之云。」（卷四百八十五，頁13376。）其〈荔枝賦〉、〈珠江竹枝詞〉特有聲名。著有《五山林志》與《癭暈山房集》。

〔註205〕蘇珥，字瑞一，順德人，性脫略不羈，篤於學，詩有別趣，嗜酒，無日不飲，然德行執正，親喪而三年不飲，以序記之文爲長，惠士奇稱之爲「南海明珠」。舉鴻博，以母老，辭不試。乾隆初鄉舉，一試禮部，遂不出。不計功名，爲至孝之人。著有《宏簡錄》、《辨定筆山堂類書》、《前明登科入仕考》，皆已散佚；惟《安舟遺稿》傳於世。有關傳記見《清史稿·列傳·文苑》，卷四百八十五，頁13376。

〔註206〕見江藩《漢學師承記》，北京：三聯書店，1998年6月第1版第1刷，頁30。

師授教爲職，獲高宗賜書以「傳經耆碩」之榮銜。篤好《春秋》之學，覃思泛濫，精力盡萃以成《春秋大事表》，對宋儒治《春秋》多有駁斥，又不信梅賾古文，作《尚書質疑》二卷，以及《毛詩類釋》二十一卷、《大儒粹語》二十八卷等鉅作；論著之特性，常采錄舊說，條理詳明，考證典核，引據賅洽，持議平允，闡論經義，謹嚴精細，多有發前人所未發者。顧氏爲一代經史大師，聲望崇隆，惠棟嘗以書成之《後漢書補注》示見，顧署「錫山同學弟顧棟高書」爲之序。二人交往，學術互動頻繁，惠棟之學力當受到影響。〔註207〕

　　吳泰來，二家世交，其逐初園有藏書萬卷，尤多藏宋、元善本書，此對惠棟在典籍的運用上有實質的助益。〔註208〕又，沈彤（西元 1688～1752 年），淳篤而無名士氣習，以窮經爲事，核先儒之異同而求其是，述作矜愼，不輕意下筆，進仕中挫，閉戶治經，矻矻終年，群經皆有撰述，尤邃於《三禮》。〔註209〕其著《周官祿田考》，惠棟爲之作序，深許其學，肯定其「博考精思，心通源委」，〔註210〕而棟著《古文尚書考》，沈亦爲之撰序，讚揚棟「淹通經史」，「能據眞古文以辨後出者之僞」。〔註211〕二人情感深厚，學術往來甚密，相互砥礪而有成。又，沈大成，聰穎過人，詩文專擅，壯年耽心經籍，「邃于經史，又旁通九宮、納甲、天文、樂律、九章諸術，故搜擇融洽，而無所不貫」；〔註212〕晚年與惠棟一同作幕揚州，論學甚洽，遊處甚繁。棟爲其《學福齋集》撰序，深許其研《易》所得，考辨見識無慮者不乏數百條，「皆余四十年通俗窮經而得之者。沈君與余不啻重規而疊矩，以此見同志之有人，而吾

〔註207〕有關顧氏傳記，參見《清史稿・列傳・儒林》，卷四百八十，頁 13149～13150。以及支偉成《清代樸學大師列傳》，湖南：岳麓書社，1998 年 8 月第 1 版第 1刷，頁 198。

〔註208〕吳氏字企晉，號竹嶼，江蘇長州人，乾隆二十五年進士，用內閣中書，乞病歸，後畢沅延主關中與大梁書院。著《淨名軒》、《硯山堂》等集。相關之傳記，參見《松崖文鈔》，卷二，〈吳母程太恭人八十壽序〉，頁 60。以及《清史稿・列傳・文苑》，卷四百八十五，頁 13381～13382。

〔註209〕沈氏字冠雲，一字果堂，吳江縣諸生，應博學宏詞科，不入選，而提薦敍九品銜，恥不仕。著《周官祿田考》三卷、《儀禮小疏》（書未全）、《尚書小疏》、《春秋左傳小疏》、《吳江縣志》、《震澤縣志》、《果堂集》十二卷、《氣穴考略》、《內經本論》等作。卒年六十五。（參見支偉成《清代樸學大師列傳》，頁 40；江藩《漢學師承記》，頁 37～39。）

〔註210〕見《松崖文鈔》，卷一，〈周官祿田考序〉，頁 47。

〔註211〕見《果堂集》，卷五，〈古文尚書考序〉，臺北：臺灣商務印書館《四庫全書》本，第 1328 冊，頁 325。

〔註212〕見《松崖文鈔》，卷二，〈學福齋集序〉，頁 55。

道之不孤，爲可喜也」；〔註213〕知二者易學見解規矩相同，持議相近，同類相聚，同道而不孤。〔註214〕又陳黃中，棟卒爲撰墓誌銘，謂棟「病中以書抵余，拳拳論人才之升降」，二人交誼深厚。〔註215〕此外，王曜菴、汪伯子、楊石漁等人，在惠棟的論著中，可以見其與諸子亦情誼深篤，學有往來，尤汪氏特愛搜羅古籍，與棟同好。〔註216〕

王昶，聰穎博學，超異過人，無所不窺，從棟遊，潛心經術，講求聲音訓詁之學，尤邃于《易》，與棟爲忘年之交，卒前將多次易稿之《易漢學》大作傳之，師徒朋友之情，由此貴見。〔註217〕

王鳴盛（西元 1722～1798 年），個性儉約，無玩好之儲、聲色之奉，天資聰慧，才氣浩瀚，宦試常在前茅，卷帙每每在手，研誦窮日。與棟講授經義，嘗謂漢儒說經，必守家法，亦言師法；知訓詁必以漢儒爲宗，撰《尚書後案》二十卷，以鄭、馬爲主，不得已間采僞孔、王肅，而唐、宋諸儒之說概皆不取，專研二十餘年，自謂存古之功足與惠氏《周易述》相垺。又撰《十七史商榷》百卷，校勘本文，補正訛脫，詳考輿地、職官、典章、名物，審事迹之虛實，辨紀傳之異同，學術所本，務在考據求實，與惠氏同功。〔註218〕

吳中七子之冠錢大昕（西元 1728～1804 年），閱覽群籍，綜貫六經，無不精通，凡經史文義、音韻、訓詁、歷代典章制度、官職、氏族、地理、金

〔註213〕見《松崖文鈔》，卷二，〈學福齋集序〉，頁56。

〔註214〕沈氏，字學子，號沃田，江蘇華亭人。其傳記參見《大清全史·列傳·文苑》，卷七十二，頁5901。

〔註215〕陳氏傳述，參見徐世昌《清儒學案》，卷61，〈果堂學案〉，頁28。

〔註216〕見《松崖文鈔》，卷一，〈太上感應篇注自序〉，頁48；卷二，〈九僧詩序〉，頁57；卷二，〈王曜菴六十壽序〉，頁58。

〔註217〕王昶，字德甫，號述庵，一字蘭泉，又字琴德，江蘇青浦人，學能淵博，嗜金石、邃于《易》，著述甚富，如《金石萃編》、《春融堂詩文集》、《明詞綜》、《國朝詞綜》、《群經揭櫫》等等，未及一一載錄。以漢學爲表識，而專攻毀漢學者。可見其力主漢學之志。有關傳記，參見支偉成《清代樸學大師列傳》，頁264～267；《清史·列傳》，卷二十六，〈大臣傳〉，頁2020～2022。

〔註218〕王氏，字鳳喈，一字禮堂，別字西莊，江蘇嘉定人。年十七補諸生，屢試第一。鄉試，中副榜。乾隆十九年，以第二人及第，授編修。二十三年，以一等一名擢侍講學士。又充福建正考官、內閣學士兼禮部侍郎。後左遷光祿寺卿，遂歸隱不出，閉戶讀書，日夕探討。除《尚書後案》、《十七史商榷》名著外，尚有《蛾術編》一百卷，考辨詳明，援引博贍，考辨詳明。自束髮至垂白，未嘗一日輟書。享年七十六。有關生平行誼，參見支偉成《清代樸學大師列傳》，頁45～46；江藩《漢學師承記》，頁49～51；以及《清史稿·列傳·儒林》，卷四百八十一，頁13196～13197。

石、遼金國語、中西歷算之法，乃至壬遁太乙星命，莫不洞晰其是非。與惠棟、沈彤研治古經，博綜深究，交遊甚密。他在〈題惠松崖徵君授經圖〉中提到「我朝經術方昌明，天遺耆儒破迷悶。紅豆風流手澤貽，三世大師清望峻」，經術之所以得以昭昭於世，惠氏儒門使之，且云：

> （棟）群書暗誦才翩翩，家法相承語諄諄。青紫拾芥何足云？樸學
> 千秋宜自奮。吾生亦有好古癖，問奇曾許摳衣進。廿年聚散等浮漚，
> 宿草青青老淚汝。展圖仿佛見平生，苦井長智幾時濬？〔註219〕

可以看出二人得為忘年之交，情誼深篤，表露無遺。錢氏論《易》，亦熟於象數之說，多以闡發考索漢儒《易》說為要，與惠氏治《易》質性相近。二者教學相長，影響匪淺。〔註220〕

旗幟互映的休寧戴震（西元1723～1777年），〔註221〕這位後來學者們普遍分吳皖二派、與棟齊名的皖派宗主，其學術與棟多有交集，甚至治學方式深受棟之影響。戴氏小棟二十六歲，讀書好深湛之思，研精注疏，實事求是，不主一家，推步、鐘律、音聲、文字之學，皆能得其全。乾隆二十二年（西元1757年）結識惠棟於揚州，相知相惜，互表崇敬，棟執震之手云，「昔亡友吳江沈冠雲嘗語余，休寧有戴某者，相與識之也久」，慕愛之情，溢於言表。日後追唁棟，也予高度地誦讚，「自愧學無所就」，而「莫之能闚測先生涯涘」，認為「先生之學，直上追漢經師授受欲墜未墜薀蘊積久之業，而以授吳之賢俊後學，俾斯事逸而復興」，且自認故訓與理義，「亦遠乎先生之教」，〔註222〕肯定先生治學

〔註219〕同內文括弧見《潛研堂詩集》，卷十，〈題惠松崖徵君授經圖〉。引自《嘉定錢大昕全集》，第十輯，江蘇：江蘇古籍出版社，1997年12月第1版第1刷，頁205。
〔註220〕錢氏字曉徵，一字辛楣，又號竹汀。嘉定人。生性穎悟，一目十行。年十五為諸生，乾隆十六年，召試舉人，以內閣中書補用；十九年為進士，散館，授編修；二十三年，大考翰林，以二等一名擢右贊善，尋遷侍讀。二十八年，大考一等三名擢侍講學士，充日講起居注官。三十七年改補侍讀學士，擢詹事府少詹事，又命入直上書房，授皇十二子書。三十八年，以丁外艱歸，奉諱家居，引疾不出。嘉慶九年卒，年七十七。著作繁富，如《廿二史考異》、《十駕齋養新錄》、《金石文跋尾》、《經典文字考異》等等不及備載。有關錢氏之生平論著、行誼事跡，《嘉定錢大昕全集》蒐羅甚鉅，極具研究選用之價值。
〔註221〕戴氏，字慎修，一字東原，休寧人。就傅讀書，過目成誦，於十三經盡通。交於錢大昕，稱誦「天下奇才」。曾為四庫全書館纂修官，又授翰林院庶吉士。乾隆四十二年卒於官，年五十五。
〔註222〕見括弧見戴震《東原文集》，卷十一，〈題惠定宇先生授經圖〉。引自《戴震全書》，第六輯，安徽：黃山書社，1995年10月第1版第1刷，頁505。黃山

之法與治學之成就，並在先生治學的影響下，也提出認同先生的治學之看法：

> 夫所謂理義，苟可以舍經而空憑胸臆，將人人鑿空得之，奚有於經
> 學之云乎哉！惟空憑胸臆之卒無當於賢人聖人之理義，然後求之古
> 經。求之古經而遺文垂絕，今古縣隔也，然後求之故訓。故訓明則
> 古經明，古經明則賢人聖人之理義明，而我心之所同然者，乃因之
> 而明。賢人聖人之理義非它，存乎典章制度者是。〔註223〕

由故訓以明古經，進而才能認識聖賢之義理。而明故訓，則必由聲音、文字
以推求，因此，「古訓非以求明義理，而義理不寓乎典章制度，勢必流入異學
曲說而不自知也」。惠戴二人，同持治經之道，必先明古訓，由古訓方可推索
古義；後世雖分立吳皖，然彼此論學，多有相契相同之見。

綜觀惠棟之同輩後進好友，皆爲一時俊傑，博通群經，學有專精，熙攘
往來，相互惕勉，進德修業，日有進益。處於學術發展的重要時期，承繼家
學的儒教遺風，沈浸在做學問的論學氛圍下，又有同好的遊處激勵，越發其
追尋漢學之志，成就漢學燦然復彰之大業。

二、惠棟易學論著簡介

惠棟畢生治學，專主《周易》，爲清代漢《易》之奠基者，以精通漢《易》
而聞名於當時。幾代傳《易》，祖父周惕著《易傳》，父士奇著《易說》，皆宗
漢《易》，詳於言象。惠棟遠紹曾祖，近承先君，繼家學傳統而大放異采。因
此，惠棟的學術成就，主要表現在其《周易》之學，而其《周易》之學，又
以復原漢《易》象數之說爲主體，在易學發展史上，除了可以代表清代象數
易學之翹楚外，也可以視爲獨特的漢《易》考據學之代表。以下針對其主要
易學論著分別作簡要介紹。

（一）《易漢學》

惠氏畢生致力於易學研究，主要在宏揚與恢復漢《易》的實質面貌，認
爲漢《易》去古未遠，所以視漢《易》爲傳世易學之圭臬。他在追述與考索
漢《易》，主要成果表現在其《易漢學》的論著中。惠氏於〈易漢學自序〉中
提到：

書社是書，蒐羅完整，爲研究戴氏學術之良本。
〔註223〕見《東原文集》卷十一，〈題惠定宇先生授經圖〉，頁 505。

六經定於孔子,燬于秦漢。漢學之亡久矣,獨《詩》、《禮》、《公羊》
猶存毛、鄭、何三家。《春秋》爲杜氏所亂,《尚書》爲僞孔氏所亂,
《易經》爲王氏所亂。……漢學雖亡而未盡亡也,惟王輔嗣以假象
說《易》,根本黃老,而漢經師之義,蕩然無後有存者矣。……嘗閔
漢《易》之不存也,……左右采獲,成書七卷,自孟長卿以下,五
家之《易》,異流同源,其說略備。……上承先漢,存什一于千百,
庶後之思漢學者,猶知取證,且使吾子孫無忘舊業云。〔註224〕

漢代易學,最近古義,然王輔嗣專主義理,執意去象,惑亂《易經》本旨,
漢代經師之義,也因此蕩然無存。惠氏有憂於此,而立志於復原漢《易》,蒐
羅採擷,「掇拾緒論,以見大凡」,〔註225〕著成專述漢《易》的《易漢學》。

惠氏在其自序中提及《易漢學》成書七卷,〔註226〕而《四庫全書》、《皇
清經解續編》均載有八卷。書內標有五十七個條目內容(包括圖式解說),分
見於諸家之中,以明諸家易學之旨要。其中包括:孟長卿《易》上下二卷,
條目有「卦氣圖說」、「消息」、「四正」、「十二消息」、「辟卦雜卦」、「推卦用
事日」、「六十卦用事之月」、「十一月未濟、蹇、頤、中孚、復」、「十二月屯、
睽、升、臨」、「正月小過、蒙、益、漸、泰」、「二月需、隨、晉、解、大壯」、
「三月豫、訟、蠱、革、夬」、「四月旅、師、比、小畜、乾」、「五月大有、
家人、井、咸、姤」、「六月鼎、豐、渙、履、遯」、「七月恆、節、同人、損、
否」、「八月巽、萃、大畜、賁、觀」、「九月歸妹、无妄、明夷、困、剝」、「十
月艮、既濟、噬嗑、大過、坤」、「唐一行開元大衍歷經」、「七十二候」與「漢
儒傳六日七分學」等二十二個內容;虞仲翔《易》一卷,條目有「八卦納甲
之圖」、「五位相得而各有合」、「周流六虛」、「乾爲積善」、「虞氏逸象」與「孔
文舉書」等六個內容;京君明《易》上下二卷,並附見干寶《易》,條目有「八
卦六位圖」、「八宮卦次圖」、「世應」、「飛伏」、「貴賤」、「爻等」、「貞悔」、「五
行」、「占驗」、「京氏占風兩寒溫」、「蒙氣」、「世卦起月例」、「卦身考」、「以
錢代蓍」與「火珠林」等十五個內容;鄭康成《易》一卷,條目有「十二月
爻辰圖」、「爻辰所值二十八宿圖」、「鄭氏易」、「乾鑿度鄭氏注」、「易正義」、

〔註224〕見《松崖文鈔》,卷一,〈易漢學自序〉,頁46。
〔註225〕見《四庫提要·易漢學》。引自臺北:新文豐出版公司《大易類聚初集》第十
八輯,1983年10月初版,頁63。
〔註226〕大陸復旦大學圖書館藏《易漢學》稿本爲七卷;又上海圖書館藏清鈔本亦爲
七卷。

「附否泰所貞之辰異於他卦圖」等六個內容；荀慈明《易》一卷，條目有「乾升坤降」、「易尚時中說」、「九家逸象」與「荀氏學」等四個內容；以及末卷為惠氏發明漢《易》之理，申辨宋儒之舛，條目有「辨河圖洛書」、「辨先天後天」、「辨兩儀四象」與「辨太極圖」等四個內容。「棟採輯遺聞，鉤稽考證，使學者得覯見漢儒之門徑」，〔註227〕因此，該書可以視為研究漢《易》之典要。

主要的刊本有《四庫全書》本，乾隆四十八年畢沅經訓堂叢書二十三種本，沈楙惪昭代叢書壬集本，柏筠堂刊本，南菁書院《續皇清經解》本。

（二）《周易述》〔註228〕

惠氏畢生研究易學，疏解與發揮漢《易》，其所耗心力最多的撰著，則為《周易述》一書。江藩《漢學師承記》中，特別提到該書的著作情形：

> （惠氏）專心經術，尤邃於《易》。謂宣尼作《十翼》，其微言大義，七十子之徒相傳，至漢猶有存者。自王弼興而漢學亡，幸傳其略於李鼎祚《集解》中。精覃三十年，引伸觸類，始得貫通其旨。乃撰《周易述》一編，專宗虞仲翔，參以荀、鄭諸家之義。約其旨為注，演其說為疏。〔註229〕

他演義卦爻，主要以發揮虞翻與荀爽之主張，並參以鄭康成、宋咸、干寶諸家之說，加以融會、選輯而為立論；花了數十年的時間，撰此大作，可惜並未全部完書。根據《四庫全書總目提要》所言：

> 其目錄凡四十卷，自一卷至二十一卷皆訓釋經文，二十二卷、二十三卷為《易微言》，皆雜鈔經典論《易》之語，二十四卷至四十卷凡載《易大義》、《易例》、《易法》、《易正譌》、《明堂大道錄》、《禘說》；六名皆有錄無書。其注疏尚闕下經十四卷及〈序卦〉、〈雜卦〉兩傳，蓋未完成之書。〔註230〕

殫心其書，旁推校勘，書將成而疾革，因此闕了鼎卦至未濟等十五卦，以及〈序卦〉與〈雜卦〉二篇。至於所闕而未完成者，其後弟子予以補正：江藩作《周易述補》四卷，主要是依照惠氏所無，以其原書體例，賡續其書，補

〔註227〕同前注。

〔註228〕本段所介紹之《周易述》專指惠氏對《周易》經傳的注疏的二十一卷論著，至於《易微言》、《易大義》等有關著作，則另為介紹。

〔註229〕見江藩《漢學師承記》，北京：三聯書店，1998年6月第1版第1刷，頁30。

〔註230〕見《四庫全書總目提要‧周易述》。（引自臺北：新文豐出版社《大易類聚初集》第十八冊本，1983年10月初版，頁531。）

完所闕，不失家法；〔註231〕另外，李林松亦作《周易述補》五卷，林氏援據博贍，欲駕江氏而上之，惟文多有沿襲江氏而不易，且未必能夠如江氏謹守惠氏家法之一般。因此，補闕以江氏之著爲後世所重。

至於卷數上的問題，《四庫提要》認爲從二十四卷到四十卷所載的諸作，皆有名而無其內容，因此僅名《周易述》二十三卷，事實上著錄的二十三卷，包括注疏經傳的二十一卷，以及專以《易微言》爲稱的第二十二卷與第二十三卷等兩卷。另外，關於《易大義》、《易例》、《易法》、《易正譌》、《明堂大道錄》與《禘說》等著作，並非「皆有錄無書」，今除了《易法》與《易正譌》外，餘四作皆有傳本問世，移後文再作介紹。有關刊本，有《四庫全書》本，乾隆二十三年德州盧見曾雅雨堂刻本，以及廣州學海堂《皇清經解》本。

惠氏《周易述》訓釋經傳之方式，採取注疏的結構，將六十四卦上下經文的考述與《易傳》分開，並以自注自疏的模式詁解。此種方式符合最初之古例，畢竟經傳原本就是各自分開的，直至兩漢時期，學者就便於閱讀傳誦，才開始有將經傳摻合的情形。

惠氏以漢儒《易》說的象數體系爲主，作爲詮釋《易》卦爻的依據，就連《易傳》的疏解也以象數爲宗，大多採取虞翻、荀爽的說法，並在注疏的過程，援引古義，且時有改易經文，以漢儒說解中的古字，刪改王弼以來久沿的傳本，這是《周易述》的重要特色，也是歷來評論者直指的缺失所在。

（三）《易例》

《易例》上下二卷，是《周易述》後七書的第三種，鎔鑄舊說，考究漢儒之傳，以發明《易》之本例，《四庫全書總目提到》云：

> 凡九十類。其中有錄無書者十三類，原跋稱爲未成之本，今考其書，非惟采摭未完，即門目尚未分，意棟欲鎔鑄舊說作爲《易》例，先刱草本，采摭漢儒《易》說，隨手題識，筆之於冊，以儲作論之材，其標目有當爲例，而立一類者，亦有不當爲例，而立一類者，有一類爲一例者，亦有一類爲數例者。……然棟於諸經深窺古義，其所捃摭，大抵老師宿儒專門授受之微旨，一字一句，具有淵源。〔註232〕

〔註231〕有關江藩《周易述補》，版本可見《四庫全書》本、《續皇清經解》本。

〔註232〕見《四庫全書總目提要・易例》。引自臺北：新文豐出版社《大易類聚初集》第十七冊本，1983 年 10 月初版，頁 141。

該書爲惠氏草成之稿作，因此有體例分合上的不當，或有蕪雜之處，乃至列舉之《易》例，或有：未能明辨，有不當爲例者；一例叢出，併散見他處者；引證之文，有與易例無涉者；〔註233〕所現缺失，固所難免，倘能「汰其蕪雜，存其菁英，因所錄而排比參稽之，猶可以見聖人作《易》之大綱，漢代傳經之崖略」。〔註234〕對於研究與認識漢代易學，仍有其高度之參考價值；尤其「采集經師微言，多義蘊精深，所包甚廣，爲易學者不可不讀」。〔註235〕

　　《易例》一書，今之傳本大抵有《四庫全書》本，乾隆中，周書昌貸園叢書初集本，式古居彙鈔本，阮刻《經解》本，張海鵬借月山房彙鈔第一集本，道光間錢熙祚指海第二集本，《續皇清經解》本，以及中國科學院與山東圖書館藏清活字本。

（四）《易微言》

　　《易微言》上下二卷，學海堂《皇清經解》本列於《周易述》二十一卷之後。該書共有標題六十五個，主要在闡發與《易》有關命題的微言大義。上卷標題釋義有三十二個，包括：「元」、「體元」、「无」、「潛」、「隱」、「愛」、「微」、「三微」、「知微之顯」、「幾」、「虛」、「獨」、「蜀獨同義」、「始」、「素」、「深」、「初」、「本」、「至」、「要」、「約」、「極」、「一」、「致一」、「貫」、「一貫」、「忠恕」、「一貫之道」、「子」、「藏」、「心」與「養心」等命題。下卷標題釋義有三十三個，包括：「道」、「遠」、「玄」、「神」、「幽贊」、「幽明」、「妙」、「誠」、「仁」、「中」、「善」、「純」、「精」、「易簡」、「易」、「簡」〔註236〕、「性命」、「性反之辨」、「三才」、「才」、「情」、「積」、「天地尚積」、「聖學尚積」、「孟子言積善」、「三五」、「乾元用九天下治」、「大」、「理」、「人心道心」、「誠獨之辨」、「生安之學」與「精一之辨」等命題。

　　惠氏易學以歸本漢《易》，專宗漢儒象數之說，因此，其治《易》以象數爲主；然而，《易微言》卻專言義理，詮釋各命題之大意，此書可以視爲其義理之說的重要代表作。所以，不可因其作列於專主象數而爲疏解《經》、《傳》

〔註233〕參見耿志宏《惠棟之經學研究》，臺北：國立政治大學中國文學研究所碩士論文，1984年5月，頁71～74。

〔註234〕見《四庫全書總目提要・易例》。引自臺北：新文豐出版社《大易類聚初集》第十七冊本，1983年10月初版，頁141。

〔註235〕見李慈銘《越縵堂讀書記》，上海：上海書店出版社，2000年六月第1版第1刷，頁8。

〔註236〕「簡」之釋義，內容闕空。

等二十一卷之後，乃「他時藏事，則此爲當棄之糟粕」，〔註237〕這對作者而言，並非是十分公允的對待。惠氏析理各條目，徵引諸子百家之說，內容十分豐富，可以作爲漢代學者普遍對這些論題所採之看法的重要參考依據。雖然惠氏並未有甚多的個人義理之闡發，但援引諸說爲疏，也已深刻地表達對自己對有關論題的看法。

（五）《易大義》

　　《四庫提要》所云《周易述》後七書中的《易大義》，即《易大誼》，「義」、「誼」同義，〔註238〕因此《叢書綜錄》名爲《易大誼》，《叢書集成初編》本即是，影自錢熙祚指海叢書本，而潘仕成海山仙館叢書本，則名爲《易大義》；浙江圖書館藏清鈔本，亦名爲《易大義》。名稱雖異，內容卻是相同。

　　關於《易大誼》的傳世情形，根據錢熙祚於書後〈跋〉云：

　　　《大誼》未見刊本，此本題云：庚辰二月，〔註239〕從家心庵假得江
　　　鐵君本鈔錄，列《中庸》全文，而以《易》解之。〔註240〕

另外江藩〈跋〉云：

　　　其《易大義》三卷目錄云：《中庸》二卷《禮運》一卷，闕。乾隆中
　　　葉以後，惠氏之學大行，未刻之《易例》、《明堂大道錄》、《禘說》、
　　　《易漢學》，好事者皆刊板流傳矣，惟《易大義》世无傳本。嘉慶二
　　　十三年春，客游南昌，陽城張孝廉子絜出此見示，爲艮庭先師手寫
　　　本，云係徐述卿學士所贈。藩手錄一帙，知非《易大義》，乃《中庸》
　　　注也。蓋徵君先作此注，其後欲著《易大義》，以推廣其說，當時著
　　　於目而實无其書。〔註241〕

由此可見，《易大誼》與《易大義》同書，爲江聲手鈔傳世，內容爲惠氏對《中庸》之注解，呈現的是以《易》解《中庸》的氛圍，也是《易》與《中庸》

〔註237〕見《四庫全書總目提要・周易述》。（引自臺北：新文豐出版社《大易類聚初
　　　　集》第十八冊本，1983 年 10 月初版，頁 531。）
〔註238〕段玉裁《說文解字注》於「誼」字注云：「周時作誼，漢時作義，皆仁義字也。」
　　　　（見段玉裁《說文解字注》，臺北：黎明文化事業股份有限公司，1993 年 7
　　　　月 10 版，頁 94。）
〔註239〕庚辰年的二月即公元 1760 年二月。
〔註240〕見指海叢書本《易大誼》書後跋文。（引自臺北：新文豐出版社《叢書集成新
　　　　編》第十七冊本，1985 年元月初版，頁 40。）
〔註241〕同前註，頁 41。

會通的具體代表作。

惠氏深切體認《中庸》與《易》義相通，《中庸》中所呈現的哲理表述出《易》的內涵，對於《中庸》的理解，當然可以《易》理來詮釋，二者彼此會通。惠氏在書前「中庸」書名之下注云：

> 此仲尼微言也，子思傳其家學，著爲此書，非明《易》不能通此書也。〔註242〕

高度肯定《中庸》與《易》的關係，釐析《中庸》的內容，吸收其中養料，必先對《易》理有透徹的瞭解，欲明《中庸》，先明《易》是絕對必要的門徑。因此，此一著作可以視爲惠氏會通《中庸》與《易》的主要代表典籍。

（六）《周易本義辨證》

《周易》的經傳混同，兩漢時期的鄭玄論著中已見，鄭氏以〈彖〉、〈象〉合於經文之中，而魏晉時期，王弼又以〈文言〉附於乾坤二卦之後，經傳的膠著關係，一時間會有讓人以傳爲經的疑慮。惠氏以古爲宗，篤守古經象數特色的本來樣貌，堅決主張經歸經，傳歸傳，二者不宜混合，肯定朱子《周易本義》還原《周易》的本來蘊義，矯正宋儒一歸義理的偏狹認定，因此作《周易本義辨證》五卷，除了對《本義》復歸古義的讚揚外，也提出個人的指正與辨析。其於〈凡例〉中提到：

> 朱子作《本義》，乃依東萊呂氏所定之本，分爲經二卷，傳十卷，而刪〈彖〉曰、〈象〉曰、〈文言〉曰諸後增之文，于是千餘年殽亂之言，釐然復正。明永樂中修大全，取朱卷次割裂附之《程傳》之下，後來士子又復去《程傳》不習，專習《本義》，坊間遂取大全之本刊《程傳》，宋又以程之次第，爲朱之次第，相傳三百年來，無有更正之者。〔註243〕

又云：

> 今《本義》經文，乃程《易》，非朱《易》也。程子從王弼本，朱子折中于晁、呂之說，經文一依古《易》。〔註244〕

《周易》經傳淆亂千載，而朱子《本義》依呂祖謙本而使其次第復歸於舊，

〔註242〕同前註，頁37。
〔註243〕見《周易本義辨證·凡例》。引自《續修四庫全書》編纂委員會編《續修四庫全書·經部·易類》，第二十一輯，上海：上海古籍出版社，頁289。
〔註244〕同前註。

在經文版本上，程子《易》是依王弼之版本，而朱子則折衷晁公武與呂祖謙的古《易》版本，原始古籍得以普遍被傳誦，是朱子之大功，予以極力嘉許，也藉朱子《本義》加以考究辨證，匡正世人對古經的正確認識。

惠氏增補朱子自說，於「《本義》有未備者，間以《語類》及《程傳》補之。其與《程傳》異者，略著其說。或《本義》所載先儒姓氏及說所本者，並爲箋釋」。〔註245〕如此一來，則朱子之說，更爲週詳，而程、朱之異，也可大略明析。又，「坊本載八卦取象歌等，朱子《本義》所無，今仍附于後以便初學」。〔註246〕由此可見，惠氏極力使朱子之作能更爲完整，並使初學者便於閱讀，著實有推廣朱子《本義》之心意與具體作爲。

惠氏之辨證引述，又以漢儒之說爲主，尤採虞翻、荀爽、孟喜、京房、馬融、鄭玄諸儒之說，總不離其宗法古漢之職志。在於文字聲韻方面，關於《周易本義》書後所附呂祖謙〈音訓〉一篇，惠氏轉將附於經文之中，對於未詳備或引據不足者，則取《易傳》、兩漢諸家《易》說、《廣韻》、《說文》與《玉篇》等有關典籍與文字聲韻的專書加以補正。此外，文句意義的精確性，句讀的問題又不可忽視，稍有所異，文義則有失之千里之虞；惠氏在此方面，詳加疏解，以正本義。

惠氏在其龐富的著作中，《周易本義辨證》一書並未受到相對地重視，非但《四庫全書》未予收錄，就連其極力捍衛漢學的嫡傳弟子江藩的《漢學師承記》中也未提及該書的隻字片語，其主要原因不外乎是既爲漢學江山的捍衛戰士、極端份子，當然對敵對的宋學主將朱子之作，不宜提作討論的題材，以免落入歌誦敵方、自亂方寸的尷尬場面，所以縱爲漢學的宗師之作，仍有忌諱之處；此作不談，無傷惠氏尊位。然而，研究惠氏易學，此作是不可免除之材料，從此一作品中可以看出惠棟對朱子的易學所持之態度，也可以此作爲惠氏考據詁解古經文字的重要內容，以及其易學所表現出的特色。

有關刊本有上海圖書館藏手稿本；乾隆間蔣光弼省吾堂彙刻五種本，以及日本昌平叢書本。由於論著篇幅過廣，時力未逮，此著不予討論。

（七）其它有關論著

除了前面介紹的專著之外，其它有關的易學著作，諸如《周易古義》二卷，列於其《九經古義》十六卷中之前二卷。認爲五經出於屋壁，文字書寫

〔註245〕同前註，頁 290。
〔註246〕同前註。

多古字古言，藉由識字審音才能眞正的瞭解經書本義，所以古人的訓詁是不可以改易的。惠氏此書專考古人訓詁，以求《周易》之古義。書中所考釋包括經傳辭例，計八十二條，考求詳實，可以見其求古尊古之用心。

《增補鄭氏周易》又作《新本鄭氏周易》三卷，〔註247〕《四庫全書總目提要》云：

> 初王應麟輯鄭元《易註》一卷，……皆不著所出之書，又次序先後，閒與經文不應，亦有遺漏未載者，棟因其舊本，重爲補正，凡應麟書所已載者，一一考求原本，註其出自某書，明其信而有徵，極爲詳核，其次序先後，亦悉從經文釐定，復搜採群籍，上經補二十八條，下經補十六條，〈繫辭傳〉補十四條，〈說卦傳〉補二十二條，〈序卦傳〉補七條，〈雜卦傳〉補五條。……而考核精密，實勝原書，應麟固鄭氏之功臣，棟之是編，亦可謂王氏之功臣矣。〔註248〕

此外，孫堂補遺，於其書前序文云：

> 宋王應麟集鄭康成《易注》一卷，明姚士麟又增入二十五條，惠徵君棟因其摭采未備，復取而補正之，每條下注明元書出處，釐爲三卷，較王氏元本共多九十二條，又作「十二月爻辰圖」、「爻辰所值二十八宿圖」，以闡明鄭學。〔註249〕

該書爲補王氏摭采之不足，對研究鄭康成的易學有莫大的幫助。其書成後，僅有雅雨堂刊本傳世，且尙有訛脫者，其後孫堂據惠氏所補，正其訛，補其脫，使之更爲完備。

惠氏又作《明堂大道錄》八卷。「明堂爲天子大廟，禘祭、宗祀、朝覲、耕籍、養老、尊賢、饗射、獻俘治、望氣、告朔、行政，皆行其中，故爲大教之宮」。明堂的設行，與《易》有密切的關係，惠氏認爲明堂「權輿于伏羲之《易》，昉始于神農之制，自黃帝、堯、舜、夏、商、周皆遵而行之」，明

〔註247〕四庫全書作《新本鄭氏周易》，但於目錄則作《增補鄭氏周易》。《清史稿·藝文志》著錄《增補周易鄭注》一卷。又稱《鄭氏周易》或《鄭氏周易注》。其善本有如上海圖書館藏《增補鄭氏周易》稿本；乾隆二十一年盧見曾刊《雅雨堂叢書》本，惠棟增補、阮元校注《鄭氏周易》三卷。本論文所引，採臺北：臺灣商務印書館景印文淵閣四庫全書本（第7冊）。

〔註248〕見《四庫全書總目提要》，卷一，〈經部·易類一〉，臺北：藝文印書館，1964年10再版，頁65。

〔註249〕見《鄭氏周易注》孫堂補遺序文。（引自臺北：新文豐出版社《叢書集成新編》第十四冊本，影印古經叢書本，1985年元月初版，頁598。）

堂之道「本乎《易》而，制寓于明堂」；〔註250〕惠氏以《易》解「堂明」之大道，也就是將先秦時期中央政府最重要的行政處所與有關的制度，與《易》作密切的聯繫，並詳細引據考證，以還原歷史文化的本來面貌。

此外，惠氏又作《禘說》二卷，即禘祭之說，與明堂之道是一脈相連，且與《易》也有深刻的相關，因此，惠氏解釋禘祭，總不得不引《易》言「禘」。其詳實的考竅，有其高度的歷史意義。今之傳本有經訓堂叢書本，以及清經解續編本。

惠氏另著《周易講義合參》二卷，稿本藏於上海圖書館，內容不詳。又校注《周易兼義》九卷；批校李鼎祚《易傳集解》十七卷；批李衡《周易義海撮要》十二卷；批何楷《古周易訂詁》十六卷；校《周易乾鑿度》二卷等，內容亦皆不詳。

除了專書論著之外，惠氏又有《易》論的單篇小文，分別散見於《九曜齋筆記》三卷、《松崖筆記》三卷，以及《松崖文鈔》二卷當中。可以作為研究參考者，如《九曜齋筆記》中有「焦京易學」、「卦氣」、「卦無先天」、「河圖」、「錄圖」、「九宮」、「趨庭錄」與「蔽易一言」等文，當中特別強調漢宋之辨。《松崖筆記》中有「貞悔上中下」、「子夏易傳」、「日甲月庚」、「推易始來」與「河圖洛書」等文，以《子夏易傳》非子夏所作，《河圖》、《洛書》為後人所偽，申「中庚」之義，斥蕭山毛甡《推易始來》之失，引京房之語論貞悔之義。又《松崖文鈔》中，「易論」一文，明「時中」、「中和」之義；「重卦考」一文，考原重卦，辨其始末，「易漢學自序」述明著作《易漢學》之旨意；「太上感應篇注自序」，以道家之學原出聖人之說。另外，復有稍與《易》相涉者，如「書蔣盤漪臨李少溫謙卦後」、「學福齋集序」與「洪範學」等文，皆可視為惠氏易學之參考文獻。

清代學術，是中國學術思想的另一個鼎盛與再造時期，歷來學者都賦予各種不同的學術稱號，有所謂的考據學、考證學、徵實學、〔註251〕乾嘉學、

〔註250〕括弧引文見《明堂大道錄》，卷一，〈明堂總論〉。（引自臺北：新文豐出版社《叢書集成新編》第三十四冊本，影印經訓堂叢書本，1985 年元月初版，頁665。）《明堂大道錄》今之傳本，大抵有經訓堂叢書本、續清經解本、叢書集成初編本。

〔註251〕不論是考證學、考據學，或是徵實學，基本上是就治學的方法之角度作稱呼，意指研究古籍字義、歷代典章制度、名物象數、史實發展等等，能予一一考辨察竅，使之確鑿有據，徵實而不虛的一間學問。持此說者，諸如唐鑑《清學案小識》、梁啓超《清代學術概論》、林慶彰《中國文化新論‧學術篇‧明

〔註252〕樸學、〔註253〕漢學等說法。〔註254〕不管名稱如何，其學術本質是相同的，即以漢學爲宗，重視考據實證，反對空疏不實之說；也就是希望循著「以經學之實，濟理學之虛」的學術理想而邁進。因此，從學術方法與態度的角度言，崇尚漢學，在於以經典之實，代替空憑的胸臆；以客觀的實證，代替主觀的思辨，回復漢學原來的面目，使經世致用的實學，能夠代替無用的理學；因爲惟有重回漢代的經學，才能夠撥亂反正，移風易俗，並馴致於治平之用。

確定漢代經學的學風理想，並進一步追求通經致用的目的，其經世之志的理想高度指標，未必每個治經者皆能達到，往往一些人只能把重心放在循著考據的途徑，透過故訓驗證的方式，以辨明古書的義理。惠棟就是如此，雖未必能夠達到致用的理想，卻能超越宋學末流的窠臼，開啓漢學研究的新天地。後人評述前人經學造詣與成就，仍無法擺脫以那仰之彌高的形上義理作爲是較高的價值尺度來作爲衡量標準，在這樣的情形下，以回復漢易（偏重於象數之學）爲職志的惠棟當然不能獲得較高的肯定了。是否真的如此，或許仍需進一步詳細的通覽研究惠棟易學，排除以義理才是真價值的態度，才能獲得較爲公允客觀的認識。

今日，不論我們以那一種價值判準來論定惠棟的學術成就，至少我們可

清考據學的發展》、馬積高《清代學術思想的變遷與文學》、來新夏《清代考據學述論》、鄭天挺《清史簡述》等。

〔註252〕以乾嘉之學爲稱，乃從時代發展的縱的區隔上來說。由於清代乾嘉年間，大儒惠棟、戴震等人，以漢儒經注爲宗，從小學入手，用訓詁考據方法治經，開創吳、皖二大學派，造就後學，大張旗幟，形成鼎盛學風，故名。持此說者，諸如馮友蘭《中國哲學史》、勞思光《中國哲學史》、于鵬翔《乾嘉學派成因論》、陳祖武《從清初的反理學思潮看乾嘉學派的形成》、周維衍《乾嘉學派的產生與文字獄無因果關係》、王俊義《清代的乾嘉學派》等等。

〔註253〕樸學乃學術的內容本質而言，《漢書‧儒林傳》有所謂「吾始以尚書爲樸學」，可見樸學指的是質樸不尚辭藻之學。民國期間，支偉成撰有《樸學大師列傳》，可以爲此說之代表。

〔註254〕以漢學爲名，是從與宋學相對的角度來說。江藩《經解入門‧漢宋門戶異同》：「何謂漢學，許鄭諸儒之學。何謂宋學，程朱諸儒之學也。」曾國藩《曾文正公全集‧歐陽生文集序》：「當乾隆中葉，海內魁儒畸士，崇尚鴻博，繁稱旁證。考核一字，累數千言不能休，別立幟志，名曰漢學。」故漢學即崇尚漢儒專重訓詁的治經方式，排斥宋明之學的束書不觀、游談無根，空論心性義理的流弊，乃標幟「漢學」，以與「宋學」相抗。清代力崇實學，以矯空疏的諸儒，尚稱自己是漢學家，如江藩《漢學師承記》，錢穆《中國近三百年學術史》、徐復觀《清代漢學衡論》，皆以漢學爲尊。

以肯定的是，從惠棟同時期的相關典籍之呈現，對惠棟的易學成就，仍然是持著極高的評價，所以他在清代的學術發展上，仍佔有極其重要的角色。遺憾的是，一般研究者對清代學術的關注目光，大都把焦點擺在清初的王夫之、顧炎武、黃宗羲、毛奇齡與胡渭等人，乃至於同時期的戴震，以及之後的焦循、段玉裁等等名儒的身上，而惠棟仍是一直被忽視的。盱衡諸思想史論著，談到清代乾嘉學術思想的發展，惠棟或被數語點綴，或略而不言，而個別人物的思想專論，更看不到惠棟的影子，這樣的對待，對惠棟是否公允？

　　本論著針對惠棟的易學作全面的、實際的考索與評析，具體地將惠棟治《易》上的優缺點、特色等呈現出來，並試圖達到前述之論著目的；除了對惠棟有深入的認識外，也期盼惠氏易學所彰顯的議題，能夠獲得釐清與再認識。

三、易學以外之學術論著成果

（一）尚書學

　　《尚書》這部古老浩典，流傳久遠，為儒家思想的重要經典，更是先秦文化的重要史料。《尚書》發展歷程中，學者大都注意其篇目的問題，《尚書緯・璿璣鈐》云：

> 孔子求書，得黃帝玄孫帝魁之書，迄於秦穆公，凡三千二百四十篇，
> 斷遠取近，定可以為世法者百二十篇，以百二為《尚書》，十八篇為
> 《中侯》，去三千一百二十篇。〔註255〕

加上《史記・孔子世家》與《漢書・藝文志》等說法，認為此類公文原有三千餘篇，後經孔子選取編纂成《尚書》百篇。但由於證據不足，後人多以緯書不可信，且從《墨子》等引《書》與儒家不同的情形看來，目前僅知孔子曾編《書》以為教本，至於孔子時代的《尚書》版本與篇數，甚至是戰國時代所流傳的《尚書》，是否如後人所說所見，則眾說紛紜，莫衷一是，無法明確證實。〔註256〕

〔註255〕引用自孔穎達《尚書正義》，臺北：藝文印書館影印，《十三經注疏》本，頁9。

〔註256〕近人多認定孔子不曾刪《書》，此乃《今文尚書》家一貫看法，以伏生所傳二十八篇為全。至於筆者淺見，認為古代公文資料應該很多，如戰國諸子引《書》、漢代的孔壁《逸書》以及現今出土的青銅器銘文等資料，都足以證明《今文尚書》乃秦火殘本，而孔子應有編選（非刪）《尚書》做為教材之事。

　　秦皇一統天下，乃至楚漢爭勝，《尚書》歷經兵燹浩劫，幾盡凋零；西漢文帝時期，宿儒業將殆盡，能治《尚書》者，僅濟南伏生（名勝）碩果僅存，晁錯往受《尚書》，以漢隸寫定成《今文尚書》二十九篇（將〈顧命〉、〈康王之誥〉分成兩篇）。景帝時期（一說武帝時），魯恭王壞孔子宅欲以廣其宮，於壞壁中得到許多逸書，將這些書籍交由孔安國處理，於《尚書》部份比《今文尚書》多出了十六篇，後由安國後人獻給中央朝政；由於其文字是用篆書（或說是籀書、科斗書）寫成，故稱《古文尚書》或《逸書》。武帝期間，又有河內女子獻上〈太誓〉一篇給河間獻王，東萊張霸偽作《百兩篇尚書》，當時學者們已知其偽；至於東漢扶風杜林所私藏《漆書尚書》一卷，賈逵、馬融及鄭玄皆曾受其學。此諸《古文尚書》或偽作《百兩篇尚書》，至晉懷帝永嘉之亂而全部亡佚，包括今文歐陽、大小夏侯皆不復見，不知其傳。漢代從武帝立五經博士，一直到哀帝時劉歆校中秘書時，僅立《今文尚書》歐陽（生）、大小夏侯（勝與建）三家，劉歆後來又提議立《毛詩》、《古文尚書》、《逸禮》及《左氏春秋》為學官，漢代今、古文之正式挑起爭端，直到鄭玄融通今古文之學並遍注群經，普受肯定，使今、古文經學暫告統一。尚書學發展中，造成最大影響的，則為東晉豫章內史梅賾所偽造的《尚書孔傳》五十八篇，此書先將伏生所傳《今文尚書》二十九篇分成三十三篇，〔註257〕再編纂散見於古籍中的《尚書》逸句並增添偽撰字句成二十五篇，〔註258〕後經唐孔穎達選以為《尚書正義》底本，成為今傳的《偽古文尚書》。〔註259〕這樣的版本歷經唐宋以降，幾乎不被懷疑，視為當然的定本。

　　清代在《尚書》學的研究代表上，以辨偽的成就最具代表性。清初，循常守舊的承守宋學者，大都宗於《蔡傳》，並以古文為不偽，墨守宋學，並無新義可現。到了康熙時代的閻若璩，完成了對所謂孔氏《古文尚書》的科學化研究，也正視開啟了尚書學的清學時期。閻若璩沉潛鑽研三十餘年而完成《尚書古文疏證》，從文獻的取證和歷史事實的獲得而立論一百二十八條，以考定孔氏本之偽，並在其影響下開啟了新一波《尚書》的辨疑與考正的學風，尤其由乾嘉時期吳、皖二派展開了清學對偽孔本中所保存今文二十八篇的考

〔註257〕從〈堯典〉分出了〈舜典〉，從〈皋陶謨〉分出〈益稷〉，分〈盤庚〉為三篇。
〔註258〕此二十五篇為：〈大禹謨〉、〈五子之歌〉、〈胤征〉、〈仲虺之誥〉、〈湯誥〉、〈伊訓〉、〈太甲〉三篇、〈咸有一德〉、〈說命〉三篇、〈泰誓〉三篇、〈武成〉、〈旅獒〉、〈微子之命〉、〈蔡仲之命〉、〈周官〉、〈君陳〉、〈畢命〉、〈君牙〉、〈冏命〉。
〔註259〕今人所見《偽古文尚書‧舜典》，乃南朝齊建武中吳興人姚方興偽造。

據研究，形成清代研究《尚書》卓有成就的黃金時期。

閻若璩雖成就曠世之著，然仍有所失，「氣矜自滿，動輒牽連它書，頗失體裁」，「逞私武斷，亦往往而有」；〔註260〕因此，踵其後而增補者有之，惠棟著有《古文尚書考》與《九經古義·尚書古義》，爲閻氏充實了材料，使閻說更爲完善，其功僅次於閻氏。

惠棟《古文尚書考》一書，嚴密考訂，以孔安國《古文尚書》漢代並沒有亡佚，五十八篇中有三十四篇與伏生同，另二十四篇則篇名俱在。〔註261〕鄭玄注《尚書》逸篇仍爲古文經學派，學術思想與兩漢四百年間古文經師一脈相承，所以確定梅賾二十五篇爲僞，而鄭玄述古文《尚書》逸書二十四篇爲孔壁眞古文。

惠棟承閻若璩而後出轉精，予以補充指正，例如考辨〈太誓〉，閻氏既知東晉〈太誓〉爲僞作，卻又同時懷疑西漢眞〈太誓〉也爲僞作，惠棟認爲漢世未亡〈太誓〉爲眞古文《尚書》，駁正閻若璩以梅書和漢世未亡〈太誓〉皆僞之失。

《古文尚書考》，尊崇漢儒，追求文獻本眞之法，對清儒影響極大。錢大昕稱誦其書「精而約」爲閻書所遠遠不如的，所以「此千四百餘年未決之疑，而惠松崖先生獨一一證成之，其有功於壁經甚大」；〔註262〕而邵晉涵更讚其「議論精當，爲竹垞、亭林所未逮」。〔註263〕可見惠棟此書在尚書學史上的成就與貢獻，是可以與閻氏相抗衡的。

惠棟的《尚書古義》，收錄於《九經古義》中。其《古文尚書考》之要旨在於揭示梅賾的僞作，而《尚書古義》在於考求所見《尚書》文字在眞古文《尚書》中的形音義。全書上下兩篇，上篇收列四十二條，下篇四十九條，共九十一條。其論述的方式，以注釋爲體裁，採文獻史料實施考證與辨僞，所取資料大多爲三代與漢儒之文；校釋語言文字以求文獻之本義，並藉以論

〔註260〕括弧引文見李慈銘《越縵堂讀書記》，上海：上海書店出版社，2000 年六月第 1 版第 1 刷，頁 15～16。

〔註261〕惠棟考索嚴謹，尋《漢書》所載，劉歆造《三統歷》，班固著《律歷志》，鄭玄注孔安國撰《尚書序》，均引用之，故知孔氏《古文尚書》漢代並無亡佚。見《松崖文鈔》，卷一，〈古文尚書考自序〉，頁 46。

〔註262〕見錢大昕《潛研堂文集》，卷二十四，〈古文尚書考序〉。引自《嘉定錢大昕全集》，第九輯，江蘇：江蘇古籍出版社，1997 年 12 月第 1 版第 1 刷，頁 368。

〔註263〕見黃雲眉編《邵二雲先生年譜》，「乾隆 34 年己丑先生 27 歲」條。引自臺北：廣文書局《年譜叢書》本，第十三冊，《邵二雲先生年譜》，1971 年 11 月初版，頁 23。

述與之有關的文化背景、思想內容所呈現的意義，如此一來，得出之本義更能精確洽宜。

《尚書古義》的考釋內容，可以說是兩漢以後、也是清儒《尚書》論著專採漢注之第一家，江聲踵其後，著《尚書集注音疏》十二卷，另附《尚書補誼》與《經師系統》二卷，採其師惠棟《周易述》自注自述之家法。此外，不論王鳴盛《尚書後案》、段玉裁《古文尚書撰異》、孫星衍《尚書今古文注疏》等著，多少亦受惠棟之影響。

（二）春秋學

周道衰，官失守，邪說起，暴行作，臣弒君，子弒父，孔子懼，作《春秋》。《春秋》文字精短，乃有《三傳》起，「所以治《春秋》者不能捨傳而專言經」，〔註264〕經傳一體，傳更可闡明經義，深深體察孔子述《春秋》之大義所在。

《春秋》之深義，主要在於定名分、寓褒貶、懲惡勸善。孔子作《春秋》後，魯君子左丘明懼弟子各為異辭，各安其意，失其本眞，故因孔子史記，具論其語，成《左氏春秋》；西漢賈誼等儒始為《左氏傳》作注，而漢儒經說以守師法、家法為授，大抵能夠固守經義原味，然至晉杜預解經傳，妄加臆說，「貶死節之忠臣，張亂賊之凶燄，悖禮傷義，忍於短喪，飾非怙惡，邪說肆行，實為世道人心之害」。〔註265〕惠棟正杜氏之非，恐聖人之道蔽塞，乃撰著《春秋左傳補註》一書，以匡世說。

棟作《九經古義》，其中包括《周易古義》二卷、《尚書古義》二卷、《毛詩古義》二卷、《周禮古義》二卷、《儀禮古義》二卷、《禮記古義》二卷、《公羊古義》二卷、《穀梁古義》一卷，以及《論語古義》一卷，合為「古經」，總名《九經古義》。棟特重《左氏傳》古義之考論，又增作《春秋左傳補註》六卷，刊版別行，不入《九經古義》中。

惠棟作《春秋左傳補註》，「遵四代之家學，廣搜賈、服、京君之，注援引秦漢子書為證，繼先儒之絕學，為左氏之功臣」；〔註266〕詁釋考索，旁徵博引，經、史、子、集、金石、銘文，乃至漢魏碑碣，無所不涉，足見其治學

〔註264〕見梁啟超《中國近三百年學術史》，天津：天津古籍出版社，2003 年 5 月第 1 版第 1 刷，頁 217。

〔註265〕見丁晏《左傳杜解集正・自序》。引自上海：：上海古籍出版社《續書四庫全書・經部・春秋類》，第一二八冊，頁 179。

〔註266〕見徐世昌《清儒學案・魯陳學案》，卷一百十一，〈春秋左傳補〉，臺北：世界書局，1966 年 7 月再版，頁 2。

博通嚴謹之狀。

　　杜預解《左氏傳》，有私於飾司馬懿之非，有悖於《春秋》之原義，惠棟著《春秋左傳補註》，重在規正杜《注》，撥亂反正，以彰顯孔子之大道。惠棟指正杜氏謬誤，包括述明「短喪」之說；《左傳》中的喪制，杜預都以短喪之義解之，古禮被曲解殆盡，所以惠棟嚴斥杜預，「《左傳》不用服虔而用杜預，此孔穎達、顏師古之無識，杜預創短喪之說以媚時君，《春秋》之罪人也」。〔註267〕此外，惠棟也指出杜氏襲用前賢義訓舊說，卻刻意隱沒其名，實屬不當。

　　惠棟力圖復原孔子《春秋》大義，特別藉以闡揚禮法。道德隆污，則禮教為之變，孔子作《春秋》，使紀事不失其眞，以補禮之窮，故釋《春秋》者，必以禮明之，「舍禮而言《春秋》，于是以《春秋》為刑書，以書法為司空城旦之科」，〔註268〕左氏作《傳》，詳於言禮，觀《左傳》所載，不論士大夫的朝儀、服飾、言行舉止皆要合禮，是以「禮所以經國，利社稷」，〔註269〕守禮行道，乃經世治國之法要。

　　惠棟考復古義，指出「古訓之亡，自杜始」，〔註270〕「杜氏好改古文，故古文古義存者，少矣」，〔註271〕惟有古文古義的保存，才能得古義之本眞，也才能敘明聖人著述之大旨。

　　談到惠棟《公羊古義》二卷。《公羊傳》舊題戰國公羊高撰，本經屬今文經，〔註272〕抉發微言大義為主要形式，兩漢時期，經董仲舒闡釋，成了武帝政治決策的重要理論依據。今本《公羊傳》是東漢今文經學家何休解詁本，

〔註267〕見《九曜齋筆記》，卷二，〈趨庭錄〉。引自臺北：新文豐出版社《叢書集成續編》第二十冊本，影印聚學軒叢書本，1989年7月臺1版，頁645。
〔註268〕見徐世昌《清儒學案·小宛學案》，卷一百三十五，〈惠氏左傳補註序〉，臺北：世界書局，1966年7月再版，頁21。
〔註269〕見《春秋左傳補註》，卷四，〈襄公二十九年，慎之以禮〉。引自臺北：臺灣商務印書館《景印文淵閣四庫全書》本，第181冊，臺北：臺灣商務印書館，1986年3月初版，頁14。
〔註270〕見《春秋左傳補註》，卷六，頁18。
〔註271〕見《春秋左傳補註》，卷四，頁11。
〔註272〕《公羊傳》傳《春秋》今文經，而今古文內容並無甚大區別，主要不同者，今文經終止於「哀公十四年，西狩獲麟」，而古文經至「哀公十六年夏四月己丑孔丘卒」。《公羊傳》為十一卷，起自隱公元年，終於哀公十四年，是為今文。且《公羊傳》起初以口頭流傳授受，由公羊壽與胡毋生用當時的漢隸寫成，署題其老師的姓名。與《左傳》相較，《公羊》重經義的義訓，而《左傳》則重在史實的補綴。

而惠棟考索何休注《公羊傳》，認為何休注本用顏安樂本，惠棟以用嚴本的熹平石經參校，確定何休所本為嚴本。

惠棟援引鄭玄《六藝論》，提及西漢時期《公羊》的傳授，由胡毋生而董仲舒，而仲舒弟子嬴公，而嬴公弟子眭孟，而眭孟弟子莊彭祖及顏安樂，安樂弟子陰豐、劉向、王彥。惠棟認為「劉子政，從顏公孫受《公羊春秋》，本傳不載，然封事多用《公羊》說」，〔註273〕劉向政事多用《公羊傳》，這是武帝用董仲舒「罷黜百家，獨尊儒術」的延續，這樣的現象，一方面積極促使經學文化地位的提升，另一方面也改變了知識份子的既有政治地位；學術的發展與政治的關係，惠棟的考索也給我們在這方面的一些省思。

談到有關「世祿」的問題，惠棟認為「世祿」者，非「世襲」之位，官位傳授以賢才論之，且所得之位未必為世位；此觀念對上古之宗法制度提供更清楚的認識。惠棟又考論刑法，考索何休注「律一人有數罪，以重者論之」，追溯至周穆王呂侯所訂「呂刑」，皆循「有數罪，以重者論之」的原則，可知《公羊》注用漢代律義，而漢代的律法又多有承繼先秦的一致性。惠棟《公羊古義》之作，確實提供我們甚多參考的價值。

另外，關於《穀梁古義》方面。《穀梁古義》僅二十六條，較《公羊古義》八十八條為略。考索論著傳承的問題，唐楊士勛《穀梁傳序·疏》提及「穀梁子名淑，字元始，魯人。一名赤，受經于子夏，為經作傳，故曰《穀梁傳》」。〔註274〕惠棟認為穀梁赤在學術上與子夏有聯繫，但並未直接受業於子夏，考引漢魏麋信注《穀梁》，認為穀梁赤與秦孝公（西元前361～前338年在位）同時，較子夏晚一百四十多年，時間上沒有交集，何來受業。然對穀梁為經作傳，傳孫卿（約西元前313～前238年）的事實，則認為時間上是恰當可信的，惠棟尤其特別引出《荀子》中有甚多來自《穀梁傳》之說。同時，惠棟還指出《穀梁傳》引用《論語》，乃至於《儀禮》、《禮記》諸經相合者，亦不可悉舉，這是「穀梁善于經」〔註275〕的具體事證。總之，申明《穀梁》古義，

〔註273〕見《九經古義·公羊古義》，卷十三。引自臺北：臺灣商務印書館《景印文淵閣四庫全書》本，第一九一冊，1986年，頁470。

〔註274〕楊士勛的傳承說法，為後來研究者所普遍採用。如宋人章如愚《群書考索》卷六，說法相同，云：「穀梁子名淑，字元始，魯人也。一名赤，受經於子夏，為經作傳，故曰《穀梁傳》。」

〔註275〕見《九經古義·穀梁古義》，卷十五。引自臺北：臺灣商務印書館《景印文淵閣四庫全書》本，第一九一冊，1986年，頁489。

惠棟考述不乏精粹之論。

（三）三禮學

　　惠棟禮學研究的成果，主要表現在《九經古義》所輯之《周禮古義》二卷、《儀禮古義》二卷與《禮記古義》二卷，主要以申述漢儒古訓爲主。《周禮古義》本於家學傳訓，其父惠士奇著《禮說》十四卷以《周禮》爲專，「士奇此書，於古音古字，皆爲之分別疏通，使無疑似，復援引諸史百家之文，或以證明周制，或以參考鄭氏所引之漢制，以遞求周制，而各闡其制作之深意，在近時說禮之家，持論最有根柢」。〔註 276〕惠棟《周禮古義》亦本諸家學之法以推明周制。其引注上承許愼，並在鄭注的基礎上予以闡發，以經史小學共證原典，以求《周禮》古義的精確訓詁，尤其特別重視識字辯義作爲解經之要務，不純依字形知義，而是重視以音識字，並揭示音訓之源流。至於文字訓詁的例證運用，則是綜采諸經核考，因此，「《周禮古義》並非專治一經而得古義，而是諸經合同共證。這在文獻語言意義的解釋和古本的考訂辨僞上，都體現合同共證之法」。〔註 277〕

　　《儀禮古義》二卷，上卷三十一條，下卷三十條。惠棟搜採舊文，互相參證，通古人之文，以明其義理。以語言文字詁訓解經上，惠棟特別引金石文字爲詁，今文或古文經典在互證運用上仍有不足時，取金石文字亦屬可取之道；例如引《漢故北海相景君碑》、《三代古器銘》，得以「麋」爲「眉」的參證，並指出「古字簡少通用，至漢猶然」，〔註 278〕也從古文字看出古文《儀禮》與《尙書》用字的一般規律，足供文字訓詁參考之價值。

　　梁啓超認爲「清儒于《禮記》，局部解釋之小書單篇不少，但全部箋注，尚未有人從事」。〔註 279〕惠棟的《禮記古義》，考索條目九十六條，雖非宏篇巨制，卻在當時可以視爲有關研究之指標。惠棟以古義析論，對鄭玄的謬誤提出諸多的匡正與補充，如〈曲禮上〉「大夫七十而致事，若不得謝，則必賜

〔註 276〕見《四庫全書總目》，卷十九。引自臺北：臺灣商務印書館《景印文淵閣四庫全書・目》，第一冊，頁 406。

〔註 277〕見李開《惠棟評傳》，南京：南京大學出版社，1997 年 7 月第 1 版第 1 刷，頁 109。

〔註 278〕見《九經古義・儀禮古義》，卷九。引自臺北：臺灣商務印書館《景印文淵閣四庫全書・總目》本，第一冊，1986 年，頁 443。

〔註 279〕見梁啓超《中國近三百年學術史》，天津：天津古籍出版社，2003 年 5 月第 1 版第 1 刷，頁 213。

之几杖」，鄭注「謝，猶聽也」，惠棟則認為宜為「辭謝」、「去位」之意。又
〈曲禮下〉「畛于鬼神」句、〈檀弓上〉「子夏喪其子而喪其明」句、〈檀弓下〉
「我喪也斯沾」句、〈樂記〉「武坐致右審左」句，相關文字的訓釋，惠棟都
提出引證予以批評。對鄭玄批駁的同時，惠棟也引宋儒所言為是者，而予褒
揚；可以看出惠棟不論是褒或貶，純於求實求正之態度，而非全然的惟漢是
好，惟宋是斥。

（四）文字學

　　惠棟力主漢學以說經，詳辨古字古訓以釋經義，在其各論著中皆可體現；
通過文字訓詁以考證經文，廣采諸書，旁徵博引，以達證經釋義之效，諸如
其《周易述》、《後漢書補註》等作中，其小學之功力，非一般俗儒所能及。
闡發經典的古義，都借助於漢儒經說、經注來相互發明，而其探尋古義的途
徑，也是依循漢儒治經從文字、音訓入手的方法，對經文及漢注來進行考釋。
其治學的方法與成就，在文字訓詁方面可以充份地呈現。特別是《九經古義》
專宗漢儒古義，詳及經傳、諸子及《說文》、《經典釋文》等書以考古字、古
訓，開有清一代尊漢治經風氣的先河，被譽為「非通儒」，「不能見及此」者。
〔註280〕

　　惠棟畢生治學，強調章句訓詁的重要性，這是治學的必備功夫，於《九
曜齋筆記》中提到，「章句訓詁，知也，灑掃應對，行也，二者廢其一非學
也」；且「舍《詩》小序無以言《詩》也，舍《爾雅》、《說文》無以言訓詁
也」，〔註281〕熟知《爾雅》、《說文》為訓詁之必要門徑。因此，他特別詮解
而著《讀說文記》，以見其文字訓詁之功力。

　　《讀說文記》以大徐本為主要底本，同分十五卷，其論述之內容與方法，
多能體現博引經史諸典互證互解，「立足於《說文》字詞這一新視角而廣泛求
解小學與經史的同一性意義，以正確理解《說文》和詮釋經史」。〔註282〕丁福
保《說文解字詁林》中引黃庭鑑之跋序云：

　　　　吾吳紅豆惠氏，始以《說文》提唱後學，謂不第形聲點畫足考制字
　　　　之原。其所訓詁，實佐毛鄭諸家之所未備，其所徵引，又皆魏晉以

〔註280〕見沈懋愼《周禮古義跋》。
〔註281〕見惠棟《九曜齋筆記・趨庭錄》，卷二。引自臺北：新文豐出版公司《叢書集
　　　　成續編》第二十輯，影印聚學軒叢書本，1989年7月臺1版，頁646。
〔註282〕見李開《惠棟評傳》，南京：南京大學出版社，1997年7月1版1刷，頁434。

前眞古文，一句一義在今日皆爲瓌寶，故於此書，丹黃校勘，旁記
側注，一生不輟，世所傳惠校說文本，前此未有也。〔註283〕

惠棟援據古文古訓，「考正俗體，於聲讀通假，精研而明辨之」，〔註284〕對文字
學、許學，乃至古籍的正訛舛、補闕漏、考音聲、辨俗體等方面，皆有極大之
貢獻。《讀說文記》中，惠棟也直接引字書互釋，包括引用《爾雅》，引用《字
林》之佚文，以及引用金石文字作爲詁證《說文》之先驅。此外，在《讀說文
記》中，惠棟也大量引用《周易》的內容作爲論述的材料，特別是運用漢儒象
數《易》說來論證許愼之言，某種程度上，可以說是許書之《易》理化。

另外，惠棟考證《爾雅》的成書年代，引魏張揖《上廣雅表》云：

昔者周公纘述唐虞，宗翼文武，勤相成王，六年制禮，以導天下，
著《爾雅》一篇，以釋其義，傳乎後嗣。歷載一百，墳典散落，唯
《爾雅》恒存。《禮・三朝記》哀公曰：寡人欲學小辯，以觀於政，
其可乎？孔子曰：《爾雅》以觀於古，足以辯言矣。《春秋元命苞》
言：子夏問夫子，作《春秋》，不以「初哉首基」爲始何，是以知周
公所造也。今俗所傳三篇《爾雅》，或言仲尼所增，或言子夏所益，
或言叔孫通所補，或言沛郡梁文所著，皆解家所說，先師口傳，既
無正驗，聖人所言，是故疑不能明也。〔註285〕

惠棟進一步指出張揖之言，獲得陸德明的認同：

陸氏《經典序錄》曰：〈釋詁〉一篇，蓋周公所作，〈釋言〉以下，
或言仲尼所增，子夏所足，叔孫通所益，梁文所補。張揖論之詳矣！

〔註286〕

惠棟大致肯定《爾雅》爲周公所作，是「周公作之以教成王」，〔註287〕並陸續
由孔子一系後儒所增補，〔註288〕是對宋人普遍認爲成於西漢，作直接的否定

〔註283〕見丁福保《說文解字詁林》冊一，臺北：臺灣商務印書館，1959 年 12 月臺 1
　　　　版，頁 87。
〔註284〕文見黎經誥《許學考》。轉引自林明波〈清代許學考〉，《師大國文研究所集刊》，
　　　　第 5 期，頁 18。
〔註285〕見惠棟《松崖筆記・爾雅》，卷三。引自《叢書集成續編》第二十輯，臺北：
　　　　新文豐出版公司影印聚學軒叢書，1989 年 7 月臺 1 版，頁 611。
〔註286〕同前註。
〔註287〕見惠棟《松崖筆記・爾雅》引宋邢昺《爾雅疏》云：「《爾雅》之作，經傳莫
　　　　言其人及時世，但相傳云：周公作之以教成王。」（卷三，頁 611。）
〔註288〕惠棟除了前引張揖、陸德明之言外，亦引宋王應麟《藝文志考證》云：「漢國

與批評。《爾雅》既是成書久遠的古籍，在時間上與《尚書》和《周易》相近，故在文字語言的運用與語意的原始面貌，三者是最貼近的，彼此互證，可以得到較爲準確的古義。這種詁訓的觀念，爲惠棟治經所習用之法。

惠棟之學術成就，主要表現在經學方面，然而在史學方面的論著也不乏貢獻，以《後漢書補註》二十四卷最具代表性。惠棟廣引《初學記》、《藝文類聚》、《北堂書鈔》，以及《太平御覽》諸書，鈎沉相關史料，用以疏解《後漢書》，對范曄書之所由，得以更清楚的認識，同時增補范書之不足，以及糾正梁代劉昭作注之訛誤，〔註289〕所呈現的成果，並非僅是資料推砌之錮釘工作，而是具有史家之宏觀見解。清代王先謙著《後漢書集解》，綜采諸家，特重惠氏《補注》，認爲「余服膺此書有年，於遺文奧義，復加推闡惠氏外，廣征古說，請益同人，所得倍夥，爰取而刊行之，因念是書章懷注後歷千年，而惠氏爲補注更二百年，而余爲集解纂述之事，何其遼哉」！〔註290〕進一步指出「近儒致力於《後漢書》，莫勤於惠棟所著《後漢書補注》」，〔註291〕高度肯定惠氏之成就。

《後漢書補注》充份展現以經證史的重要特色，並且在〈天文志〉與〈律歷志〉的注釋上，充份展現其對中國古代天文歷法的熟識度。由於惠棟實際致力於《後漢書》的注疏工作，對漢代的歷史發展脈絡，不論是政治、社會、學術或文化等方面，皆當有深刻的瞭解，對於其以漢代學者爲主的治經內涵，當有極大之助益。

此外，惠棟徵引載籍，會誌人物故事，著《漢事人物會最人物志》三卷；彰顯周惕之師，引證詳贍，著《漁洋山人精華錄訓纂》十卷；又著筆記短文，《松崖文鈔》二卷、《松崖筆記》三卷、《九曜齋筆記》二卷；其它訓注之作，

咸（按：當爲「戚」）謂《爾雅》周公所制，而有張仲孝友等語，疑之以問揚雄，雄曰：記有孔子教魯哀公學《爾雅》，《爾雅》之出遠矣。自古學者皆云周公作，當有所據，其後孔子弟子游、夏之儔，又有所記，以解釋六藝，故有張仲孝友等語。劉向謂史佚教其子以《爾雅》。」（見惠棟《松崖筆記·爾雅》，卷三，頁611。）大致肯定《爾雅》爲周公所作，後來並有所增補。
〔註289〕《後漢書》爲范曄所著，范曄撰此書，原定十紀、十志、八十列傳，合爲百卷，然十志未成而遭殺身故，因此，今傳〈律歷〉、〈禮儀〉、〈祭祀〉、〈天文〉、〈五行〉、〈郡國〉、〈百官〉、〈輿服〉等八志，皆是後人取用司馬彪《續漢書》之內容而增補者。最先注《後漢書》的是梁代劉昭，將司馬彪之八編〈志〉分三十卷補入，並爲之作注。然而劉氏之注也大多已散佚。
〔註290〕見王先謙《後漢書集解》上冊，臺北：藝文印書館，頁1。
〔註291〕見王先謙《後漢書集解》上冊，臺北：藝文印書館，頁4。

尚有如《太上感應篇註》二卷、《山海經訓纂》十八卷；〔註292〕批校題記之作有：《前漢書》一百二十卷、《呂氏春秋》二十六卷、《淮南鴻烈解》二十卷、《論衡》三十卷、《曲洧舊聞》十卷等等。可見其著述勤富，遍及經、史、子、集，洵足讚嘆。

四、惠棟學術之主要特色

（一）以推闡漢儒經說為職志

晚明以來，理學的積弊及王學的空疏，引發社會對宋明學術的批判和反省，而明朝覆亡的歷史悲劇所造成的知識界的信仰危機，更加速了思想變革的步伐。清初，政治的變動帶引了學術的轉型，並呼喚著新的理論體系的出現。從錢謙益提出「學者之治經也，必以漢人為宗主」〔註293〕的見解主張，而後顧炎武也提出「經學自有源流，自漢而六朝而唐而宋，必一一考究，而後及于於儒之所著」〔註294〕的說法，一種迥異於理學傳統，向漢代經學復歸的學術風氣已漸漸形成。這種復古復漢的學術特色，發展到乾嘉時期為最高峰的階段，而以惠棟最具代表性。

惠棟承繼家學，「始確宗漢詁，所學以拾掇為主，扶植微學，篤信而不疑」，〔註295〕「以漢猶近古，去聖未遠」，〔註296〕能夠保存經典的原意，且在經典的傳承上，「漢人通經有家法，故有五經師，訓詁之學，皆師所口授，其後乃著竹帛」；〔註297〕「孔子歿後，至東漢末，其間八百年，經師授受，咸有家法，故兩漢諸儒咸識古音」，〔註298〕故「五經多出於屋壁，多古字古言，非經師不能辨」。〔註299〕惠棟肯定兩漢經學的授受，由於師法與家法的方式，而得以薪火相傳，並保存原來的古義。相對地，魏晉以後的學者，對兩漢經說有嚴重

〔註292〕江藩《漢學師承記》云「《山海經訓纂》十八卷，世無刊本」。今此作不見傳世。

〔註293〕見錢謙益《初學集》，卷七十九，〈與卓去病論經學書〉。

〔註294〕見顧炎武《亭林文集》，卷四，〈與人四書〉。引自《四部備要》本，集部第八十四冊，頁110。

〔註295〕劉師培〈近儒學術統系論〉，見柳詒徵《中國文化史》下，中國大百科全書出版社，1988年出版，頁742。

〔註296〕見《松崖文鈔》，卷一，〈上制軍尹元長先生書〉，頁51。

〔註297〕見《松崖文鈔》，卷一，〈九經古義述首〉，頁44。

〔註298〕見《松崖文鈔》，卷一，〈韻補序〉，頁48。

〔註299〕見《松崖文鈔》，卷一，〈九經古義述首〉，頁44。

的曲解與篡舛，使聖人的本義淪喪，妄論放肆，橫流充斥整著學術環境。基於此，對漢儒經說的重視與推崇，成爲惠棟學術思想的最重要的核心價值。

依惠棟之見，經籍的疏解訓詁，魏晉以後多不可靠，宋明尤甚，一切經術，必宗於漢，「耽思旁訓，探古訓不傳之秘，以求聖賢之微言大義」，〔註300〕以推求漢儒經說爲主。所以在易學的研究上，他畢一生之精力於對漢《易》之鈎稽、蒐理與闡發，認爲「漢人傳《易》，各有源流」，「識得漢《易》源流，乃可用漢學解經」；〔註301〕其《周易述》，「專宗虞仲翔，參以荀、鄭諸家之義。約其旨爲注，演其說爲疏」。〔註302〕其《易漢學》，志於復原漢《易》，蒐羅採擷，「掇拾緒論，以見大凡」，〔註303〕「且使吾子孫無忘舊業」。〔註304〕其《易例》，「皆考究漢儒之傳以發明《易》之本例」，〔註305〕以「見聖人作《易》之大綱，漢代傳經之崖略」。〔註306〕其它諸經，亦以漢儒爲宗，「能一一原本漢儒，推闡考證」，〔註307〕掇補散佚，以見聖人之道。

（二）以古字古音之訓詁爲方法

治學方法問題是任何一種理論和思想體系的重要組成部份。以「六經注我」爲指導方法的宋學在幾百年間雖構建了龐大的哲學思辨體系，但以六經爲其理論的注腳，發展至「襲語錄之糟粕，不以六經爲根柢，束書而從事於遊談」〔註308〕的學風，最終導致其思想的衰落。明末，學者深深體察學風空疏之弊，主張「窮經研史」、「經世致用」，反對主觀臆斷的解經方法。從文獻本身入手解釋經典，成爲反對宋學者強而有力的呼聲。清初，顧炎武認爲「古之所謂理學，經學也」，倡導「博學於文」的研經風氣，主張「讀九經自考文

〔註300〕見王昶《春融堂集》，卷五十五，〈惠先生棟墓志銘〉。
〔註301〕見惠棟《九曜齋筆記》，卷二，〈趙庭錄〉。引自臺北：新文豐出版公司《叢書集成續編》第二十冊，影印聚學軒叢書本，1989 年 7 月臺 1 版，頁 646。
〔註302〕見江藩《漢學師承記》，北京：三聯書店，1998 年 6 月第 1 版第 1 刷，頁 30。
〔註303〕見《四庫提要‧易漢學》。
〔註304〕見《松崖文鈔》，卷一，〈易漢學自序〉，頁 46。
〔註305〕見《四庫全書總目提要‧易例》。引自臺北：新文豐出版公司《大易類聚初集》第十七冊本，1983 年 10 月初版，頁 141。
〔註306〕見《四庫全書總目提要‧易例》。引自臺北：新文豐出版公司《大易類聚初集》第十七冊本，1983 年 10 月初版，頁 141。
〔註307〕見《四庫全書總目提要‧周易述》。引自臺北：新文豐出版公司《大易類聚初集》第十八冊本，1983 年 10 月初版，頁 531。
〔註308〕見全祖望《鮚埼亭集內編》，卷十一，〈梨洲先生神道碑文〉。引自《全祖望集彙校集》上，上海：上海古籍出版社，2000 年 12 月第 1 版第 1 刷，頁 219。

始，考文自知音始」的治學方法；〔註309〕在此同時，考據辨偽之風，也成爲一時的學術現象，使得注重文字、音訓的實證學風成爲知識分子的群體意識，惠棟的治學主張正是此一學術流變的重要體現。

惠棟批評「宋人不識字」，〔註310〕「宋人不好古而好臆說，故其解經皆燕相之說書也」，〔註311〕「故使諸書皆亡」，〔註312〕「宋儒之禍，甚於秦灰」。〔註313〕他繼承顧氏以來的傳統，以治經從研究古文字入手，重視聲音訓詁，以求經義之本眞。認爲經書都「出於屋壁」，「多古字古言」，故「經之義存乎訓，識字審音乃知其義」，〔註314〕尋求經書的義理，必經途徑則必先能識字審音，也就是以古字古音之訓詁爲方法，才能進一步推求經義。

惠棟在其浩富的論著中，〔註315〕採取以古字古音推求古義的一貫方法；不論是《易》、《詩》、《書》、《禮》、《春秋》、《左傳》、《論語》等儒家經典，或是《漢志》、《後漢書》等史書，乃至《尸子》、《漁洋山人精華錄》等子集著作，皆是從文字音韻的訓解以進行新的整理、爬梳和注釋，並發掘亡佚的古義，糾正前人的錯誤。惠棟明確主張從識字審音入手的治學方法，成爲乾嘉學者研治經籍的不二法門。

惠棟堅持自己的治學方法，對宋儒與宋學提出強烈的抨擊，然而其批評則僅止於方法論的否定，認爲「宋儒經學不惟不及漢，且不及唐，以其臆說居多而不好古也」。〔註316〕對於宋學思想理論與哲學體系，並無像前輩學者那樣視之爲洪水猛獸般，相反地還給予極高的評價。惠氏紅豆山齋楹帖爲「六經宗孔孟，百行法程朱」，「是惠氏之學未嘗薄宋儒」；〔註317〕惠棟肯定「宋儒談心性，直接孔孟，漢以後皆不能及」；但在經學的研究上，因爲方法運用的

〔註309〕見顧炎武《亭林文集》，卷四，〈答李子德書〉，臺北：中華書局，1987 年，頁 5。
〔註310〕見惠棟《松崖筆記》，卷一，〈主一無適〉。（引自臺北：新文豐出版公司《叢書集成續編》第二十冊，影印聚學軒叢書本，1989 年 7 月臺 1 版，頁 592。）
〔註311〕見《九曜齋筆記》，卷一，〈郢書燕說〉，頁 624。
〔註312〕見《松崖筆記》，卷三，〈北宋〉，頁 607。
〔註313〕見李集撰，李富孫、李遇春續《鶴徵錄》，臺北：明文書局《清代傳記叢刊》本，1985 年 5 月初版，頁 431。
〔註314〕見《松崖文鈔》，卷一，〈九經古義述首〉，頁 44。
〔註315〕根據盛代儒編《清代名人千家著作舉要》之統計，惠棟的論著共二百三十一卷，合計三十三種撰述及批校的著作，可以視爲一位論著浩繁的漢學家。
〔註316〕見《九曜齋筆記》，卷二，〈趨庭錄〉，頁 645。
〔註317〕見皮錫瑞《經學歷史》，臺北：藝文印書館，1996 年 8 月初版 3 刷，頁 344。

不當，只求臆說而不切實推求古義，遠離經書本來之義蘊，所以兩漢經學的成就遠遠超越宋代，「宋儒可與談心性，未可與窮經」。〔註318〕惠棟區分漢宋，認爲漢學爲治經之學，而宋學則是性理之學，二者在學術上有密切的關係卻又是兩個不同範疇的學術內容，可以相輔相成，並行不悖，卻又不能相互取代，以一個學者而言，「漢人經術，宋人理學，兼之者乃爲大儒」，欲成就爲大儒，委實不易。〔註319〕

惠棟繼顧炎武之後，藉由迥異於宋學的治經方法，以古字古音而詳於經書字義的考索，具體提出與理學截然不同的見解，爲清代學術開闢出新的、具有代表性的學術路徑，也成爲乾嘉時期漢學家的主要典範。

（三）以《周易》研究爲畢生之志業

惠棟上承清初學風，下啓乾嘉後學，在文字、音韻、訓詁、辨僞、輯佚、補注、校勘等方面獲得卓著成就，對清代及後世古籍整理的風氣、方法、宗旨與目的等方面，皆產生了極大的影響力。其一生治學，專治經學，尤邃於《易》；《周易》的著述成果與影響最爲突出，不僅在掇拾、整理、保存漢代易學著作與思想上功不可沒，並且開啓了乾嘉時代易學研究的新走向，使易學的發展，自宋、明、清以來，進入了一個新的里程。

經學的發展，宋代以理學爲主體，以自家義理解釋儒家經典，使經學理學化，經過清初學者的反思批判下，樸學之風漸熾，一直到了乾嘉時期，惠棟力圖恢復經典本義，並以字詞詁訓爲恢復經典本義之必然方法，而字詞的詁訓又以漢儒箋注之說爲主要依據，從而提出宋儒經說之禍「甚於秦火」的強烈批評。惠棟畢生致力於易學研究，特別體察「《周易》一經，漢學全非」，〔註320〕期能復原《周易》本來面貌，重見漢《易》之全眞；在其《易漢學》、《周易述》、《周易古義》等著作中，可以見到漢《易》絕學之粲然復彰，也見其治學的堅持與理想，以及其治經方法與特色的展現。易學的成就，可以概括其整體的學術成就。因此，其易學論著，爲本論著的主體對象，易學有關之內容，將於本論著中詳細呈現。

〔註318〕二括弧引文見《九曜齋筆記》，卷二，〈趨庭錄〉，頁 645。

〔註319〕見《九曜齋筆記·漢宋》云：「漢人經術，宋人理學，兼之者乃爲大儒。荀卿稱周公爲大儒，大儒不易及也。」（卷二，頁 635）。

〔註320〕見惠棟《松崖文鈔》卷一，〈上制軍尹元長先生書〉。引自新文豐出版公司《叢書集成續編》第一九一輯，影印聚學軒叢書，1989 年 7 月臺 1 版，頁 51。

第二章　惠棟考索孟喜與京房《易》說之述評

　　惠棟《易》論，既以復原與闡發漢《易》爲宗，故諸論莫不以漢魏諸家《易》說爲論述重點，尤其《易漢學》，主要內容在於追考漢儒《易》論主張，掇拾要旨，以見本眞大略；包括對孟喜、京房、虞翻、荀爽與鄭玄等人的考索。此章主要針對孟喜與京房二家之說，進行檢討與闡釋。

第一節　孟喜易學之述評

　　漢代易學家言《易》，尤重卦氣說，它是兩漢易學家言《易》時的普遍性論述議題，而討論卦氣之說的源由，學者普遍認爲是創自孟喜。《漢書·藝文志》提到「漢興，田何傳之，訖於宣、元，有施、孟、梁丘、京氏列於學官」，[註1] 屬於今文學家的孟喜，對漢代乃至後世易學之發展，有極大的影響力，特別是卦氣之思想，皆以孟喜爲宗。孟喜的易學主張，卦氣說爲其主要之特色，後儒大抵將卦氣說視爲孟喜所原創，當然後來的有關論述，也都歸爲有源於孟喜而發展。「卦氣」之說，具體而言即以《周易》六十四卦與一年中體現陰陽之氣進退消長的四時、十二個月、二十四節氣，乃至七十二候的相互結合交配之情形，並因此產生言《易》者所論的四正卦說、十二消息卦說、六分七分法、七十二候說等，這些說法都歸於卦氣說的範疇。惠棟對孟喜易學的考索，其要目包含卦氣圖說、消息、四正、十二消息、辟卦雜卦、推卦

〔註1〕　見《漢書·藝文志》，卷三十，頁 1704。

用事日、六十卦用事之月、唐一行開元大衍歷經、七十二候，以及漢儒傳六日七分學等內容。這些內容都從屬於卦氣之學，綜合惠棟所言，茲分述如後。

一、六日七分法

　　易學中的六日七分法，早期較爲完全的是孟喜。惠氏提出孟喜的卦氣圖說，並列出「六日七分圖」（圖表2-1-1）以詳明之：

> 孟氏卦氣圖，以坎、離、震、兌爲四正卦，餘六十卦，卦主六日七分，合周天之數，內辟卦十二，謂之消息卦。乾盈爲息，坤虛爲消，其實乾坤十二畫也。《繫辭》云：乾之策，二百一十有六，坤之策，一百四十有四，凡三百有六十當期之日。夫以二卦之策，當一期之數，則知二卦之爻，周一歲之用矣。四卦主四時，爻主二十四氣，十二卦主十二辰，爻主七十二候，六十卦主六日七分，爻主三百六十五日四分日之一。辟卦爲君，雜卦爲臣，四正爲方伯，二至二分，寒溫風雨，總以應卦爲節。〔註2〕

圖表2-1-1　六日七分圖〔註3〕

〔註2〕見《易漢學‧孟長卿易上》，頁1049～1050。
〔註3〕爲求清晰，本圖表引自新文豐出版公司《叢書集成新編》第十七輯，影印經訓堂叢書本，頁43。

　　孟氏的卦氣之説，完整地將四正卦、十二消息卦與一年之四時、二十四節氣、十二個月相配。孟氏以坎、離、震、兑四正卦配以四時，並以六十四卦減去四正卦，得六十卦以配一年之日數，當期之日約爲三百六十日，即與乾坤二者之策相合：乾之策二百一十六，坤之策一百四十四，合爲三百六十。六十卦配以一年，得出每卦主六日七分，這樣的六日七分，除了表示每卦所主的時間爲六日七分外，同時説明每卦在一年當中所處的月份。至於每卦所處的月份，依唐一行所制的孟氏卦氣圖，以六日七分法的分配原則，將六十卦分配到一年十二個月當中，每月均爲五卦，除了前列「六日七分圖」可以看出外，惠棟又引魏《正光歷》推四正卦術云：

> 十一月：未濟、蹇、頤、中孚、復。十二月之屯、謙、睽、升、臨。正月：小過、蒙、益、漸、泰。二月：需、隨、晉、解、大壯。三月：豫、訟、蠱、革、夬。四月：旅、師、比、小畜、乾。五月：大有、家人、井、咸、姤。六月：鼎、豐、渙、履、遯。七月：恆、節、同人、損、否。八月：巽、萃、大畜、賁、觀。九月：歸妹、无妄、明夷、困、剝。十月：艮、既濟、噬嗑、大過、坤。〔註4〕

以表列呈現如圖表 2-1-2 所示：〔註5〕

圖表 2-1-2　六十卦配月圖

月　　份	卦　　　　　名
十一月	未濟、蹇、頤、中孚、復
十二月	屯、謙、睽、升、臨
正　　月	小過、蒙、益、漸、泰
二　　月	需、隨、晉、解、大壯
三　　月	豫、訟、蠱、革、夬
四　　月	旅、師、比、小畜、乾
五　　月	大有、家人、井、咸、姤

〔註4〕　見《易漢學》，頁 1053。
〔註5〕　六日七分法每月所含之卦，同於後來北魏李業興在公元五二一年創制的《正光曆》。見《魏書‧律曆志》。惠棟考索上特別指明。有關之內容，後文於探討「七十二節氣」時，再予詳述。

六　月	鼎、豐、渙、履、遯
七　月	恆、節、同人、損、否
八　月	巽、萃、大畜、賁、觀
九　月	歸妹、無妄、明夷、困、剝
十　月	艮、既濟、噬嗑、大過、坤

　　惠棟引一行《六卦議》提到「十二月卦出於《孟氏章句》」之說，〔註6〕以六十卦分配於十二個月，每月均得五卦，五卦均配以爵等，惠棟特別引用《易緯》與鄭注云：

　　　　《易緯乾鑿度》曰：「歲三百六十五日四分日之一，以卦用事，一卦六爻，爻一日，凡六日。初用事一日，天王諸侯也；二日，大夫也；三日，卿也；四日，三公也；五日，辟也；六日，宗廟。爻辭善則善，凶則凶。」康成注云：「辟，天子也；天王諸侯者，言諸侯受其吉凶者，惟天子而已。〔註7〕

明白地指出孟氏爵位之說與《易緯》同。這裡引用此文，特別有必要澄清的是，清代陳壽熊作《讀易漢學私記》，強爲糾摘惠氏之失，間有導正，亦有誣詆者，並或爲後人不察而援用，對惠氏將是不公，此引文之說即爲顯例；陳氏認爲《乾鑿度》根本無此文，是惠氏不明而誤用，〔註8〕然此文確爲《乾鑿度》所有，惠氏所引並無誤，此評論之文既在考正前人之得失，尤當謹嚴，此種誣指，傷前儒也傷自身。此處特爲惠氏辯正。惠棟也引魏《正光歷》進一步的說明，云：

　　　　四正爲方伯，中孚爲三公，復爲天子，屯爲諸侯，謙爲大夫，睽爲九卿，升還從三公，周而復始。〔註9〕

即每月之五卦各配以天子、三公、諸侯、九卿、大夫等五爵位。圖示如下：

〔註6〕見《易漢學》，頁1054。
〔註7〕見《易漢學》，頁1072。
〔註8〕見陳壽熊作《讀易漢學私記》云：「按《乾鑿度》止有初爲元士，二爲大夫，三爲公，四爲諸侯，五爲天子，上爲宗廟六句。……即《乾坤鑿度》之上篇名《乾鑿度》者，亦無此語，豈誤記他緯文耶？」（引自廣文書局《易學叢書續編》本，1973年9月初版，頁4～5。）
〔註9〕見《易漢學》，頁1053。

圖表 2-1-3　六十卦配爵圖

月　份	四時	天　子	公	侯	卿	大　夫
十一月	冬	復	中孚	未濟	頤	蹇
十二月	冬	臨	升	屯	睽	謙
正　月	春	泰	漸	小過	益	蒙
二　月	春	大壯	解	需	晉	隨
三　月	春	夬	革	豫	蠱	訟
四　月	夏	乾	小畜	旅	比	師
五　月	夏	姤	咸	大有	井	家人
六　月	夏	遯	履	鼎	渙	豐
七　月	秋	否	損	恆	同人	節
八　月	秋	觀	賁	巽	大畜	萃
九　月	秋	剝	困	歸妹	明夷	无妄
十　月	冬	坤	大過	艮	噬嗑	既濟

　　這裡可以明白地看出，到了魏時期的歷法，已完全納入卦氣之說了。一行引《孟氏章句》的內容主要提到：

　　　　自冬至初，中孚用事，一月之策，九六七八，是爲三十。而卦以地
　　　　六，候以天五，五六相乘，消息一變，十有二變而歲復初。〔註10〕

自十一月冬至初候開始，配以中孚卦，也就是《易緯》所言「卦氣起中孚」之說，並將六十卦分配在這時候開始的一年的時間裡。筮法中的「九六七八」四數，相加和而爲三十，適爲一月的天數。「卦以地六」，是說六十卦配一年日數之後，每月配五卦，每卦分主六日有餘，以整數言之，則稱爲「六」，至於以「地六」爲稱，則《繫辭傳上》所說「天一、地二、天三、地四、天五、地六、天七、地八、天九、地十」的自然之數，古人喜歡用其數名，云爲「地六」，並無與「天地」有所關聯。〔註11〕「候以天五」，「候」指一年七十二候，一個月有兩個節（即中氣與節氣），每一個節氣有初、次、末三候，所以一個

〔註10〕見《新唐書‧志第十七》卷二十七，一行《卦議》引《孟氏章句》云。
〔註11〕《漢書‧律曆志》卷二十上云：「天之中數五，地之中數六。」又云：「《傳》曰『天五地六』，數之常也。」是以十位數中，五六居其中，故時人常常將「五」稱爲「天五」，把「六」稱爲「地六」，實爲自然之數五與六，而與天地無關。

月有六個候，每候主五日有餘，以整數言，則稱爲「天五」，「天五」也就是
五日，一個月有六個五日則爲三十天。

　　孟氏以卦氣論歷數，特別去處理三百六十五又四分之一天，設法將此數
平分到六十卦中，此即惠棟引孔穎達所云：

> 案《易緯》云，卦氣起中孚，故離、坎、震、兌，各主其一方，其
> 餘六十卦，卦有六爻，爻別主一日，凡主三百六十日，餘有五日四
> 分日之一者，每日分爲八十分，五日分爲四百分，四分日之一，又
> 爲二十分，是四百二十分，六十卦分之，六七四十二，卦別各得七
> 分，是每卦六日七分也。〔註12〕

先用六十卦除三百六十日，每卦得六日，每爻主一日，每日又分八十分，五
又四分之一日便是四百二十分，再用六十卦除，得每卦七分，如此一來，每
卦各主六日七分，其「七分」爲八十分之七日，合爲三百六十五又四分之一
日，這就是孟氏六日七分法的主要內容。

　　以六十卦配一年之日數，惠棟又特別引《九家易》云：

> 旁行周合六十四卦，月主五卦，爻主一日，歲既周而復始。〔註13〕

兩漢時期《易》說，普遍以六十卦配一年之日數，這樣的觀念，事實上是藉
由《繫辭傳》所言之策數，以及兩漢律歷之說相合而成，也就是說，它是合
於我國歷法的周年日數的原則。《淮南子·天文訓》提到「反復三百六十五度
四分之一而成一歲」，並進一步詳云：

> 一律而生五音，十二律而爲六十音。因而六之，六六三十六，故三
> 百六十音，以當一歲之日。故律歷之數，天地之道也。〔註14〕

《後漢書·律曆下》也以律音配一年日數，云：

> 曆數之生也，乃立儀、表，以校日景。景長則日遠，天度之端也。
> 日發其端，周而爲歲，然其景不復，四周千四百六十一日，而景復
> 初，是則日行之終。以周除日，得三百六十五四分度之一，爲歲之
> 日數。〔註15〕

以一年三百六十五日又四分之一天的概念（此即東漢章帝時所稱之四分曆），

〔註12〕見《易漢學》，頁1055。
〔註13〕見《易漢學》，頁1056。
〔註14〕見《淮南子·天文訓》。引自清劉文典《淮南鴻烈集解·天文訓》，卷三，北
　　　　京：中華書局，1997年1月北京1版2刷，頁117。
〔註15〕見《後漢書·律曆下》，志第三，頁3057。

是先秦時期即有的認知，這樣的數字，往往被用來比附，尤其以探究天人之際的《周易》，當然要善用此自然週轉不息的時日，來說明人事變化之道，《繫辭傳上》論及「乾之策二百一十有六，坤之策百四十有四，凡三百有六十，當期之日」，就是這個道理。

　　《易緯》所談的六日七分法的卦氣說，《易緯》論述極為詳盡而自成系統，除了前引孔穎達所言之外，惠棟引《是類謀》說明：

　　　　冬至日在坎，春分日在震，夏至日在離，秋分日在兌，四正之卦，

　　　　卦有六爻，爻主一氣，餘六十卦，卦主六日七分，八十分日之七，

　　　　歲有十二月三百六十五日四分日之一，六十而一周。〔註16〕

同時也略引《稽覽圖》數言，〔註17〕而《稽覽圖》詳載為：

　　　　甲子卦氣起中孚。……六日八十分之七而從。四時卦十一辰餘而從，

　　　　坎常以冬至日始效，復生坎，七日。消息及雜卦傳相去各如中孚。……

　　　　消息及四時卦各盡其日。〔註18〕

所言六日七分之理，即京房的直日法，根據僧一行《卦議》的說法：

　　　　京氏又以卦爻配期之日，坎、離、震、兌，其用事自分、至之首，

　　　　皆得八十分之七十三。頤、晉、井、大畜，皆五日十四分，餘皆六

　　　　日七分。〔註19〕

京氏在孟氏六日七分法的基礎上，又將春分的前一卦晉卦（驚蟄二月節末候卿卦）、秋分的前一卦大畜卦（白露八月節末候卿卦）、夏至的前一卦井卦（芒種五月節末候卿卦），以及冬至的前一卦頤卦（大雪十一月節末候卿卦）等四卦，在其原來的每卦所主的六日七分，分別減去七十三分（每日為八十分），則各自餘下五日十四分。其餘諸卦仍主六日七分。然後再將這四卦七十三分分別以坎、離、震、兌四卦主之。京氏之所以如此處理，一行《卦議》認為

〔註16〕見《易漢學》，頁 1053～1054。

〔註17〕《易漢學》中，惠棟引《稽覽圖》曰：「甲子卦氣起中孚，六日八十分日之七。」鄭康成注云：「六以候也，八十分為一日，日之七者，一卦六日七分也。」（見《易漢學》，頁 1053。）

〔註18〕見《稽覽圖》卷上，頁 499～502。本文所引《易緯》諸作，包括《乾坤鑿度》、《乾鑿度》、《稽覽圖》、《辨終備》、《通卦驗》、《乾元序制記》、《是類謀》，以及《坤靈圖》等八種，皆以日本京都市於 1998 年影印自武英殿聚珍版《古經解彙函・易緯八種》，為準。後引原文，皆本於此，僅注頁碼，不再詳明。

〔註19〕見《新唐書・志第十七》卷二十七，一行《卦議》所云。

是為了解說《易緯》中的「七日來復」。〔註20〕惠棟對此復卦經文「七日來復」，特別引鄭康成之注云：

> 建戌之月，以陽氣既盡，建亥之月，純陰用事，至建子之月，陽氣始生，隔此純陰一卦，卦主六日七分，舉其成數言之，而云「七日來復」。〔註21〕

又引李鼎祚云：

> 案《易》軌，一歲十二月，三百六十五日四分日之一，以坎、震、離、兌四方正卦，卦別六爻，爻主一氣，其餘六十卦三百六十爻，爻主一日，當周天之數，餘五日四分日之一，以通閏餘者，剝卦陽氣，盡於九月之終，至十月末，純坤用事，坤卦將盡，則復陽來，隔坤之一卦，六爻為六日，復來成震，一陽爻生，為七日，故言反復其道，七日來復，是其義也。〔註22〕

孟喜四正卦說，以坎初六主冬至，《京氏易傳》卷下說「龍德十一月在子在坎卦，左行」，是京氏以坎為十一月。復卦在十二消息卦中也是為十一月。這也就是《稽覽圖》所言「坎常以冬至日始效，復生坎，七日」的說法，而其所指「七日」，即來自「七日來復」。鄭玄注《稽覽圖》「消息及四時卦各盡其日」時，云「消息盡六日七分，四時盡七十三分」；消息即十二消息卦，四時指稱四正卦。依京氏之說，以四正之坎及十二消息之復為例，坎主七十三分，復主六日七分，二者相加則為七日，這樣一來《易經》中的「七日來復」便可以得以解釋了。對於一行的說法，清代張惠言認為其圜復卦此一經文「七日來復」，是詭曲其數的說法，《易緯略義》駁云：

> 四正卦既爻主一氣，無緣又自侵七十三分。而冬至既以中孚為坎初六，又上損頤之七十三分，不得不減，中孚遂上損頤耳。今詳文義，以為六日八十分之七而從者，此六十卦各主六日七分之通例。四時卦雖爻主一氣，然其候之當於分、至之日，首入中孚七十三分，是坎卦始效之候，故又曰：四時卦十一辰餘而從，坎常以冬至日始效，復生坎七日，自以中孚一卦六日七分而為七，非益以坎之七十三分。〔註23〕

〔註20〕同前註，一行云：「又京氏減七十三分，為四正之候，其說不經，欲附會緯文『七日來復』而已。」《易緯》的「七日來復」，也是源自於復卦的卦辭。
〔註21〕見《易漢學》，頁 1055。
〔註22〕見《易漢學》，頁 1055～1056。
〔註23〕見張惠言《易緯略義》卷一。引自上海古籍出版社《續修四庫全書·經部·

張氏所推說，甚爲合理，按照《乾元序制記》的記載：

> 一歲十二月，三百六十五日四分度之一，餘二十，四分一日以爲八十分，二十爲之。消息十二月，月居六日七分，十二月居七十三日、一百〔註24〕八十分居四分。三公十二月，月居六日七分，十二月居七十三日、八十分居四分。〔註25〕二十七大夫十二月，月居六日七分，十二月居七十三日、八十分居四分。八百一十二諸侯十二月，月居六日七分，十二月居七十三日、八十分居四分。合德之分，三十日得三十五，分三十盡十二月六十卦，餘分適四百二十分，五日四分日一。

「餘」，即小餘，也就是四分度之一分數。緯文六十卦配以「消息、三公、九卿、二十七大夫、八百一十二諸侯」的五爵等，其消息即辟卦，是天子之位。各領十二卦，每卦六日七分，十二卦則七十三日又八十之四分。「三十日得三十五」，即一月五卦之餘分；若此，六十卦餘分則四百二十分，正五日又四分日之一。由這樣的說法，一行所說不當，也就是頤、晉、井、大畜等卦並非爲五日十四分。

另外，《稽覽圖》又提到：

> 小過、蒙、益、漸、泰（寅）。
> 需、隨、晉、解、大壯（卯）。
> 豫、訟、蠱、革、夬（辰）。
> 旅、師、比、小畜、乾（巳）。
> 大有、家人、井、咸、姤（午）。
> 鼎、豐、渙、履、遯（未）。
> 恒、節、同人、損、否（申）。
> 巽、萃、大畜、賁、觀（酉）。
> 歸妹、無妄、明夷、困、剝（戌）。
> 艮、既濟、噬嗑、大過、坤（亥）。
> 未濟、蹇、頤、中孚、復（子）。
> 屯、謙、睽、升、臨（丑）。
> 坎（六）、震（八）、離（七）、兌（九）。已上四卦者，四正卦，爲

易類》第四十冊，頁 542。

〔註24〕依文意，「一百」二字當去之。下文出現者亦同，故皆予去之。

〔註25〕鄭玄注，疑此下當應有「九卿」一條，方合五德之數，蓋有脫文。

四象，每歲十二月，每月五月（鄭注：按月字當作卦），卦六日七分，
每期三百六十六日每四分（鄭注：按六日當作五日，四分當作四分
日之一）。〔註26〕

明白的提到每月五卦，卦六日七分，則頤、晉、井、大畜四卦，不應是五日
十四分。以十二辰配六十卦，是以其六日七分法，近於孟喜用六十卦直日，
而異於京房用六十四卦直日。《稽覽圖》此言，即惠棟前述所引魏《光正歷》
之依據，然而惠棟並未表明，只視《光正歷》所述即孟喜之說。然其與孟喜
之說又有小異，包括：

其一、以十二支取代月份以配六十卦。

其二、「坎六、震八、離七、兌九」之說出於《禮記・月令》與《漢書・五
行志》等「天一生水、地二生火、天三生木、地四生金」之主張。

其三、《稽覽圖》其後以天子、諸侯、三公、九卿、大夫五爵位為配，也
稍異於孟氏之說。

惠棟述明孟喜卦氣說，特別是六日七分法上，廣引《易緯》來說明孟喜
之主張，但知《易緯》的卦氣說，依現傳資料，當遠較孟喜為詳。《易緯》諸
文若較孟喜《易》之說後，則《易緯》之說，或有源於此孟喜一系，卦氣說
發展到《易緯》時期已然成熟，因此言兩漢卦氣之說，可以以《易緯》為宗。

二、四正卦說

（一）四正方位為西漢共同之準據，根源於《說卦》

西漢易學，在卦氣理論上，對於四正卦說，或是《易》卦的方位說，談得
最具規模而極為詳盡者，當推《易緯》，而在之前，則孟喜屬較早提出者。不論
是孟喜或《易緯》所云，大概都與《說卦》中的八卦方位說相呼應，也就是宋
代邵雍區分先天、後天卦位中的文王後天八卦方位說。在溯源的問題上，惠棟
考索孟喜「四正」時，首言《說卦》所述八卦方位，〔註27〕《說卦》云：

帝出乎震，齊乎巽，相見乎離，致役乎坤，說言乎兌，戰乎乾，勞
乎坎，成言乎艮。萬物出乎震，震，東方也。齊乎巽，巽，東南也。

〔註26〕見《稽覽圖》卷下，頁511。
〔註27〕惠棟引《說卦》所云，並未全文直引，而是斷取而言：「《說卦》曰：震，東
方也；離也者，南方之卦也；兌，正秋也；坎者，正北方之卦也。」（見《易
漢學》，頁1062。）

齊也者，言萬物之絜齊也。離也者，明也。萬物皆相見，南方之卦
也。聖人南面而聽，天下嚮明而治，蓋取諸此也。坤也者，地也，
萬物皆致養焉，故曰致役乎坤。兌，正秋也，萬物之所説也，故曰
説言乎兌。戰乎乾，乾，西北之卦也，言陰陽相薄也。坎者，水也，
正北方之卦也，勞卦也，萬物之所歸也，故曰勞乎坎。艮，東北之
卦也，萬物之所成終而所成始也，故曰成言乎艮。

八卦之方位，震東、巽東南、艮東北、坎正北、乾西北、離正南，而坤和兌
未明方位，兌言正秋，春秋二分正對，故推知兌在西；坤爲地以致養，於夏
秋之間，配西南方。《説卦》雖未言「四正四維」之名，然此方位之説，百世
均引以爲準據。八卦配位如圖表 2-1-4 所示：〔註 28〕

圖表 2-1-4　八卦配月方位圖式

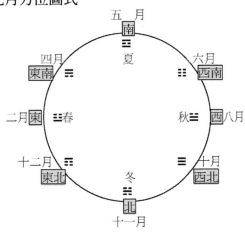

〔註 28〕《説卦》言八卦方位，未將之與月份相配，而《易緯》則進一步以月份配卦。
陰陽二氣的變化與乾坤的變化是同義的，如此八卦自然也可與四時配合起
來，也就是說陰陽進退往來所成的六十四卦，與季節所分的四時、二十四節、
七十二候所依據的原則都是相同的，只是表現的符號不同罷了。卦與節氣本
是天地元氣的變化，故卦配合節氣而變，本來就是掌握天地變化的大原則。
這樣的說理，《易緯》「四門」、「四正」這八卦，已從其成象懿旨中，表述的
極爲合宜。這些相繫相輔的卦，與氣配合後的實際情形，《乾鑿度》云：「《易》
始於太極，太極分而爲二，故生天地。天地有春秋冬夏之節，故生四時。四
時各有陰陽剛柔之分，故生八卦。八卦成列，天地之道立。雷、風、水、水、
山、澤之象定矣。其布散用事也，震生物於東方，位在二月。巽散之於東南，
位在四月。離長之於南方，位在五月，坤養之於西南方，位在六月。兌收之
於西方，位在八月。乾剝之於西北方，位在十月。坎藏之於北方，位在十一
月。艮終始之於東北方，位在十二月。八卦之氣終，則四正四維之分明。」（見
《易緯乾鑿度》卷上，頁 480。）

　　對於《說卦》所言震、離、兌、坎之說，惠棟下了案語：

　　　　震、離、兌、坎，陰陽各六爻，荀爽以爲乾六爻皆陽，陽爻九，四
　　　　九三十六，合四時。坤六爻皆陰，陰爻六，四六二十四，合二十四
　　　　氣，蓋四正者，乾坤之用。〔註29〕

並對《繫辭上》所言「兩儀生四象」，引虞仲翔爲訓：

　　　　四象，四時也。兩儀，謂乾坤也。乾二五之坤，成坎、離、震、兌；
　　　　震春、兌秋、坎冬、離夏，故兩儀生四象。〔註30〕

在這裡，惠棟肯定《說卦傳》所言坎、離、震、兌四正方位之卦，爲西漢《易》
家共同的依準。孟喜四正卦之說，汲引自《易傳》，《易傳》雖以義理爲本，
卻據象數以言理，而《易傳》之言，又往往成爲象數之學的依據；兩漢時期
大張象數之說，卻不棄《易傳》而論，只不過引《易傳》之言，乃根本論象
數之學。另外，惠棟精確的指出，主四時爲四象之坎、離、震、兌四卦，皆
乾坤二儀所創生，也就是他引翟玄注《文言傳》所云「乾坤有消息，從四時
來也」〔註31〕的道理；並且藉由二卦之數，而推展出四時、二十四節氣之用。
在這裡，惠棟引虞文作論述之內容，雖虞氏乾坤升降之說未必與孟氏相涉，
但所述及之四正、四時等基本觀念，與孟氏所用，爲同源於《易傳》方位說
而推演的象數主張。

（二）《易緯》方位說最爲詳備，與孟說相呼應

　　關於《易緯》的方位說，主要爲《乾坤鑿度》所提「立乾坤巽艮四門」
與「立坎離震兌四正」；藉由元氣變易之說，建構其陰陽五行的卦氣理論。這
樣的「四門」、「四正」之方位說，同於《說卦》的方位。八卦與方位、四時
相繫，或《說卦》始作，而隱然與陰陽五行相繫，關係密切；《尚書·堯典》
以東南西北四方，觀察天象，以定春夏秋冬四時節令，已有方位配四時之說
的端倪，其他若《尚書·洪範》、《左傳·昭公二十五年》等篇章，〔註32〕乃
至《國語·魯語》、〈周語〉所見，雖未明言以陰陽或方位、四時相配，卻有
五行說之端倪。迨至鄒衍大倡「五行終始」之說，制「五行相勝」以爲改正
朔、易服色等神權主張，陰陽五行說乃爲秦漢時期所宗，蔚爲風尚，諸如《呂

〔註29〕見《易漢學》，頁 1062。
〔註30〕見《易漢學》，頁 1062。
〔註31〕見《易漢學》，頁 1062。
〔註32〕見《左傳·昭公二十五年》〈昭公二十九年〉、〈昭公三十二年〉所云。

氏春秋·十二紀》、《禮記·月令》、《淮南子·時則》，以陰陽五行，兼與四時、方位，乃至干支相結合，推究天地萬物與世事變化之哲理。孟喜值歷法、節氣與五行思想成熟之世，以之與《易》卦結合，建構具有歷法特色的卦氣說。

孟喜立四正之卦氣說，以發其凡，而《易緯》或後出轉精，提出四維四正的主張，以呼應《說卦》的八卦方位說。《乾坤鑿度》「立乾坤巽艮四門」談到「乾」：

> 乾爲天門。聖人畫乾爲天門，萬靈朝會眾生成，其勢高遠，重三三
> 而九，九爲陽德之數，亦爲天德。天德兼坤，數之成也，成而後有
> 九。《萬形經》曰：天門闢元氣，《易》始於乾也。〔註33〕

乾元下貫，純陽剛健，以氣變之究而爲「九」，爲陽德之極數，勢高德崇，有大生之德，擬以「天門」名之。至於「坤」，則云：

> 坤爲人門，畫坤爲人門。萬物蠢然俱受蔭育，象以準此。坤能德厚
> 迷遠，含和萬靈，資育人倫，人之法用，萬門起於地利，故曰人門。
> 其德廣厚，迷體無首，故名無疆。數生而六，六者純陰，懷剛殺，
> 德配在天。坤形無德，下從其上，故曰順承者也。〔註34〕

坤地以其深厚廣大，能藏載萬物，含容蓄有。人爲萬靈之長，效法坤德，取資地利，觀象法用，故人倫大德，起於坤道，適稱「人門」。

乾坤相輔，不可分行。乾陽剛，具始生之功，而坤陰柔，資生而順從天，這就是所謂「天德兼坤」的道理。同時，坤體純陰，陰數以六爲極，純任陰行，剛冷肅殺，原易於迷錯陷溺，幸其德配在天，順天而行，雖迷而以乾爲首，故能德合無疆。從元氣之說言，乾爲「天門」，而「天門闢元氣」，「元」者，可以視爲氣之原始、開端，〔註35〕此元氣是正陰陽之源，是立象設位之本，故《乾坤鑿度》云：

> 得元氣澄，陰陽正，《易》大行，萬彙生。上古變文爲字，變氣爲易，
> 畫卦爲象，象成設位。〔註36〕

這樣的元氣、陰陽的概念，不同於《易傳》所言陰陽爲二股相反相成的勢能，也不同於孟、京卦氣說所論陰陽二象之氣，元氣的生成演化，使陰陽具有較

〔註33〕見《乾坤鑿度》，頁466。
〔註34〕見《乾坤鑿度》，頁466。
〔註35〕見《古微書·春秋緯》云：「元者，端也，氣象。」又云：「元者，氣之始也。」
〔註36〕見《乾坤鑿度》，頁467。

為明朗的物質化形象。

《乾坤鑿度》接著提到「風門」：

> 巽為風門，亦為地戶。聖人曰：乾坤成，氣風行，天地運動，由風
> 氣成也。上陽下陰，順體入也。能入萬物，成萬物，扶天地，生散
> 萬物。風以性者，聖人居天地之間，性稟陰陽之道。風為性體因風
> 正，聖人性焉。《萬形經》曰：二陽一陰，無形道也。風之發洩，由
> 地出處，故曰地戶。戶者牖戶，通天地之元氣，天地不通，萬物不
> 蕃。〔註37〕

地戶為地之出入口，與天門相對，誠如《河圖括地象》所云「西北為天門，
東南為地戶」，西北天門為乾位，而東南地戶則指巽位。自元氣剖分，陰陽二
氣因清濁而析分為天地，天在上，地在下，惟風行氣動，乃可天地交而萬物
通。元氣由風而見變化，四時八風就代表天地變化的季節現象和氣候變化。
此外，又有「鬼門」者，所謂：

> 艮為鬼冥門。上聖曰：一陽二陰，物之生於冥昧，氣之起於幽蔽。《地
> 形經》曰：山者艮也。地土之餘，積陽成體，石亦通氣，萬靈所止，
> 起於冥門，言鬼，其歸也。眾物歸於艮，艮者止也，止宿諸物，大
> 齊而出，出後至於呂中。艮靜如冥暗，不顯其路，故曰鬼門。〔註38〕

艮為鬼冥門，其處幽蔽冥暗，是萬物止息之所。物本生於冥昧，氣本起於幽
蔽，是以艮地為成終成始處。艮之象，一陽二陰，其陽爻即示終而始生之動
能。萬物藏於艮地，陽氣未失，積陽成體，則可以待時而出。

乾、坤、巽、艮四卦，分屬西北天門、西南人門、東南風門，以及東北
鬼門，這樣的說法，成為後代陰陽數術論者所言。〔註39〕四門既立，又必「立
坎離震兌四正」，《乾坤鑿度》云：

> 庖犧氏畫四象，立四隅，以定群物，發生門而後立四正。〔註40〕

四正已立，則可定時序節候、日月消息、陰陽交感，氣行和順，天地德正，
易道得以大行。四正之說，《乾坤鑿度》詳云：

> 月，坎也，水魄。聖人畫之，二陰一陽，內剛外弱。坎者水，天地

〔註37〕見《乾坤鑿度》，頁467。
〔註38〕見《乾坤鑿度》，頁467。
〔註39〕四門之說，所源者何，今難以考實，惟其傳述，已為陰陽五行、堪輿等數術
　　　　家所論，諸如《隋書・蕭吉傳》云「迴風從艮地鬼門來」，為一般之常識。
〔註40〕見《乾坤鑿度》，頁467。

脈，周流無息。坎不平月，水滿而圓，水傾而昃，坎之缺也，月者闕。水道，聖人究得源脈，淛涉淪漣，上下無息，在上曰漢，在下曰脈，潮爲澊，隨氣曰濡。陰陽礴礅爲雨也。月，陰精。水爲天地信，順氣而潮，潮者，水氣來往，行險而不失其信者也。〔註41〕

日，離，火宮。正中而明，二陽一陰，虛內實外，明天地之目。《萬形經》曰：太陽順四方之氣。古聖曰：燭龍行東時肅清，行西時暍暎，行南時大暇，行北時嚴殺。順太陽實元，煖煥萬物，形以鳥離，燭龍四方，萬物嚮明承惠煦德，實而遲重，聖人則象，月即輕疾，日則凝重，天地之理然也。〔註42〕

雷木震，明月出入門。日出震，月入於震，震爲四正德形，鼓萬物不息。聖人畫二陰一陽，不見其體，假自然之氣，順風而行，成勢作烈，盡時而息。天氣不和，震能飀息；萬物不長，震能鼓養。《萬形經》曰：雷，天地之性情也，性情之理自然。〔註43〕

澤金水兌，日月往來門。月出澤，日入於澤，四正之體，氣正元體。聖人畫之，二陽一陰重，上虛下實。萬物燥，澤可及；天地怒，澤能悅；萬形惡，澤能美。應天順人，承順天者不違拒，應人者澤滋萬業，以帝王法之，故曰：澤潤天地之和氣然也。〔註44〕

「坎」象月象水，水之性外柔而內剛。在天爲漢津，在地爲河脈；水氣往來，隨月消長，潮汐以生。水性雖萬化，然其盈科而後進，行險而不失其信。水與月同情性，水滿而圓，水傾而昃，月同樣有盈虧變化。觀月象，參水理，可信自然氣象周流無息之理。「離」爲日爲火，以陽火之精，與「坎」之太陰水精相對，如天地之目而明耀；赤焰麗空，燭照四方，萬物之以承惠。化成天下，其德厚實，其行遲重。古以月行輕疾，日行凝重，而爲天地之理則。「震」主木象雷而居東，故爲日月出入之門。八卦配時支，震爲卯，日出乎卯，入於酉，而月則反之，故云「日出震，月入於震」。雷不見其體，但勢能威猛，以其二陰一陽，陽伏陰下，故象無形之動能。雷震而萬物不息，大地化育而回春，此亦自然之理。「兌」爲澤爲水，位西而序秋，秋氣冷冽若金，故五行

〔註41〕　見《乾坤鑿度》，頁 467。
〔註42〕　見《乾坤鑿度》，頁 467。
〔註43〕　見《乾坤鑿度》，頁 468。
〔註44〕　見《乾坤鑿度》，頁 468。

屬金。兌以二陽一陰,上虛下實,上虛則易進,下實則源無窮。以其潤濡滋益之能,調其旱燥之惡,故能上順天理,下應人心,萬物欣悅,天地和氣。是以四正之象,日離、月坎、雷震、澤兌,雖未盡合於經傳之旨,卻不失其言說之理。同時,《易緯》以四正卦結合五行,而爲卦德之說,藉以貫通天人,而說明天地的生成,是一種具有道德意志的歷程,這樣的道德原則,是天與人之間共同的規範,必須接受此道德意志的制約。〔註45〕《易緯》這樣配德之說,是《說卦》與現存孟喜《易》說可見的文獻所沒有的。

這一部份的內容,惠棟並無作較詳備的引述,以表明《易緯》在此主張上的重要性。畢竟復原或考索西漢易學,不能排除《易緯》於其外。雖然在諸家《易》說考論上,惠棟頻引《易緯》爲據,肯定《易緯》在漢《易》發展上的地位,但此處論述孟喜四正之說,可以再增加《易緯》的資料以擴充論述的內容。

(三)四正之陰陽消長,配之以節氣之說

《易緯》以震、離、坎、艮四正卦,分別代表春、夏、秋、冬四時,也代表東、南、西、北四正方位。這樣的說法,除了《乾坤鑿度》外,《稽覽圖》也提到「坎、震、離、兌,已上四卦者,四正卦,爲四象」,〔註46〕「消息及四時卦多盡其日,……四時卦身效爲兵」,不但有「四正卦」的稱呼,也稱爲「四時卦」。這樣的卦說,在孟喜之後的《京房易傳》,乃至有關的歷法,如魏《正光歷》,皆稱爲「方伯卦」;〔註47〕至於孟喜的四正卦說,則同於《說

〔註45〕《乾鑿度》以四正卦結合五行,而爲卦德之說:「八卦之序成立,則五氣變形,故人生而應八卦之體,得五氣以爲五常,仁、義、禮、智、信也。夫萬物始出於震,震、東方之卦也;陽氣始生,受形之道也,故東方爲仁。成於離,離、南方之卦也;陽得正於上,陰得正於下,尊卑之象定,禮之序也,故南方爲禮。入於兌,兌、西方之卦也;陰用事而萬物得其宜,義之理也,故西方爲義。漸於坎,坎、北方之卦也;陰氣形,盛陰陽氣含閉,信之類也,故北方爲信。夫四方之義,皆統於中央,故乾坤艮巽位在四維。中央所以繩四方行也,智之決也,故中央爲智。故道興於仁,立於禮,理於義,定於信,成於智。五者,道德之分,天人之際也。聖人所以通天意,理人倫,而明至道也。」(見《乾鑿度》卷上,頁 480)以陰陽五行配之德、配之以卦,藉以貫通天人。立春於東方,春生有仁德,東爲「震」,故「震」爲「仁」;立秋於西方,西爲「兌」,具「義」之德性;南方爲夏爲「離」,具「禮」之德性;北方爲冬爲「坎」,具「信」之德性。四維卦不配德,而以四方卦配四德,而統於中央之智。

〔註46〕見《稽覽圖》卷下,頁 511。

〔註47〕《漢書・五行志》卷二十七,班固引《京房易傳》云:「方伯分威,厥妖牝馬

卦》、《易緯》；惠棟轉引一行《六卦議》引《孟氏章句》云：

> 坎、震、離、兌，二十四氣，次主一爻，其初則二至二分也。坎以
> 陰包陽，故自北正，微陽動於下，升而未達，極於二月，凝涸之氣
> 消，坎運終焉。春分出於震，始據萬物之元，爲主於內，則群陰化
> 而從之，極于南正，而豐大之變窮，震功究焉。離以陽包陰，故自
> 南正，微陰生於地下，積而未章，至于八月，文明之質衰，離運終
> 焉。仲秋陰形于兌，始循萬物之末，爲主於內，群陽降而承之，極
> 于北正，而天澤之施窮，兌功究焉。故陽七之靜始於坎，陽九之動
> 始于震，陰八之靜始于離，陰六之動始于兌。故四象之變，皆兼六
> 爻，而中節之應備矣。〔註48〕

孟喜以四正卦分主四時，基本上與《說卦》、《乾鑿度》相同，所稍異者爲《說
卦》、《乾鑿度》皆以八卦配四時，而孟喜僅以坎、離、震、兌四正配四時；
另外，在四正卦配月份方面，孟喜以四正卦初主「二至二分」，也就是坎主十
一月，震主二月，離主五月，兌主八月，此說與《乾鑿度》相同。孟喜並利
用一年中陰陽之氣的消長，解釋四正卦分主四時的原因；以卦的爻位與卦象，
以及筮法中九六七八陰陽轉變之義，論述四正卦如何分主一年之四季。

　　孟喜以坎卦內爲陽爻，外爲兩陰爻，「以陰包陽」，此一陽爻稱爲「陽七」，
相當筮法中的「少陽」，「變老不變少」，所以少陽不變而爲靜，靜處於二陰之
中，「故陽七之靜始於坎」，象徵冬至十一月；陰陽之氣，不論是動或是靜，
皆非絕對的動或靜，陰陽之氣一直處於不斷變化的狀態，所以靜處之陽轉化
到陽動的狀態，此時歷時正月而值於二月，也就是達到孟喜所言「極於二月，
凝涸之氣消，坎運終焉」的狀態。坎之終，「極於二月」，此時的狀態，正是
震卦以一陽動於下，二陰爻從之，此陽爻稱之爲「陽九」，同筮法中的「老陽」，
老陽既變，則「陽九之動始於震」，時序春分陽氣動生萬物，一直到了四月陽

　　生子亡，天子諸侯相伐，厥妖馬生人。」而惠棟引爲：「方伯分威，厥妖、馬
　　生子亡。」又惠棟引《漢書‧京房傳》孟康注：「分卦直日之法，一爻主一日，
　　六十卦爲三百六十日，餘四卦震、離、兌、坎，爲方伯監司之官。所以用震、
　　離、兌、坎者，是二至二分用事之日，又是四時各專主之氣，各卦主時，其
　　占法各以其日觀其善惡也。」又引薛瓚《漢書》注：「京房謂方伯卦，震、兌、
　　坎、離也。」又引魏《正光曆》：「四正爲方伯。」（見《易漢學》，頁1064～
　　1065。）是漢人善將卦象卦名配以官爵之號。

〔註48〕見《易漢學》，頁1062～1063。惠棟引一行《六卦議》，出自《新唐書‧志第
　　　　十七》，卷二十七。

氣達到最盛，此即「春分出於震，始據萬物之元，爲主於內，則群陰化而從之，極於南正，而豐大之變窮，震功究焉」；如此進入了五月，由離卦來主事。離卦「以陽包陰」，二陽爻居外，一陰居內，此居內之陰爻，孟喜稱爲「陰八」，相當於筮法中的「少陰」，其質爲不變主靜，故「陰八之靜始於離」；離卦一陰微生，陰生主進，而陽衰則退，直至八月，陰氣積蓄成勢，則轉由兌卦主事，此即「微陰生於地下，積而未章，至于八月，文明之質衰，離運終焉」的狀態。到了兌卦之氣，以一陰動於上，二陽爻從之，以「陰六」爲「老陰」而變，即「陰六之動始於兌」，象徵秋分陰氣主殺主止，萬物漸臻於熟成，至十月陰氣鼎盛，天地澤被窮極而入於冬藏之時，此即「仲秋陰形于兌，始循萬物之末，爲主於內，群陽降而承之，極于北正，而天澤之施窮，兌功究焉」。

　　孟喜以筮法九六七八陰陽老少之卦數，說明四正卦之陰陽消長，配之以節氣之說，爲《周易》與曆法架起了重要的橋樑，也成爲漢代四正卦說的普遍理論。至於孟喜所言「坎、震、離、兌，二十四氣，次主一爻」，說明孟喜以四正卦來推求二十四節氣。〔註49〕二十四節氣之說，以一年十二個月，每月兩個節氣，所以爲二十四節氣。歷來《易》卦配節氣，主要以四正卦每卦六爻，共二

〔註49〕 二十四節氣爲中國古代曆法的重要組成諸元，是從四時的概念中發展出來的。早在《尚書・堯典》有所謂的「四仲中星」之說：「日中星鳥」即表示春分晝夜平均之象；「日永星火」爲夏至日長夜短之象；「宵中星虛」即秋分晝夜平均之象；「日短星昴」即冬至夜長日短。鳥、火、虛、昴是星名，爲二十八宿之四仲中星，四仲中星的出現標示二至二分（冬至、夏至、春分、秋分）的確立。先民從最早認識的二至二分，並進而發展出二十四節氣。二十四節氣的起源甚早，出土戰國楚墓發現的《逸周書・時訓解》中，已具完整的二十四節氣之說。漢代，《漢書・律曆志》、《易緯・通卦驗》亦有引述，而《淮南子・天文訓》中，無論名稱或次序，與今日所言二十四節氣相同，論述最爲詳細，云：「十五日爲一節，以生二十四之變，斗指子則冬至；加十五日指癸則小寒；加十五日指丑則大寒；距日冬至四十六日而立春；加十五日指寅則雨水；加十五日指甲則驚蟄；加十五日指卯，中繩，故曰春分；加十五日指乙則清明；加十五日指辰則穀雨；加十五日則春分盡，故曰有四十六日而立夏；加十五日指巳則小滿；加十五日指丙則芒種；加十五日指午則陽氣極，故曰有四十六日而夏至；加十五日指丁則小暑；加十五日指未則大暑；加十五日而夏分盡，故曰有四十六日而立秋；加十五日指申則處暑；加十五日指庚則白露；加十五日指酉，中繩，故曰秋分；加十五日指辛則寒露；加十五日指戌則霜降；加十五日則秋分盡，故曰有四十六日而立冬；加十五日指亥則小雪；加十五日指壬則大雪；加十五日指子，故十一月日冬至。」斗柄所指之處即節氣所在，斗柄所指方位以干支表示；二十四變指二十四節氣，中繩指晝夜平均。因此，兩漢時期，談到天文、曆法，普遍以節氣及干支建構關係爲說。

十四爻分主一年的二十四節氣。其中，四正卦的初爻分別主夏冬二至與春秋二分，也就是「坎」初六主冬至，「震」初九主春分，「離」初九主夏至，「兌」初九主秋分，這也就是孟喜所云「其初則二至二分」的說法，至於四正卦其他各爻如何主各節氣，孟氏則未言，但僧一行在《大衍曆》發斂術中，則根據孟氏的說法，制定完整的卦氣圖，標明四正卦二十四爻分主二十四節氣的具體情況。論述四正卦二十四爻分主二十四節氣的情形如下：〔註50〕

圖表2-1-5　四正卦二十四爻主二十四節氣

坎	卦	震	卦	離	卦	兌	卦
初六	冬至	初九	春分	初九	夏至	初九	秋分
九二	小寒	六二	清明	六二	小暑	九二	寒露
六三	大寒	六三	穀雨	九三	大暑	六三	霜降
六四	立春	九四	立夏	九四	立秋	九四	立冬
九五	雨水	六五	小滿	六五	處暑	九五	小雪
上六	驚蟄	上六	芒種	上九	白露	上六	大雪

每月有兩個節氣，月首稱「節」，月中稱「中」，故一年中有十二個「節氣」，十二個「中氣」。孟喜以四正卦正好配一年四時，每卦主三個月，正好配一年十二個月，四卦二十四爻又正好配一年二十四節氣。這樣的說法，在現存的文獻中，《易緯》論述的更為詳明。已如前述，《乾坤鑿度》之「立坎離震兌四正」，即以四正定時序氣候；惠棟也特別引《易緯》及鄭康成之注來說明；《是類謀》云：

> 冬至，日在坎；春分，日在震；夏至，日在離；秋分，日在兌。四正之卦，卦有六爻，爻主一氣。〔註51〕

在這裡，惠棟引作《是類謀》蓋失考，實當為《稽覽圖》之言。又引鄭康成注《通卦驗》曰：

> 冬至，坎始用事，而主六氣，初六爻也；小寒於坎，直九二；大寒於坎，直六三；立春於坎，直六四；雨水於坎，直九五；驚蟄於坎，直上六。春分於震，直初九；清明於震，直六二；穀雨於震，直六三；立夏於震，直九四；小滿於震，直六五；芒種於震，直上六。

〔註50〕見《新唐書·志第十八》，卷二十八，頁639～645。
〔註51〕見《易漢學》，頁1063。

夏至於離，直初九；小暑於離，直六二；大暑於離，直九三；立秋
於離，直九四；處暑於離，直六五；白露於離，直上九。秋分於兌，
直初九，寒露於兌，直九二；霜降於兌，直六三；立冬於兌，直九
四；小雪於兌，直九五；大雪於兌，直上六。〔註52〕

四正卦各主之六氣，其情形同於僧一行《大衍歷》所云，也同前表所示。此
外，《乾元序制記》則以四正卦配二十四氣與八風：

坎，初六冬至，廣莫風；九二小寒；九三大寒；六四立春，條風；
九五雨水；上六驚蟄。震，初九春分，明庶風；六二清明；六三穀
雨；九四立夏，溫風；六五小滿；上六芒種。離，初九夏至，景風；
六二小暑；九三大暑；九四立秋涼風至；六五處暑；上九白露。兌，
初九秋分，閶闔風，霜下；九二寒露；六三霜降；九四立冬，始冰，
不周風；九五小雪；上六大雪也。〔註53〕

以圖示則爲：

圖表 2-1-6　《乾元序制記》四正、八風與二十四氣配置圖

離（夏）

		白露
		暑處
涼　風		立秋
		大暑
		小暑
景　風		夏至

坎（冬）

		驚蟄
		雨水
條　風		立春
		大寒
		小寒
廣莫風		冬至

兌（秋）

		大雪
		小雪
不周風		立冬
		霜降
		寒露
閶闔風		春分

震（春）

		芒種
		小滿
溫　風		立夏
		穀兩
		清明
明庶風		春分

〔註52〕見《易漢學》，頁1063～1064。
〔註53〕見《乾元序制記》，頁554。

此二十四節氣與孟氏相同，惟增加坎卦廣莫風與條風、震卦明庶風與溫風、離卦景風與涼風，以及兌卦閶闔風與不周風等八風之說。另外，《稽覽圖》除以四正卦爻當二十四節氣外，又加入公侯二十四卦及月分，依爻位排序表列如下：〔註54〕

圖表 2-1-7《稽覽圖》四正二十四氣配侯、八風表

卦　名	爻　位	節　風
中孚純坎公	初　六	冬至十一中廣漠風
屯侯	九　二	小寒十二月節
升公	六　三	大寒十二月中日在坎
小過侯	六　四	立春正月節條風
漸公	九　五	雨水正月中
需侯	上　六	驚蟄
解純震公	初　九	春分二月中明庶風
豫侯	六　二	清明三月節
革公	六　三	穀雨三月中日在震
旅侯	九　四	立夏四月節溫風
小畜公	六　五	小滿四月中
大有侯	上　六	芒種五月節
咸純離公	初　九	夏至五月中凱風
鼎侯	六　二	小暑六月節
履公	九　三	大暑六月中日在離
恆侯	九　四	立秋七月節涼風
損公	六　五	處暑七月中
巽侯	上　九	白露八月節
賁純兌公	初　九	秋分八月中閶闔風
歸妹侯	九　二	寒露九月節
困公	六　三	霜降九月中日在兌
艮侯	九　四	立冬十月節不周風
大過公	九　五	小雪十月中
未濟侯	上　六	大雪十一月節

〔註54〕《稽覽圖》所述二十四卦月節、八風，於震九四與兌九四各脫漏「溫風」與「不周風」；另坎九五雨水「正月節」、上六驚蟄「三月節」、兌上六大雪「十月節」，當係傳抄錯誤，今改正爲「正月中」、「二月節」與「十一月節」。

《稽覽圖》裡，離卦初九夏至作「凱風」，與《乾元序制記》作「景風」不同。四正配八風之說，孟氏並無納入，爲《易緯》所增溢的主張。在孟氏《易》有限資料的傳述，相較之下，《易緯》尤爲詳備，同爲兩漢卦氣說的範疇。

三、十二消息卦

（一）消　息

關於「消息」的概念，惠棟廣引諸說加以陳述。引剝卦〈彖傳〉曰：

> 君子尚消息盈虛，天行也。〔註55〕

又引豐卦〈彖傳〉曰：

> 日中則昃，月盈則食，天地盈虛，與時消息。〔註56〕

惠棟特別強調日月的盈虛，也就是陰陽的消長變化對天地之影響。惠棟之後，清代李尚之《周易虞氏略例》提到：

> 乾息爲盈，坤息爲虛，故君子尚消息盈虛。〔註57〕

李尚之認爲「自復至乾爲息，自姤至坤爲消，乾息則坤消，乾消則坤息，《易》爲乾道，故消息皆主乎乾也」；〔註58〕也就是不論是「消」或是「息」，皆以乾陽爲主體而論之。〔註59〕事實上，審視虞翻注十二消息卦，有所謂「陽息坤」，也有「陰消乾」者，陽息則陰消，陰息則陽消，結果意義是一樣的，只不過在定義的運用上，爲求更爲嚴謹精確，宜注意由陰變陽爲息、由陽變陰爲消的屬性。

「消息者，乾坤也」，〔註60〕乾坤爲消息之主，以乾坤之爻的形成爲主體

〔註55〕見《易漢學》，頁1060。

〔註56〕見《易漢學》，頁1060。

〔註57〕見《周易虞氏略例·消息第四》。引自趙韞如編次《大易類聚初集》，第十九冊，影印南菁書院《皇清經解續編》，卷六百二十六，臺北：新文豐出版公司，1983年10月初版，頁543。李尚之，名銳，著《周易虞氏略例》一卷，江蘇元和人，專述虞氏一家之學，其爲例十有八，備載虞氏《易》注，每篇後附以己說，並皆發揮虞義，或引古訓以明之，至虞所未言，與後人疑虞爲誤者，概不羼入，體例尤爲謹嚴。其視張惠言《易》例爲精審，又張惠言謂八卦消息成六十四卦，李氏糾其誤，不愧爲茗柯諍友。

〔註58〕同前註，頁543。

〔註59〕晚近徐芹庭《兩漢十六家易註闡微》云：「消者謂陽之消，也息者謂陽之長也，息之言生長，消之言消剝也。陽消則陰息，陽息則陰消。」（臺北：五洲出版社，1975年12月出版，頁71。）其理同李尚之所言，皆以乾陽爲主論消息。

〔註60〕見李道平《周易集解纂疏》，卷四，北京：中華書局，1994年3月第1版，1998

而論，惠棟引皇侃注《史記‧歷書》所言，「乾者，陽生爲息，坤者，陰死爲消
也」，又引《集解》虞翻注，「乾息爲盈，坤消爲虛，故君子尙消息盈虛，天行
也」，〔註61〕另外，李道平也提到，「消息十二卦，成於乾坤十二畫，復、臨、
泰、大壯、夬、乾，皆自乾息而成也，故云乾息爲盈。姤、遯、否、觀、剝、
坤，皆自坤消而成也，故云坤消爲虛」。〔註62〕所論者，皆以陽爻稱乾，陰爻稱
坤，也就是以乾爲陽生之爻，坤爲陰生之爻。按六十四卦皆乾坤之交易，而十
二卦皆乾坤之消息。卦氣即以六十四卦之爻直歲，即乾坤之消息；乾坤消息爲
辟，而十二卦爲二氣之消息屬天，故象君，至於四正卦則爲四時之方位，屬地，
故象方伯。此說惠棟於此孟氏《易》說前已開宗明義的作了概括性的立說。

　　「消息」在論述上，不論以乾或坤或是二者共爲主體，〔註63〕論者大概
肯定消息盈虛，乃天象之變化，消息卦之制作，皆因此而來，所以惠棟在定
義此名，會以虞注「天行」之說爲首，有其根本之意涵。至於此一天象之變
化，即日月之變化，日月運行，因時變化而生消息盈虛，亦即《繫辭上》所
謂「法象莫大乎天地，縣象著明莫大乎日月」，日月的變化，「變化者，進退
之象也」，〔註64〕日月的變化，因時而異，所以說「與時消息」。至於變化進
退在消息上表現的實質內涵，惠棟引《繫辭上》言「變化者，進退之象也」，
更引荀爽所云爲訓：

　　　　春夏爲變，秋冬爲化，息卦爲進，消卦爲退也。〔註65〕

對此，李道平疏云：

　　　　陽稱變，春夏陽，故「爲變」。陰稱化，秋冬陰，故「爲化」。陽息

　　　　而進，故「息卦爲進」。陰消而退，故「消卦爲退」。〔註66〕

此消息進退之理，然而，是否眞固守此一準則，仍有考索之必要。審虞翻注

　　　　年12月北京第2刷，頁254。

〔註61〕惠棟所引，見《易漢學》，頁1060。

〔註62〕見李道平《周易集解纂疏》，卷四，頁254。

〔註63〕清陳壽熊《讀易漢學私記》中斷明「陽息爲息，陽消爲消，消息皆主於乾」。
　　　　（引自臺北：廣文書局《易學叢書續編》本，1973年9月初版，頁2。）以
　　　　「乾」作爲消息之主體，然而不論是六十四卦，或是十二消息卦，既是以乾
　　　　坤二氣爲消息，又怎能單言「乾」爲主體。這種說法作爲否定惠棟之立論，
　　　　實於理不足。

〔註64〕見《易漢學》，頁1060。

〔註65〕見《易漢學》，頁1060。

〔註66〕見李道平《周易集解纂疏》，卷八，頁548。

述十二消息，五月仲夏，一陰始生，於卦爲姤☰☰，以爲「消卦」；六月季夏，二陰生，於卦爲遯☰☰，即「陰消姤二」；十一月仲冬，一陽始生，於卦爲復☷☷，即「陽息坤」；十二月季冬，二陽始生，於卦爲臨☷☷，即「陽息至二」。知此五月仲夏姤卦爲消卦，而十一月復卦爲息卦，不合以變爲進，以化爲退之理。同《乾鑿度》所言「陽動而進，陰動而退」，蓋陽動爲變，陰動爲化，不論陽或陰，皆在變化，也就是說陽變則化陰，陰變則化陽，所論者在於爻變，十一月復卦至十二月臨卦，是六二變九二，陰變而化爲陽爻，五月姤至六月遯，是九二變六二，也就是陽變而化爲陰爻，如此一來，蓋陰變而化陽，即陽進而陰退，陽變而化陰，即陰進而陽退。因此，引荀爽爲訓，細加斟酌，好像並無太大的必要性，但準「變化者，進退之象也」的大前提爲是，並綜考卦爻之變，即可周全其理。

惠棟引《左傳正義》言「伏羲作十言之教」，「乾、坤、震、巽、坎、離、艮、兌消息」，〔註67〕以此八卦言消息，推究其由，乾坤、震巽、坎離、艮兌兩兩皆陰陽爻相對，也就是一般所云之錯卦或旁通，而這兩兩相對的卦次又符合後人所說的「伏羲八卦方位」說的卦序。〔註68〕同理，十二消息卦，泰否、大壯觀、夬剝、乾坤、復姤、臨遯等十二卦也是兩兩相對，其以地支配月，王洪緒《卜筮正宗》提到，「子午相衝，丑未相衝，寅申相衝，卯酉相衝，辰戌相衝，巳亥相衝」，〔註69〕兩兩相沖，其理相同。此外，惠棟考索虞翻「八卦納甲之圖」時，認爲「乾息坤成震，三日之象；兌，八日之象。十五日而乾體成坤，消乾成巽，十六日也；，艮二十三日也」。〔註70〕其序與「伏羲八卦方位圖」順向之序相合，惟此先天卦序中之「離東坎西」雖不合消息，但「八卦納甲之圖」坎、離位於中宮，卻又有特殊取位之處，似有相合。因此，惠棟深詳象數，引《左傳》此說，不乏有深義，在卦序上，雖未必呼應「伏羲八卦方位」之序，然其「消息」之義，與八卦納甲消息近乎同源同理。

惠棟又引虞翻云：

〔註67〕見《易漢學》，頁1060。

〔註68〕朱熹《周易本義》卷首列「伏羲八卦方位圖」，並引邵子云：「此伏羲八卦之位，乾南、坤北、離東、坎西、兌居東南、艮居西南、震居東北、巽西北，於是八卦相交而成六十四卦，所謂先天之學也。」

〔註69〕見王洪緒《卜筮正宗》，卷一。引自湖南：海南出版社編《故宮珍本叢刊》，第四一六冊，2000年10月1版1刷，頁253。

〔註70〕見《易漢學》，頁1108。

坤消從午至亥，上下故順也。乾息從子至巳，下上故逆也。

虞氏以坤消上下依序爲午、未、申、酉、戌、亥，爲順；而乾息下上依序從子、丑、寅、卯、辰、巳，爲逆。李道平曾疏云：

> 陰消始什爲姤，至亥成坤。坤消自午，右行至亥，從上而下，故曰順也。……陽息始子爲復，至巳成乾。乾息自子，左行至巳，從下而上，故曰逆也。〔註71〕

以陰陽上下位變謂順逆，然細觀消息十二卦，不論是消卦之變，或是息卦之變，午至亥、子至巳，皆由下而上而變，也就是從初爻而至上爻，宜視爲逆數之理方是，虞氏所別似不全然同義。《乾鑿度》所謂「《易》氣從下生」，以下爻爲始，故爲「逆數」。〔註72〕《易》氣從下而生，「卦始於一陽，故《易》謂乾也」，〔註73〕乾坤本以逆數生六子，故「乾坤初索震巽，再索坎離，三索艮兌，是逆數也」。〔註74〕因此，以乾坤或陰陽於此十二消息卦上強分順逆，未能考得虞氏所安之理，而惠棟亦未明其由。姑且，推知不論上下或是順逆，強調的是陰陽消息、盈虛變化之理。至於「陽息而升，陰消而降」，〔註75〕以陰陽消息論升降，其理亦在盈虛變化。

此外，惠棟因消息又引《易緯》等諸說論人事、言災異：

> 《易緯乾鑿度》曰：聖人因陰陽起消息，立乾坤以統天地。又云：消息卦純者爲帝，不純者爲王。

> 《漢書》京房上封事曰：辛酉以來，少陰倍力而乘消息。孟康曰：房以息卦爲辟，辟，君也。消卦曰太陰，息卦曰太陽，其餘卦曰少陰、少陽，爲臣下也。

> 《後漢書》陳忠上疏曰：頃季夏大暑而消息不協，寒氣錯時，水漏爲變，天之降異，必有其故，所舉有道之士，可策問國典，所務王事過差，令處煖氣，不效之意，庶有讜言，以承天誡。〔註76〕

惠棟肯定孟喜以「十二消息，皆辟卦，故舉帝王之表以明之」，也就是「辟卦

〔註71〕見李道平《周易集解纂疏》，卷十，頁693。
〔註72〕「易氣從下生」，爲逆數之理，鄭玄亦注云：「《易》本無无形，自微及著，氣從下生。」也就是卦爻起於陽，一陽從下而生，故爲逆數。
〔註73〕見李道平《周易集解纂疏》，卷十，頁693。
〔註74〕見李道平《周易集解纂疏》，卷十，頁693。
〔註75〕見《易漢學》，頁1060。
〔註76〕引文三說，見《易漢學》，頁1061。

為君，雜卦為臣」，〔註77〕實十二消息主天地寒暑變化，為變化之首，附以人事言之，既為變化之首，又為雜卦之首，故十二辟卦「太陰」、「太陽」視為君位，而雜卦為臣，但十二辟卦雖皆處帝王之位，卻也有所別，究其源，仍以乾坤為本，「純者為帝」，乾坤二卦為是，「不純者為王」，則屬其餘之辟卦。此上下等第貴賤之別，即《易》以消息變化論人事。又，六月大暑，不審消息，致使陰陽消息不協不順，而有違卦月，如此一來，「纖芥不正，悔吝為賊」，「乖錯委曲，隆冬大暑，盛夏霜雪」，「水旱相伐，風雨不節，蝗蟲湧沸，群異旁出」；〔註78〕是以卦氣不效，寒暑皆失其律則。以天地象人事，亦是如此，順應天地之變則安，違逆則必帶來悔吝；舉有道之賢士，言行合度，教令合宜，可鑒於天地，方足以昌盛久安。此即以卦氣消息之說而論災異，是漢代普遍性的思想，尤其滲透於經典的詁詮之中。

惠棟廣引諸說，不論引《易傳》、《左傳正義》、《九家易》、《史記》、《漢書》、《後漢書》，乃至荀爽、虞翻所言，陳述「消息」大義，強調日月的盈虛，也就是陰陽的消長變化對天地之影響，宇宙萬物的變化，根源於陰陽的消息盈虛，這也是孟喜卦氣之說的基本觀念。

（二）十二消息卦

陰陽二氣消長進退的變化，陽息為盈，陰消為虛，以消息成卦，屈萬里先生先云：

> 陽息坤則由復而臨、而泰、而大壯、而夬，以至於乾。陰消乾則由姤而遯、而否、而觀、而剝，以至於坤。故消息之卦，凡十有二。
>
> 〔註79〕

陽息坤為息，陰消乾為消，具體而為十二消息卦。事實上從目前文獻記載，較早明確提出十二消息卦觀點的，是西漢孟喜，故惠棟視之為其學說重點，亦是卦氣說之重要組成。惠棟引干寶注乾六爻與坤六爻云：

> 干寶注乾六爻曰：陽在初九，十一月之時，自復來也，初九甲子，乾納甲。天正之位，而乾元所始也；陽在九二，十二月之時，自臨來也；陽在九三，正月之時，自泰來也；陽氣在四，二月之時，自

〔註77〕見《易漢學》，頁1049。
〔註78〕見《易漢學》，頁1049。
〔註79〕見屈萬里《先秦漢魏易例述評》，臺北：學生書局，民國七十四年第三版，頁78～79。

大壯來也；陽在九五，三月之時，自夬來也；陽在上九，四月之時
也。四月於消息爲乾。又注坤六爻曰：陰氣在初，五月之時，自姤
來也；陰氣在二，六月之時，自遯來也；陰氣在三，七月之時，自
否來也；陰氣在四，八月之時，自觀來也；陰氣在五，九月之時，
自剝來也；陰在上六，十月之時也。十月於消息爲坤。〔註80〕

以干寶注詳明孟喜卦氣說所言陽息陰消、乾坤十二爻之變，並以十二消息卦
配以十二月，即藉陰陽二氣之變，依象配月。這種陰陽消長配合歷法的思考
模式，基本上其背後本身就是一種高度的天文科學基礎，這種天文之學，早
在兩漢以前就已然形成，不論《管子》所述四時教令，乃至《禮記·月令》、
《呂氏春秋》的十二月紀，以天文歷法結合陰陽五行與四時教令，已臻成熟，
故惠棟特別針對〈月令〉所言，引《禮記正義》以明之：

天地之氣，謂之陰陽，一年之中，或升或降，故聖人作象，各分爲
六爻，以象十二月，陽氣之升，從十一月爲始，至四月六陽皆升、
六陰皆伏，至五月一陰初升，至十月六陰盡升、六陽盡伏。今正月
云，天氣下降，地氣上騰者，陽氣；五月之時，爲陰從下起，上嚮
排陽；至十月之時，六陽退盡，皆伏於下；至十一月，陽之一爻始
動地中；至十二月，陽漸升，陽尚微，未能生物之極。正月三陽既
上，成爲乾卦，乾體在下，三陰爲坤，坤體在上，是陽氣五月初降，
至正月爲天體，而在坤下也；十一月一陽初生，而上排陰；至四月
陰爻伏盡，六陽在上，五月一陰生，六月二陰生，陰氣尚微，成物
未具；七月，三陰生而成坤體，坤體在下，三陽爲乾而體在上，所
以十月云地氣下降，天氣上騰。〔註81〕

以陰陽二氣升降之象，定十二月爲一年，所以孟春之時，「天氣下降，地氣上
騰」，即朱子《本義》所云「坤往居外，乾來居內」，外陰內陽，得以交通之
義。其它諸卦之象同義。因此，一行《卦議》特別指明，「十二月卦出於《孟
氏章句》，其說《易》本於氣」，「消息一變，十有二變而歲復初」，〔註82〕孟
氏以陰陽之氣的變化來說明十二月卦何以主一年十二個月，其十二月卦，也
稱爲「十二辟卦」，其卦名配月、配四時、配十二支與方位如下二表所示：

〔註80〕見《易漢學》，頁 1067。
〔註81〕見《易漢學》，頁 1068。
〔註82〕見《新唐書·志第十七》卷二十七，僧一行《卦議》所引。

圖表 2-1-8　十二辟卦配月、四時、十二支與位表

卦　名	月　序	四　時	十二支
復	十一月	冬	子
臨	十二月	冬	丑
泰	正　月	春	寅
大壯	二　月	春	卯
夬	三　月	春	辰
乾	四　月	夏	巳
姤	五　月	夏	午
遯	六　月	夏	未
否	七　月	秋	申
觀	八　月	秋	酉
剝	九　月	秋	戌
坤	十　月	冬	亥

圖表 2-1-9　十二辟卦配月、四時、十二支與方位圖〔註 83〕

　　十二消息總在陰陽窮通變化，惠棟藉《繫辭》之言，「變通配四時」，「剛柔相推，變在其中矣」，「往來不窮，謂之通」等語，引荀、虞所釋以詁十二消息之變。引虞氏云：

〔註83〕本圖轉引自郭建勳注譯、黃俊郎校閱《新譯易經讀本》中之「十二辟卦方位圖」。（臺北：三民書局，1996 年 1 月初版，頁 28。）

變通趣時，十二月消息也。泰、大壯、夬配春；乾、姤、遯配夏；
否、觀、剝配秋；坤、復、臨配冬。謂十二月消息相變通，而周於
四時也。〔註84〕

十二卦配四時，與孟喜卦氣圖說相符，原本於孟喜之說。又云：

謂十二消息，九六相變，剛柔相推，而主變化，故變在其中矣。

〔註85〕

其理前述「消息」已不斷申說。息卦由復始而乾終，皆陰變陽、柔變剛，而
消卦則自姤而坤，皆陽變陰、剛變柔，一切皆在陰陽之變。所以荀爽說：

謂一冬一夏，陰陽相變易也。十二消息，陰陽往來無窮已，故通也。

〔註86〕

陰陽消息盈虛，常變而不息，則四時通順，寒暑變化也自然有其恆則，如此「寒
往則暑來，暑往則寒來」。〔註87〕消息正，則「範圍天地之化而不過」，〔註88〕
也就是說消息變化有其周法之規範，依其寒暑消長之定則而變之，講求次序矩
度，而非妄行失常；對此，惠棟引《九家易》詮之：

言乾坤消息，法周天地，而不過於十二辰也。辰，日月所會之宿。
謂諏訾、降婁、大梁、賓沈、鶉首、鶉火、鶉尾、壽星、大火、析
木、星紀、元枵之屬是也。〔註89〕

十二消息與十二辰相配，是依據北斗星的斗建方向而為立說，斗柄指向正北
時為子，東轉三十度為丑，再東三十度為寅，餘類推，取十二宿以代之。這
種配卦之說，固為兩漢時期的定說，然而這樣的說法，訴諸於文獻，《稽覽圖》
的記載可以說是文獻中可見的漢代《易》說在這方面的重要開端。〔註90〕配

〔註84〕見《易漢學》，頁 1065～1066。
〔註85〕見《易漢學》，頁 1066。
〔註86〕見《易漢學》，頁 1066。
〔註87〕見惠棟引《繫辭》言。語見《易漢學》，頁 1066。
〔註88〕見惠棟引《繫辭》言。語見《易漢學》，頁 1066。
〔註89〕見《易漢學》，頁 1066～1067。
〔註90〕《稽覽圖》詳述十二消息卦，並將六十卦分置於十二月，每月配五卦：「小過、
　　　蒙、益、漸、泰（寅）；需、隨、晉、解、大壯（卯）；豫、訟、蠱、革、夬
　　　（辰）；旅、師、比、小畜、乾（巳）；大有、家人、井、咸、姤（午）；鼎、
　　　豐、渙、履、遯（未）；恆、節、同人、損、否」（申）；巽、萃、大畜、賁、
　　　觀（酉）；歸妹、无亡、明夷、困、剝（戌）；艮、既濟、噬嗑、大過、坤（亥）；
　　　未濟、蹇、頤、中孚、復（子）；屯、謙、睽、升、臨（丑）。」（見《稽覽圖》，
　　　頁 511。）

之以十二星象言，古代歷法以觀測日月星象運行之先後，定爲十二年爲一周天，依其歲星之次，而爲紀年之準。《九家易》將此十二辰，合諸乾坤消息十二卦之中，並配以十二地支，惠棟並明示「諏訾以下，謂自寅至丑，自泰至臨也」，〔註91〕則諏訾配寅，消息爲泰卦，餘諸辰則依序配之。表列呈現爲：

圖表 2-1-10　十二消息卦配辰配星表

卦名	泰	大壯	夬	乾	姤	遯	否	觀	剝	坤	復	臨
地支	寅	卯	辰	巳	午	未	申	酉	戌	亥	子	丑
歲星	諏訾	降婁	大梁	賓沈	鶉首	鶉火	鶉尾	壽星	大火	析木	星紀	元枵

　　星辰天象，生生不息，取十二星辰十二年爲一周天之法，附之於十二消息爲十二月期年者，本在法天象運轉之定則而爲規範，消息盈虛，亦在不過，而又轉諸人事，也是如此，以天道之法而軌之。這是漢代《易》說常見之現象。不過，這裡特別要指出的是，先秦時期往往干支僅以紀日，十二支只以紀十二時，而星次定日躔，日月運行，右旋於星際，於是有十二次之分，然星左旋一晝夜一周，並非固定，於是有十二辰之時位以範圍之。此十二次者，即前述十二宿，爲日月之行，一歲十二會，觀斗所建其辰爲寅，於孟春日月會於諏訾，餘依序降婁、大梁、賓沈、鶉首、鶉火、鶉尾、壽星、大火、析木、星紀、元枵，惠棟所注以諏訾先言，採的是夏正建寅之月，即以孟春正月爲歲首，也就是以日月會於諏訾之宿爲歲首之月。〔註92〕從歷法的角度云，諸說皆以十一月、復卦、子辰爲首，卻在十二宿的論說上，以孟春爲先，如此的不一致，顯有淆亂不合；倘正視嚴謹的歷法觀，雖惠棟未明確所指，然引《九家易》之論如斯，是有必要說明，以正自說之清楚無誤。不過，惠棟此處之用意，主在表現漢代有以十二消息配十二宿的卦氣之說，因此，也毋

〔註91〕見《易漢學》，頁 1067。
〔註92〕《禮記正義》云：「孟春者，夏正建寅之月也。秦以十月爲歲首，不用秦正而用夏時者，以夏數得天正，故用之也。周禮雖以建子爲正，其祭祀田臘，亦用夏正也。」（見清朱彬《禮記訓纂》，北京：中華書局，1996 年 9 月第 1 版北京第 1 刷，頁 214。）知夏、商、周，乃至秦歷，建首皆異。鄭玄注《周禮·大師職》云：「十一月辰在星紀，十二月辰在玄枵，正月辰在娵訾，二月辰在降婁，三月辰在大梁，四月辰在實沈，五月辰在鶉首，六月辰在鶉火，七月辰在鶉尾，八月辰在壽星，九月辰在大火，十月辰在析木。」歲會十二，以子爲首，是爲周歷，尤符《周易》以一陽復爲首之精神。

須太過苛責了。〔註93〕時位不變而星次運行，一周而復原，即天道之不息，而雖然孟喜等漢儒以十二卦配十二辰、十二星宿，未必與實際曆律原則相符，然不失《易》法天象之精神，也本乎《繫辭》所謂「《易》與天地準，故能彌綸天地之道，仰以觀於天文，俯以察於地理，是故知幽明之故」；「天地設位而易行乎其中矣」的根本方向。

　　孟喜以「十二消息，皆辟卦，故舉帝王之表以明之」，以十二消息主天地寒暑變化，爲變化之首，視爲帝王之位，惠棟引《易緯·乾鑿度》中也談到有關的內容：

　　　　孔子曰：復表日角；臨表龍顏；泰表載干；大壯表握訴，龍角大辰；
　　　　夬表升骨履文；姤表耳參漏，足履王知多權；遯表日角連理；否表
　　　　二好文；觀表出準虎；剝表重童明歷元。此皆律歷運期，相一匡之
　　　　神也。〔註94〕

《乾鑿度》以十二卦配律歷運期，並「相一匡之神」，〔註95〕惠棟視之爲帝王之表，賦予至高尊貴的神位之名。另外，《乾鑿度》這段話，張惠言《易緯略義》納入「圖書」一例，其上又引《坤靈圖》語以相繫，主要是說明其瑞應之徵：

　　　　聖人受命，瑞應先見於河。瑞應之至，聖人殺龍，龍不可得而殺者，
　　　　皆盛氣也。君子得眾人之助，瑞應先見於陸，瑞應之至，君子法地，
　　　　蛇不如龍，陸不如河。〔註96〕

此瑞應之說，《乾鑿度》也提到「帝王始起，河洛龍馬，皆察其首，……此天地神靈佐助之期，吉凶之應」，〔註97〕蓋可得知，這段話主要是以龍與消息卦相繫爲瑞應。龍爲靈獸，古人向來視爲瑞應，引龍貌特徵來表示聖人帝王之象，〔註98〕今日命相之學，也參之以爲帝王之尊。〔註99〕《乾鑿度》以十二

〔註93〕鄭衍通主張星次右旋即反時鐘方向排列，辰位左旋排列，故元枵在子，娵訾在亥，降婁在戌，大梁在酉，實沈在申，鶉首在未，鶉火在午，鶉尾在巳，壽星在辰，大火在卯，析木在寅，星紀在丑，這是固有的列位。有此一說，備作參考。參見鄭衍通《周易探原》論述八卦與曆數，以及卦位關係時，對十二辰與十二星之析解。（臺北：文史哲出版社，1972年5月新加坡初版，2002年6月修正增訂一版，頁46～60。
〔註94〕見《易漢學》，頁1068。
〔註95〕見《易緯·乾鑿度》，頁495。
〔註96〕張惠言所引本段話，今《坤靈圖》未載，而見於馬驌的《繹史》所引。
〔註97〕見《易緯·乾鑿度》，頁495。
〔註98〕以龍爲言的符應之說，參見陳槃〈秦漢間之所謂「符應」論略〉一文，載於《中央研究院歷史語言所集刊》第十六集。又據《左傳·昭公二十九年》所記，劉

消息卦，參之以龍象，這樣的說法，爲目前文獻所見說《易》之首聞。古君王以龍袍在身，以象其尊，但知以龍爲圖騰爲亙古所早有，而《乾鑿度》引入於十二君卦之中；惠棟引用則不涉龍象爲孟氏之說，但在強調十二消息爲君王之表。此考據學家廣引參證之常。

惠棟引《參同契》云十二消息配十二律之說：

《周易參同契》曰：朔旦爲復，陽氣始通；出入无疾，立表微剛；
黃鐘建子，兆乃滋張；播施柔暖，黎蒸得常。臨爐施條，開路正光；
光耀漸近，日以益長；丑之大呂，結正低昂。仰以成泰，剛柔並隆；
陰陽交接，小往大來；輻輳於寅，運而趣時。漸歷大壯，俠列卯門；
榆莢墮落，還歸本根；刑德相符，晝夜始分。夬陰以退，陽升而前；
洗滌羽翮，振索宿塵。乾健盛明，廣被四鄰；陽終於巳，中而相干。
姤始紀序，履霜最先；井底寒泉，午爲蕤賓；賓服於陰，陰爲主人。
遯去世位，收斂其精；懷德俟時，栖遲昧冥。否塞不通，萌者不生；
陰伸陽詘，沒陽姓名。觀其權量，察仲秋情；任畜微稚，老枯復榮；
薺麥芽蘗，因冒以生。剝爛肢體，消滅其形；化氣既竭，亡失至神。
道窮則返，歸乎坤元。〔註100〕

詳分古代歷法，有所謂陰陽歷，其基本要素爲氣朔。言朔爲歷，年以十二朔望月爲據，則屬陰歷之法。〔註101〕《參同契》再配之以律呂，說明卦氣、律呂與天道相通，由黃鐘而大呂，而太簇，而夾鐘，而姑洗，而中呂，而蕤賓，而林鐘，而夷則，而南呂，而无射，而應鐘，以管之長短相生定陰陽之數，如下圖所示：

氏之祖先劉累以「擾龍」起家，故漢人多以龍來作爲帝王之象徵。兩漢讖諱之書，也多提到帝象龍顏，諸如《春秋元命苞》：「黃帝龍顏，顓頊駢幹，帝嚳戴干，堯眉八彩，舜重童子，后稷岐頤，湯臂三肘，文王四乳，文王龍顏柔肩，……」《春秋合誠圖》：「伏羲龍身、牛首、……龍唇、龜齒，長九尺有一寸。」其他像《春秋演孔圖》、《孝經援神契》、《雒書靈准聽》等書也都有相關記載。

〔註99〕 以龍表帝王之相，歷來命相之學亦採以爲言，如前面內文引言「日角」者，劉峻《辨命論》：「龍犀日角，帝王之表；河目龜文，公侯之相。」「日角」蓋額上之骨，隆起如日者，也就是一般所言的額角，代表了古代帝王之相。詳見祝平一《漢代的相人術》，臺北：學生書局，1990年初版，頁115。

〔註100〕見《易漢學》，頁1069～1070。

〔註101〕歷法以氣朔爲定，氣是陽歷成分，以物候定陰陽消長，且氣有平氣與定氣之分，清代以前一直用平氣制歷。朔是陰歷成分，月以朔旦爲始，朔旦至朔旦爲一月；朔又有平朔、定朔之別，唐以前一直用平朔制歷。以朔爲用，屬陰歷之法。

圖表 2-1-11　十二消息卦配地支律呂圖〔註102〕

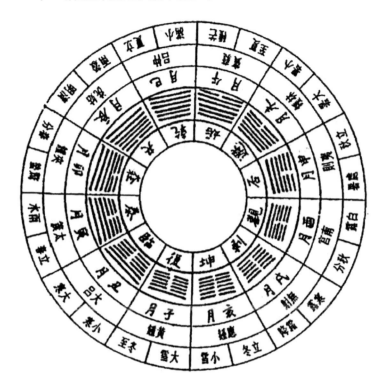

　　復卦 ䷗ 一陽初現，即「晦至朔旦」。〔註103〕在歲，冬至爲復；在月，朔旦爲復；在日，子時爲復。是復皆具始萌之象。邵康節《擊壤集》云，「冬至子之半，天心無改移」，〔註104〕以冬至日子時之半爲天心，即一歲的終始處。魏伯陽取之於兩漢《易》說，定十一月朔旦爲復，將復卦一陽初現看作一個過程，一陽始於朔旦，到月中，即到冬至子時之半，方成復卦之形。由復至乾，爲陰消陽長的過程，乾爲陽氣極盛之時；由姤至坤，爲陽消陰長的過程，坤爲陰氣極盛之時；如此，以天地陰陽消長之象而爲十二卦，配十二呂律與十二支。事實上，兩漢時期的歷律，本就有以一年十二月之變，配十二呂律之說，《禮記・令月》即詳云：

　　　　孟春之月，律中太簇；……仲春之月，律中夾鐘；……季春之月，

〔註102〕轉引自蕭漢明、郭東升《《周易參同契》研究》，上海：上海文化出版社，2001年1月1版1刷，頁77。
〔註103〕見《易漢學》，頁1069。
〔註104〕見《擊壤集・冬至吟》，卷十八。引自臺北：臺灣商務印書館《景印文淵閣四庫全書・集部・別集類》，第一一○一冊，頁145。

律中姑洗；……孟夏之月，律中中呂；……仲夏之月，律中蕤賓；……

季夏之月，律中林鐘；……孟秋之月，律中夷則；……仲秋之月，

律中南呂；……季秋之月，律中無射；……孟冬之月，律中應鐘；……

仲冬之月，律中黃鐘；……季冬之月，律中大呂。〔註105〕

鄭玄注云，「孟春氣至，則大蔟之律以應」，「仲春氣至，則夾鐘之律以應」，
「季春氣至，則姑洗之律應」，「孟夏氣至，則中呂之律應」，「仲夏氣至，則
蕤賓之律應」，「季夏氣至，則林鐘之律應」，「孟秋氣至，則夷則之律應」，「仲
秋氣至，則南呂之律應」，「季秋氣至，則無射之律應」，「孟冬氣至，則應鐘
之律應」，「仲冬氣至，則黃鐘之律應」，「季冬氣至，則大呂之律應」。〔註106〕
藉氣化流行之象，呼應呂律之特性以相配，這種月配呂律的情形，在傳統歷
法的運用上已是普遍之現象，而惠棟引《參同契》為論，除了間接肯定孟喜
之學有此主張外，也強調此主張為孟喜時期，甚至是兩漢以降普遍存在的卦
氣說之一部份。然而，以十二消息配十二月、十二呂律所成之卦氣說，對照
鄭玄的十二月爻辰說，〔註107〕卻有明顯的差異而為不同之體系：

〔註105〕見《禮記·月令》。引自孫希旦《禮記集解》，臺北：文史哲出版社，1990年
8月文1版，頁399～438。

〔註106〕見《禮記·月令》鄭注。十二呂律，鄭玄注其形式，而《漢書·律志》論
其行氣，主要為：大蔟為林鐘之所生，三分益一，律長八寸，律空圍九分，
是其陽氣大，故奏地而達物。夾鐘為夷則之所生，三分益之一，律長七寸
二千一百八十七分寸之千七十五，陰夾助大蔟宣四方之氣而出種物。姑洗
為南呂之所生，三分益一，律長七寸九分寸之一，陽氣洗物辜絜之。中呂
為無射之所生，三分益一，律長六寸萬九千六百八十三分寸之萬二千九百
七十四；微陰始起未成，著於其中，旅助姑洗宣氣齊物。蕤賓為應鐘之所
生，三分益一，律長六寸八十一分寸之二十六，陽始導陰氣使繼養物。林
鐘為黃鐘之所生，三分去一，律長六寸，陰氣受任，助蕤賓君主種物，使
長大楙盛。夷則為大呂之所生，三分去一，律長五寸七百二十九分寸之四
百五十一，陽氣正法度，而使陰氣夷當傷之物。南呂為大蔟之所生，三分
去一，律長五寸三分寸之一，陰氣旅助夷則任成萬物。無射為夾鐘之所生，
三分去一，律長四寸六千五百六十一分寸之六千五百二十四，陽氣究物，
而使陰氣畢剝落之，終而復始，無厭已。應鐘為姑洗之所生，三分去一，
律長四寸二十七分寸之二十，陰氣應亡射，該藏萬物而雜陽閡種。黃鐘為
律之始，九寸，陽氣施種於黃泉，孳萌萬物，為六氣元。大呂為蕤賓之所
生，三分益一，律長八寸二百四十三分之百四，旅助黃鐘宣氣而牙物。（引
自孫希旦《禮記集解》，臺北：文史哲出版社，1990年8月文1版，頁399
～438。）

〔註107〕鄭玄的十二月爻辰說，主要以乾坤二卦十二爻配十二月所成之卦氣圖說，惠
棟並列其爻辰圖而詳加考索，後文將作進一步探討，故暫且略論。

圖表 2-1-12　十二消息卦與乾坤十二爻辰配月配呂律對照表

十二消息卦	復	臨	泰	大壯	夬	乾	姤	遯	否	觀	剝	坤
乾坤十二爻位	乾初九	坤六四	乾九二	坤六五	乾九三	坤上六	乾九四	坤初六	乾九五	坤六二	乾上九	坤六三
地支	子	丑	寅	卯	辰	巳	午	未	申	酉	戌	亥
呂律	黃鍾	大呂	太簇	夾鍾	姑洗	中呂	蕤賓	林鍾	夷則	南呂	無射	應鍾

二說有別，同於明代張介賓所撰《類經圖翼》引朱載堉論「三分損益生律法」的陰陽生律之二說，圖式備載如下：〔註108〕

圖表 2-1-13　三分損益生律法〔註109〕

〔註108〕本文二圖，參見張介賓《類經圖翼》引朱載堉云：「陽律生陰，下生；陰律生陽，上生。陰陽之分古有二說。其一說者十二律呂各照方位，在子午以東屬陽，子午以西屬陰，是故：子，黃鍾，一陽復卦；丑，大呂，二陽臨卦；寅，太簇，三陽泰卦；卯，夾鍾，四陽大壯卦；辰，姑洗，五陽夬卦；巳，仲呂，六陽乾卦；午，蕤賓，一陰姤卦；未，林鍾，二陰遯卦；申，夷則，三陰否卦；酉，南呂，四陰觀卦；戌，無射，五陰剝卦；亥，應鍾，六陰坤卦。乾為老陽，故仲呂亢極不生；坤為老陰，故應鍾極短為終。大呂，夾鍾，中呂，三呂以陰居陽，故皆屬陽，蕤賓，夷則，無射三律以陽居陰，故皆屬陰。凡律清者皆上生，濁者皆下生，此一說也。其二說者，六律數奇屬陽，六呂數偶屬陰，是故：子，黃鍾，乾之初九；寅，太簇，乾之九二；辰，姑洗，乾之九三；午，蕤賓，乾之九四；申，夷則，乾之九五；戌，無射，乾之上九。此六律數奇，各居本位屬陽也。丑，林鍾，坤之初六；卯，南呂，坤之六二；巳，應鍾，坤之六三；未，大呂，坤之六四；酉，夾鍾，坤之六五；亥，中呂，坤之上六。此六呂數偶，各居對沖屬陰也，居本位者皆下生，居對沖者皆上生，此又一說也。」所言二說，即兩漢孟喜、鄭玄之《易》說。

〔註109〕引自張其成《易經應用大百科》（下篇），臺北：地景企業股份有限公司，1996年5月初版，頁8。

對照之下，鄭玄之說與消息之說，二者不合之處昭然而見；消息之說，較具規律性。

孟喜一系卦氣之說，在漢兩時期蔚爲風氣，十二消息卦配之以四時、干支、星宿、方位、律呂等天文歷法諸元，並有更進一步配以五行、五聲、五色者，如：《乾元序制記》的記載：〔註110〕

> 復姓角名宮，赤黃色，長八尺一寸，三十六世。臨姓商名宮，黃白色，長八尺三寸一分，七十二世。泰姓商名宮，黃白色，長七尺六寸，三十六世。〔註111〕大壯姓商名角，蒼白色，長七尺三寸九分，百三十一世。……姤姓角名商，蒼白色，長六尺三寸，二十八世。遯姓宮名商，黃白色，長五尺九寸八分，五十六世。否姓宮名商，黃白色，長五尺六寸一分，七十二世。觀姓宮名角，蒼白色，長五尺三寸二分，百三十世。剝姓商名宮，蒼白色，長五尺九寸九分，百二十世。……乾姓商名宮，白色，享國百二十。坤姓商名宮，黃色，享國百二十。〔註112〕震姓角名□，蒼色，享國七十二。〔註113〕巽姓角名角，蒼色，享國六十四。離姓徵名徵，赤色，享國六十四。兌姓商名商，白色，享國六十四。坎姓羽名羽，黑色，享國七十二。艮□□名宮，黃色，享國七十二。〔註114〕

此記載重在表達瑞應之說。以消息卦與八純卦入五聲，而五聲協之以五行，依《尚書》與《禮記·月令》所記，班固《白虎通義》引述云：

> 《尚書》曰：「予欲聞六律、五聲、八音。」五聲者，何謂也？宮、商、角、徵、羽。土謂宮，金謂商，木謂角，火謂徵，水謂羽。《月令》曰：「盛德在木」，「其音角」。又曰：「盛德在火」，「其音徵」。「盛德在金」，「其音商」。「盛德在水」，「其音羽」。〔註115〕

再對照《乾元序制記》所載，似乎以「帝出乎震」系列的八卦卦序相配爲當，

〔註110〕見《乾元序制記》，頁 553。
〔註111〕《隋書·王劭傳》引《坤靈圖》作「黃色，長八尺，六十世。」今《坤靈圖》未見。
〔註112〕本文作「依商名宮」，依前後卦之五行例，疑當作「姓宮名宮」。
〔註113〕震卦下脫字，依前後文當補爲「角」字。
〔註114〕艮卦下脫二字，疑爲「姓宮」。
〔註115〕引自清陳立《白虎通疏證·禮樂》，卷三，北京：中華書局，1997 年 1 版 2 刷，頁 120。《月令》的五行配五聲，即：盛德在木，其音角；盛德在火，其音徵；盛德在金，其音商；盛德在水，其音羽；盛德在土，其音宮。

加上五色，其序列則爲：

圖表 2-1-14　八卦配五聲五行與五色

八卦	五聲	五行	五色
震	角	木	蒼
巽	角	木	蒼
離	徵	火	赤
坤	宮	土	黃
兌	商	金	白
乾	商	金	白
坎	羽	水	黑
艮	宮	土	黃

在這裡，此八純卦以五聲爲姓爲名，乃就重卦而言，所以就像乾卦「上乾下乾」，所以稱爲「姓商名商」，其他各卦也是如此。在十二消息卦方面，獨缺夬卦；今推以相配五聲五色，則圖示如下：

圖表 2-1-15　十二消息卦配五聲五色表

消息卦	姓	名	五	色	緯文原述情形
復	角	宮	黃	蒼	緯文原作「赤黃」
臨	商	宮	黃	白	同　前
泰	商	宮	黃	白	同　前
大壯	商	角	黃	白	同　前
夬	商	商	白	白	緯文缺漏未述
乾	商	商	白	白	同　前
姤	角	商	白	蒼	同　前
遯	宮	商	白	黃	同　前
否	宮	商	白	黃	同　前
觀	宮	角	蒼	黃	緯文原作「蒼白」
剝	宮	宮	蒼	黃	緯文原作「姓商名宮」、「黃白」
坤	宮	宮	黃	黃	同　前

這些卦所主的五聲五色，可以根據八純卦所本推究而來，諸如臨卦其重卦爲上坤下兌，坤五聲爲「宮」，五色爲「黃」，而兌爲「商」爲「金」，則臨卦的姓則爲「商」，名則爲「宮」，其五色則爲「黃白」；依此，下卦屬姓，而上卦屬名。這樣的推算，可以略窺其有一定的規律性，惟緯文所載，仍有復卦、觀卦與剝卦與這種推算方式的結果有部份出入，疑緯文在傳鈔的過程中，或有舛誤。

孟喜以坎、震、離、兌四正卦配四時，以十二辟卦配十二月，卻又以此十二卦重複合於其餘四十八卦爲六十卦，配一年三百六十五日又四分之一，此十二卦強爲重複配用，略顯失其原則與統緒。然而，十二消息配次諸元，貫之以災異符瑞，現之以天人相應之學，爲漢代思想的本然質性，雖多有附會之說，然孟喜卦氣十二消息，導之以天文歷法，仍不失其科學性，並呈現其合理合宜的學說原則，立象爲本，爲漢代易學的重要特色，也成爲後代易學的常例。

四、七十二候與六十卦用事之月

（一）七十二候重在時訓的科學論述

歷法從四時的變化，定出一年十二月，並進而立二十四節氣，而七十二候則主要又是從二十四節氣派生而來。關於七十二候的起源，惠棟引唐一行《五卦候議》云：

> 七十二候，原于周公《時訓》，《月令》雖頗有增益，然先之次則同。
> 〔註116〕

七十二候是否確源於周公，今已難以考實，然在周公時代已普遍使用。發展至漢代，典籍論述十分頻繁，《呂氏春秋·十二紀》、《淮南子·時則訓》、《禮記·月令》、《易緯·乾鑿度》、《易緯·通卦驗》均有記載，爲兩漢歷律不可或缺的元素。惠棟並引《乾鑿度》與鄭玄注云：

> 《易緯·乾鑿度》曰：天氣三微而成一著，三著而成一體。康成注云：五日爲一微，十五日爲一著。故五日有一候，十五日成一氣也。
> 又曰：八卦之生物也，晝六爻之移，氣周而從卦。康成注云：八卦生物，謂其歲之八節，每一卦生三氣，則各得十五日。今言晝六爻，

是則中分之言。〔註117〕

氣化流行，五日爲一候，驗之以七十二候，符合卦爻變化之理數。《素問・六節藏象論》云：

> 天正之度，氣之數也。天度者，所以制日月之行也；氣數者，所以紀化生之用也。〔註118〕

藉日月運行之象位，推出節氣的變化，制爲氣數，並進一步作爲萬化之用，這樣的概念符合八卦生物之理，以八卦相配相推，一氣十五日，五日爲一候，如此一氣主三候，而一卦生三氣，即一卦三三得九候，八卦則合爲八九七十二候，如此氣數之變，既合宜又可爲立論之依準。十五日，爲二十四節氣之定數，「凡二十四氣，氣有十五日有餘」，〔註119〕亦即「二十四氣，每三分之，七十二氣，氣間五日有餘，故一年有七十二候也」。〔註120〕所以惠棟又引《素問》云，「五日謂之候，三候謂之氣，六氣謂之時，四時謂之歲」。〔註121〕二十四節氣，每月分節、中二氣，而七十二候之說，則又以每月節氣十五日又分爲三氣，每氣五日，即所謂初候、次候、末候等三候。每月中氣同樣分三候。合一月二節氣爲六候，一年十二個月則爲七十二候。數推成候，並應之時候物，作爲候時的代表。

用候之方法與原則，《易緯》並無作周延而詳細的列述，但仍可尋其用候之跡，諸如《通卦驗》云：

> 正此之道以日，冬至日始，人主不出宮，商賈人眾不行者五日；兵革伏匿不起，人主與群臣左右從樂五日，天下人眾亦在家，從樂五日，以迎日至之大禮。……五日儀定，地之炁和，人主公卿大夫列士之意得，則陰陽之晷如度數。〔註122〕

〔註117〕見《易漢學》，頁 1102～1103。

〔註118〕見《素問・六節藏象論》。引自湖南：海南出版社《故宮珍本叢刊》，第三七九冊，張琦《素問釋義・六節藏象論第九》，卷一，2000 年 10 月 1 版 1 刷，頁 147。

〔註119〕見孔穎達《禮記正義・月令》。惠棟《易漢學》引，頁 1103。

〔註120〕見《易漢學》，惠棟案語，頁 1103。棟所案，亦源於《禮記・月令》：「凡二十四氣，每三分之，七十二氣，氣間五日有餘，故一年有七十二候。」另外，《呂氏春秋・十二紀》高誘注、《淮南子・時則訓》高誘注、《禮記・月令》孔疏等皆有詳論，可備參考。

〔註121〕見《易漢學》，頁 1059。

〔註122〕見《通卦驗》卷上，頁 535～536。

似乎可以看出其以五日爲一候，循五日以定儀，並藉以占驗吉凶。因此，漢代普遍用候，並用之以徵驗災異，毋庸置疑。惠棟不作災異的強爲之說，反倒是從實證的角度著手，引《通卦驗》云，強調的是周公、仲尼時期，「所記氣候，比之時訓」，所以「七十二候，皆以時訓」，〔註123〕重在自然天候變化的科學論述。以自然天候劃爲七十二氣候，從曆法的意義上來論，仍具有某種程度的科學實證性；七十二種候物或自然現象，基本上都是七十二氣在各自相應的時間裡於自然界、動植物界所產生的反映，因此，從這個角度思考，七十二候有其客觀的實存性，不以人的意志爲轉移。配於《易》卦之中，雖似牽強附會，卻仍可見其理則，所以尚秉和在其《周易尚氏學》附錄《滋溪老人傳》中云：

> 卦氣者，卜筮之實，乃必與時訓相附。初莫明其故，久之知七十二候之詞，皆由卦象而出。如中孚曰蚯蚓，上巽爲蟲，故曰蚯蚓。中孚正反巽，相對於中，故曰蚯蚓結。於復曰鹿角解，震爲鹿故曰鹿，艮爲角，艮覆在地，則角落矣，故曰鹿角解。初以爲偶然耳，既求之各卦無不皆然。〔註124〕

認爲「七十二候之詞，皆由卦象而出」，明白指出七十二候時訓候物，皆準於卦象而生，是否如此，不敢斷定，〔註125〕然而，可以肯定的是孟喜根據卦象比附七十二候，有其內在的邏輯理路，尤其重組六十卦配七十二候，呈現出不同於傳統文王的六十四卦卦序之另類卦序；此種創新與變革，孟喜並非隨意附會，而是巧妙地將宇宙的陰陽氣化的卦氣之說與時候之象結合，有其井然之思維理哲的。

（二）卦配七十二候的實質內涵

　　根據惠棟引李溉所傳錄孟喜的七十二候卦氣圖，指出孟喜以六十卦，配

〔註123〕見《易漢學》，頁 1104～1105。

〔註124〕尚秉和《周易尚氏學》，北京：中華書局，1980 年 5 月第 1 版，2003 年 12 月北京第 8 刷，頁 359。

〔註125〕關於六十卦象與七十二候先後的問題，歷來多有議論。尚氏專精於《易》象，依其所見，「七十二候之詞，皆由象而出」，似乎認爲先民從通過對觀察六十卦象之後，才提出七十二候之說，這樣的講法，不免令人啓疑竇，因爲從目前文獻資料所見，大致可以看出是先有曆法意義上的七十二候，而後才有孟喜等兩漢說《易》者的以卦配候的情形，也就是說曆法上的七十二候在先，以卦配候的論述在後，因此，尚氏強說七十二候的創立，是取象於六十卦卦象，孰先孰後，無據可證而作爲定論，似嫌果斷。

之以四正卦、二十四節氣，而制爲七十二候的以卦配歷之法。如下圖所示：

圖表 2-1-16　卦氣七十二候圖〔註 126〕

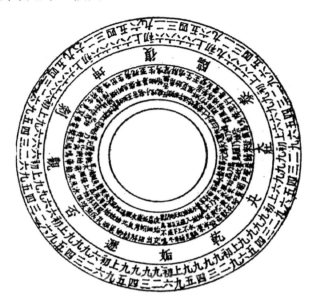

孟氏以六十卦配一年七十二候，主要是將六十卦析爲五組，各以五等爵稱，分別爲：

1. 辟卦十二：復、臨、泰、大壯、夬、乾、姤、遯、否、觀、剝、坤。

2. 公卦十二：中孚、升、漸、解、革、小畜、咸、履、損、賁、困、大過。

3. 侯卦十二：屯、小過、需、豫、旅、大有、鼎、恆、巽、歸妹、艮、未濟。

4. 卿卦十二：睽、益、晉、蠱、比、井、渙、同人、大畜、明夷、噬嗑、頤。

5. 大夫卦十二：謙、蒙、隨、訟、師、家人、豐、節、萃、無妄、既濟、蹇。

每卦配一候，六十卦配六十候，而不足的十二候，孟氏只好運用十二侯卦來代替，將侯卦每卦分爲「內」與「外」，每個侯卦分主兩候，十二侯卦則主二十四候；每個侯卦之「內」卦，主上月中氣之末候，「外」卦主下一個月節氣之

〔註 126〕引自新文豐出版公司《叢書集成新編》，第十七冊，《易漢學》，影印經訓堂叢書本，頁 43。

初候。如此一來，七十二候均得以卦配。凡是配「節氣」、「中氣」之初候者，稱爲「始卦」，配次候者，稱爲「中卦」，配末候者，稱爲終卦。依惠棟所列唐一行《開元大衍歷經》所述，孟氏卦配七十二候，表列如下：〔註127〕

圖表 2-1-17　孟氏卦配七十二候詳表

恆氣	月份	中節	四正卦	象數	初候	始卦	次候	中卦	末候	終卦
冬至	11	中	坎	初六	蚯蚓結	公中孚	麋角解	辟復	水泉動	侯屯（內）
小寒	12	節	坎	九二	雁北鄉	侯屯（外）	鵲始巢	大夫謙	野雞始雊	卿睽
大寒	12	中	坎	六三	雞始乳	公升	鷙鳥厲疾	辟臨	水澤腹堅	侯小過（內）
立春	正月	節	坎	六四	東風解凍	侯小過（外）	蟄蟲始振	大夫蒙	魚上冰	卿益
雨水	正月	中	坎	九五	獺祭魚	公漸	候雁北	辟泰	草木萌動	侯需（內）
驚蟄	2	節	坎	上六	桃始華	侯需（外）	倉庚鳴	大夫隨	鷹化爲鳩	卿晉
春分	2	中	震	初九	玄鳥至	公解	雷乃發聲	辟大壯	始電	侯豫（內）
清明	3	節	震	六二	桐始華	侯豫（外）	鼠化爲鴽	大夫訟	虹始見	卿蠱
穀雨	3	中	震	六三	萍始生	公革	鳴鳩拂羽	辟夬	戴勝降桑	侯旅（內）
立夏	4	節	震	九四	螻蟈鳴	侯旅（外）	蚯蚓出	大夫師	王瓜生	卿比
小滿	4	中	震	六五	苦菜秀	公小畜	靡草死	辟乾	麥秋至	侯大有（內）
芒種	5	節	震	上六	螳螂生	侯大有（外）	鵙始鳴	大夫家人	反舌無聲	卿井
夏至	5	中	離	初九	鹿角解	公咸	蜩始鳴	辟姤	半夏生	侯鼎（內）
小暑	6	節	離	六二	溫風至	侯鼎（外）	蟋蟀居壁	大夫豐	鷹乃學習	卿渙
大暑	6	中	離	九三	腐草爲螢	公履	土潤溽暑	辟遯	大雨時行	侯恆（內）
立秋	7	節	離	九四	涼風至	侯恆（外）	白露降	大夫節	寒蟬鳴	卿同人
處暑	7	中	離	六五	鷹祭鳥	公損	天地始肅	辟否	禾乃登	侯巽（內）
白露	8	節	離	上九	鴻雁來	侯巽（外）	玄鳥歸	大夫萃	群鳥養羞	卿大畜

〔註127〕見《新唐書‧志第十八》卷二十八，僧一行所列孟喜七十二候卦氣圖。一行所述，與《魏書‧律歷志上》載七十二候有異，《魏書》之說後起。惠棟錄一行《開行大衍歷經》，見《易漢學》，頁 1092～1102。後面圖表格式採用李開《惠棟評傳》，頁 194～195 所示之格式，特作注明。

秋分	8	中	兌	初九	雷乃收聲	公賁	蟄蟲壞戶	辟觀	水始涸	侯歸妹（內）
寒露	9	節	兌	九二	鴻雁來賓	侯歸妹（外）	雀入大水為蛤	大夫無妄	菊有黃花	卿明夷
霜降	9	中	兌	六三	豺乃祭獸	公困	草木黃落	辟剝	蟄蟲咸俯	侯艮（內）
立冬	10	節	兌	九四	水始冰	侯艮（外）	地始凍	大夫既濟	雀入大水為蜃	節噬嗑
小雪	10	中	兌	九五	虹藏不見	公大過	天氣上騰地氣下降	辟坤	閉塞成冬	侯未濟（內）
大雪	11	節	兌	上六	鶡鳥不鳴	侯未濟（外）	虎始交	大夫蹇	荔挺出	卿頤

孟喜六十卦配七十二候，並依序附之以坎、震、離、兌四正卦；其卦序自「卦氣起中孚」依序爲下：

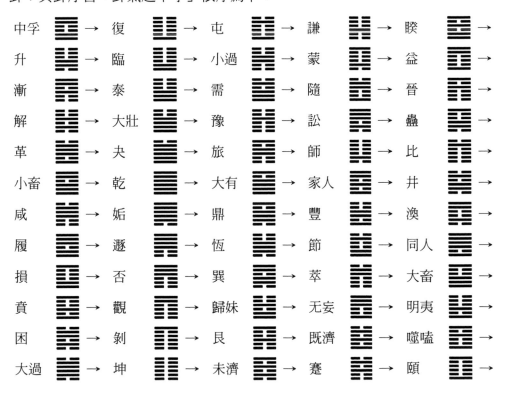

中孚 → 復　震 → 屯　離 → 謙　兌 → 睽 →
升 → 臨　　 → 小過　　 → 蒙　　 → 益 →
漸 → 泰　　 → 需　　 → 隨　　 → 晉 →
解 → 大壯　　 → 豫　　 → 訟　　 → 蠱 →
革 → 夬　　 → 旅　　 → 師　　 → 比 →
小畜 → 乾　　 → 大有　　 → 家人　　 → 井 →
咸 → 姤　　 → 鼎　　 → 豐　　 → 渙 →
履 → 遯　　 → 恆　　 → 節　　 → 同人 →
損 → 否　　 → 巽　　 → 萃　　 → 大畜 →
賁 → 觀　　 → 歸妹　　 → 无妄　　 → 明夷 →
困 → 剝　　 → 艮　　 → 既濟　　 → 噬嗑 →
大過 → 坤　　 → 未濟　　 → 蹇　　 → 頤 →

孟喜以六十卦配七十二候，並以坎、離、震、兌主冬、夏、春、秋四時，在此四正卦的配用上，是源於《說卦傳》的「帝出乎帝」之說。以某卦配某候的依據爲何，一行《卦議》僅提到「自冬至初，中孚用事」，也就是惠棟所

說的「甲子卦氣起中孚」；〔註128〕孟氏認爲十一月冬至（中氣）初候應配以中孚卦，惠棟特別引孟喜《易章句》云：

> 自冬至初中孚用事，一月之策，九六七八，是爲三十，而卦以地六，
>
> 候以天五，五六相乘，消息一變，十有二變而歲復初。〔註129〕

一月五卦，每卦六爻，數爲三十，又一月五卦，半年六月又合爲三十數。至於爲何要如此配，則未予詳明。不過，可以知道的，孟喜以十二消息卦之演變主一年十二個月，且此十二辟卦各統五卦（如前表所列），又以建子爲首，當然就以復卦爲君與所領的候卦爲首了。十二辟卦統五卦主十二月，始自中氣之起，而終於節氣之盡，亦即起於上月之中，而終於下月之中。五卦中第一卦爲中氣之始，爲辟卦將生之先行卦，二卦則爲辟卦，次而三卦，各卦統六日七分，合爲一月之日。這樣的十二組卦，合成一年十二月，經七十二候之流行。

在此「卦氣起中孚」的六十卦卦序系統上，區分爲二，以上、下各半年計，上半年由中孚卦至井卦合合三十，下半年由咸卦至頤卦亦合三十。從爻數的變化來分析，中孚卦至井卦有陽爻八十九，陰爻九十一，擬以此三十卦爲一大卦體觀之，論陰陽之屬，則陽卦多陰，即陽卦屬性較強；咸卦至頤卦，有陽爻九十一，陰爻八十九，論其大卦體之陰陽屬性，則陰卦多陽，性屬偏陰卦。二分之各卦組，陰陽爻之差爲二，即中孚組陰爻數多陽爻二，咸卦組則陽爻數多陰爻二，前者屬陽，後者屬陰，符合前者爲年之前半，是陽氣上升時期，後者爲年之後半，爲陰氣上升時期。既二分六十卦爲二卦體，陰陽之變理當爲一，何以差爲二？事實上，二卦體均分陰陽爻，本當陰陽爻各爲九十，合上半年與下半年各一百八十，但依上半年屬陽而陰多於陽的原則，陽宜少陰一爻，則爲八十九，陰則必爲九十一，如此合方符一百八十；因爲如此，所以陰陽爻之差數則爲二了。〔註130〕列式如下：

〔註128〕「甲子卦氣起中孚」，乃惠棟引自《易緯稽覽圖》之言。（見《易漢學》，頁1077。）惠棟於《易例》中特別以之爲例。（見《易例》，頁1013。）

〔註129〕見《易漢學》，頁1077。惠棟轉引一行《六卦議》。

〔註130〕以卦數論陰陽的概念上，惠棟引王應麟《困學紀聞》云：「卦氣圖，自復至咸，八十八陽，九十二陰；自姤至中孚，八十八陰，九十二陽。咸至姤，六日七分；中孚至復，六日七分。陰陽自然之數也。」既論「卦氣起中孚」，何以不以中孚起卦而計，卻作姤至中孚論陰陽爻數，在呼應中孚起卦時，這樣的舉論，似不夠嚴謹。不過，從其引據之數，同樣將一年六十卦劃分爲二，其爻數：八十八陽、九十二陰，與八十八陰、九十二陽，仍然符合陽卦多陰，陰卦多陽的道理，陰陽的變化應合時序節候，符「一陰一陽之道」的萬化之道。

上半年三十卦（中孚→井）：180 陰陽爻＝89 陽爻＋91 陰爻

差數：91 陰爻－89 陽爻＝2 陰爻（陽卦多陰）

下半年三十卦（咸→頤）：180 陰陽爻＝91 陽爻＋89 陰爻

差數：91 陽爻－89 陰爻＝2 陰爻（陰卦多陽）

雖然陰陽爻差爲 2，實際上只有 1 爻之變，上半年陽爻少 1，陰爻多 1，其差數就爲 2，下半年同理。進一步地說，上半年與下半年陰陽爻之變化，也是 1 爻之變，體現的是一陰一陽的陰陽消長變化之理。因此，從六十卦陰陽爻數的變化，反映出陰陽的消長與時令變化的道理相合，在孟喜這樣的卦序組成上，可以看到陰陽變化的規律與其合理性，也具體地表現出象數的邏輯思維，有其結構化的意義。

（三）卦序系統所表現的意義

1. 卦氣起中孚意涵下的卦序系統

在卦序的系統上，初起之卦具有一定的特殊意義，傳統的文王古經六十四卦，卦序初起於乾坤，凸顯二卦的父母之象，爲萬物派生的兩大主源，至於孟喜的卦氣流行以中孚卦爲首，當有其哲思以賦予其特殊的定位。陰陽消息的變化，十一月多至中氣一陽始生而爲復卦☷☳，並以復卦作爲十二消息之首；然而，一陽始生由何而來？來自於一陽的醞釀，也就是一陽尚未生之時，就位序而言，當然是復卦的前卦了，那復卦的前卦，爲何要選用中孚卦☴☱呢？選用的解釋意義，並不像十二消息卦是以陰陽卦氣的變化作爲解釋，而重在卦義與卦象。中孚卦重卦之象爲上下各二陽爻，包附二陰爻於其中，即《象傳》所謂「柔在內而剛得中」，外部剛硬堅實而內在柔質，爲果核之象，果核之中爲生機之所在，故取「中孚」之名，「孚」爲「信」，猶伊川所云「存於中爲孚，見於事爲信」，〔註131〕字爪子從手，手中所抱者，信其實有之物，即「以手抱子，信其必能生。果核之仁在堅殼之中，尚未見其生機，但人可信其必有生之機」。〔註132〕惠棟舉《老子》之言，尤能釋其「卦氣起中孚」之眞義：

〔註131〕朱子辨析「孚」與「信」字義之別與聯繫關係，《朱子語類》云：「伊川云：存於中爲孚，見於事爲信，説得極好。因舉《字説》孚字從爪從子，如鳥抱子之象；今之乳字，一邊從孚。蓋中所抱者，實有物也；中間實有物，所以人自信之。」（見黎靖德編《朱子語類》，卷七十一，北京：中華書局，1994年 3 月第 1 版，1999 年 6 月北京第 4 刷，頁 1867。）

〔註132〕參見高懷民《中國哲學在皇皇易道中成長發展》，臺北：作者自印，1999 年 2 月初版，頁 240。

《老子道德經》曰：窈兮冥兮，其中有精。其精甚眞，其中有信。〔註133〕

並引《河上公注》補充說明：

道唯窈冥無形，其中有精，實神明之相薄，陰陽交會也。〔註134〕

雖眇而難見，卻眞有其「精」，足式信實，取實有之象，實陰陽交會之眞的作用，因難見其明，所以稱爲「神明」，此一「神明」是萬化本源的運作，這個本源，簡單的說是「氣」。因此，惠棟取《老子》言陰陽之變，無「無」的概念之形上道論的取義，是以「氣」爲本而論其樣態。而氣化的樣態，子月坤陰盛極，一陽欲生，是爲復卦之前（即中孚），正值「陰陽交會」的時刻；所以惠棟說「冬至之卦，復也，其實起于中孚，七日而後復應」。〔註135〕惠棟進一步引用《淮南鴻烈·泰族訓》來說明復與中孚二卦相繫之義：

天設日月，列星辰，調陰陽，張四時，日以暴之，夜以息之，風以乾之，雨露以濡之。其生物也，莫見其所養而物長；其殺物也，莫見其所喪而物亡，此之謂神明。聖人象之，故其起福也，不見其所由而福起；其除禍也，不見其所以而禍除。遠之則邇，延之則疎；稽之弗得，察之不虛；日計無算，歲計有餘。夫濕之至也；莫見其形，而炭已重矣。風之至也，莫見其象，而木已動矣。日之行也，不見其移，驂驥倍日而馳，草木爲之靡，縣燧未轉，而日在其前。故天之且風，草木未動而鳥已翔矣，其且雨也，陰曀未集而魚已唴矣，以陰陽之氣相動也。故寒暑燥濕，以類相從；聲響疾徐，以音相應也。故《易》曰：「鳴鶴在陰，其子和之。」高宗諒闇，三年不言，四海之內，寂然無聲，一言聲然大動天下。是以天心咄唫者也。故一動其本而百枝皆應，若春雨之灌萬物也，渾然而流，沛然而施，無地而不澍，無物而不生。故聖人懷天心，聲然能動化天下者也。故精神感於內，形氣動於天，則景星見，黃龍下，祥鳳至，醴泉出，嘉穀生，河不滿溢，海不溶波。故詩云：「懷柔百神，及河嶠嶽。」〔註136〕

〔註133〕見《易例》，卷二，頁1013。所引爲《老子》第二十一章之文，全文云：「道之爲物，惟恍惟惚。惚兮恍兮，其中有象。恍兮惚兮，其中有物。窈兮冥兮，其中有精。其精甚眞，其中有信。」

〔註134〕見《易例》，頁1013。

〔註135〕見《易漢學》，頁1077。

〔註136〕見《易例》，頁1013～1014。

陰陽之變，乃萬物本然運作的實狀，而其不可知見的運化，稱之爲「神明」。
「神明」者，以陰陽之氣相動，宇宙萬化也自然相應。陰陽的轉化，「一動
其本而百枝皆應」，就卦氣而言，則爲卦氣所起，由中孚而復之始動，如此
一來，陰陽始動，則萬化盡隨之以變。以聖人象之，精誠內形，懷天氣，抱
天心，執中含和，方可神化天下。惠棟引虞翻言，「巽四，以風動天；震初，
以雷動也。中孚十一月，雷動地中」，〔註137〕氣行雖微，卻能動於地中，萬
物以此資始。取「鳴鶴在陰，其子和之」，乃中孚☲九二爻辭，九二鶴象，
處兩陰之下，又陽剛居中，與九五誠德遙相應和，篤實誠信，若抱天心，聲
聞於外，如此來，一切萬化自然就通而相應了。此外，復卦《象傳》云「復，
其見天地之心乎」，邵康節詩云，「冬至子之半，天心無改移；一陽初動處，
萬物未生時」，〔註138〕朱子認爲「到十一月半，一陽始成也」，〔註139〕「一
陽來復，其始生甚微，固若靜矣。然其實動之機，其勢日長，而萬物莫不資
始焉。此天命流行之初，造化發育之始，天地生生不已之心於是而可見也」。
〔註140〕陰陽氣化的律則，同《淮南》之義，皆遵至誠無息，也就是陰陽氣
化流行，表現出「誠」的精神特質，也與《中庸》之精神相呼應，〔註141〕
符合「生生之謂易」的《易》道精神。〔註142〕

（1）復統五卦之義

　　復卦爲辟，以所統的五卦，依序爲：中孚☲→復☷→屯☵→謙☷→睽
☲。中孚卦爲復卦之先行卦，也是一年之初始卦，轉入復卦，一陽生於五陰之
下，值嚴寒冬至之時，同中孚卦義，有內含生機的存誠存實之象，所應之候「麋
角解」，即《禮記・月令》所云仲冬之月，「麋角解，水泉動」，〔註143〕麋得陽
氣而解角，水泉亦隨陽氣而動於下，亦即盛陰冬藏之令，初受陽氣而始變化，

〔註137〕見《易漢學》，頁1077。

〔註138〕邵子之詩轉引自《朱子語類》，卷七十一，頁1793。賦詩以卦氣之說言復卦，
　　　　二十四節氣屬大雪，子之初氣。而冬至，即子之中氣。

〔註139〕見《朱子語類》，卷七十一，頁1788。

〔註140〕見《朱子語類》，卷七十一，頁1791～1792。朱子從氣化流行云「天心」，並
　　　　轉諸於「道」於「理」的道路上。

〔註141〕關於《易》與《中庸》之會通，惠棟作《易大義》詳明其說，於後面章節另
　　　　作論述。

〔註142〕下文以十二消息卦各統五卦所展示的內涵，論述之構架，主要參考高懷民先
　　　　生《中國哲學在皇皇易道中成長發展》中所言，在此特作注明。

〔註143〕見孫希旦《禮記集解・月令第六之三》，頁497。

有除舊布新，一元復始之義。〔註144〕由復入屯，惠棟引崔憬之言，云：

> 十二月，陽始浸長而交於陰，故曰「剛柔始交」。萬物萌芽，生於地
> 中，有寒冰之難，故言難生。〔註145〕

屯者，陽始交於陰，萬物皆生於地中，「象艸木之初生」，象植物種子萌生、破土而出之形，〔註146〕以始生之義的屯卦，繼復卦之後，又爲合宜；屯內卦一陽在二至四爻互體爲坤之下，而上卦爲坎，坎爲水，又有鳥象，水在地上，又下卦爲震爲雷，「雷伏藏地中，未得動出」，〔註147〕只能動之於地下，故「水泉動」，而鳥象又應之以去陰就陽之陽鳥「雁北鄉」。〔註148〕轉入謙卦，內卦爲艮爲止，一陽居內卦之上，又接外卦三陰坤地，孤陽勢薄，氣不足以出地，只能止於地面之下，時值「小寒」嚴冬，雖是如此，也示之陽氣伏隱於地而待出；候應「鵲始巢」，築起巢穴，以待生息繁衍。〔註149〕轉入睽卦，嚴冬日

〔註144〕明馮復京《六家詩名物疏・小雅・南有嘉魚之什二》，卷三十五，云：「《月令》仲冬麋角解，熊氏云：鹿是山獸，夏至得陰氣而解角，麋是澤獸，故冬至得陽氣而解角。賈公彥云：麋爲陰獸，情淫而游澤，冬至陰方退，故解角從陰退之象，若節氣早則麋角十一月解，故《夏小正》云十一月麋角隕墜；若節氣晚則十二月麋角解，故《小正》云十二月隕麋角。」宋陸佃《埤雅》，卷四，於釋「麋」云：「說者以爲鹿角者，挾陰之陽也，故應陰而隕角；麋角者，挾陽之陰也，故應陽而隕角。蓋鹿肉食之燠，以陽爲體也；麋肉食之寒，以陰爲體也。以陽爲體者，以陰爲末，以陰爲體者，以陽爲末。」盛陰之令，初受陽而始動，解角除舊以布新，自然萬化新始生機。

〔註145〕見《易漢學》，頁1078。惠棟論述六十卦用事之月，將屯卦置於十二月用事之月。

〔註146〕見《說文解字》釋「屯」。又羅振玉《殷殷書契後編》、《三代吉金文存》中引甲金文、頌壺文、頌鼎文詁「屯」，皆釋草木之子萌生破土之象。

〔註147〕見《易漢學》，頁1079。惠棟引《九家易》之言。

〔註148〕宋代林之奇《尚書全解》卷八，於「陽鳥攸居」文下釋云：「漢孔氏曰：隨陽之鳥，鴻鴈之屬是也。冬月來居此澤。曾氏云：去陰就陽謂之陽鳥，鴈是也。冬日至而日北，及春而鴈北向，夏日至而日南，及秋而鴈南向，鴈之所居隨日所在，故曰陽鳥。」宋張慮《月令解》卷十二，釋「鴈北鄉」云：「此紀十二月之時候也，鴈將北矣。不曰歸而曰鄉，以北非鴈所居也。」故「雁北鄉」即去陰就陽而生之象。

〔註149〕宋黃震《黃氏日抄》卷十六，云：「鵲知避歲所在，於是來歲之氣兆矣，故始巢。」明邢雲路《古今律歷考・經一・周易考》卷一，云：「謙，律中大呂，音羽，應爲小寒十二月節中，卦大夫謙，次候鵲始巢，居坎之九二。」清姚炳《詩識名解》卷一，云：「《月令》鵲始巢，乃巢成而居之候，鄭氏必謂冬至架之，至春乃成。」《淮南子》也提到冬至之時，鵲始巢。是以鵲巢爲象，示嚴冬待衍之義。

久，乖背睽違，等待終合；內卦兌爲口舌，外卦離爲雉，三至五爻互卦爲坎爲禽鳥，且兌在內卦，故爲「野雞始雛」。

（2）臨統五卦之義

以升卦爲辟，所統的五卦依序爲：升䷭→臨䷒→小過䷽→蒙䷃→益䷩。升卦，惠棟引《易緯·乾鑿度》云：

升者，十二月之卦也，陽氣升上，陰氣欲承，萬物始進。〔註 150〕

大寒之時，陽氣漸升，日見強盛；陽二升五，求大得志，惟二陽仍爲眾陰所包，陰中之陽，仍在坎險之中，不能自主、不能伸展，所以處「雞始乳」之狀態。〔註 151〕轉至臨卦，屬十二消息卦之次，陽息坤，二陽升，震君臨四陰，仍在不行，〔註 152〕而志在內，志在二升五；惟此時的陽氣，二陽生而堅實上升。轉次小過卦，重卦全象爲大坎，候應「水澤腹堅」與「東風解凍」，冰凍漸解，水澤漸來，上卦爲震，震屬東方，又時當立春，陽氣闢東，故以「東風」爲言。轉次蒙卦，惠棟引干寶云：

蒙於消息爲正月卦也，正月之時，陽氣上達，故屯爲物之始生，蒙爲物之稚也。〔註 153〕

下爲坎卦，三至五爻互卦爲坤，一陽動於地下坎險之中，故應「蟄蟲始振」之候；上卦爲艮爲止，止而未通，蒙稚待發；立春之季，生發蒙昧之時。轉次益卦，惠棟引《乾鑿度》與鄭玄注云：

正月之卦也，天氣下施，萬物皆益。……天氣三微而成一著，三著而成一體，方知此之時，天地交，萬物通，故泰益之卦，皆夏之正也，此四時之正，不易之道也。康成注曰：五日爲一微，十五日爲一著，故五日有一候，十五日成一氣也，冬至陽始生，積十五日至小寒爲一著，至大寒爲二著，至立春爲三著，凡四十五日而成一節，故曰三著而成體也。〔註 154〕

〔註 150〕見《易漢學》，頁 1079。

〔註 151〕清陳元龍《格致鏡原·鳥類四》卷八十，云：「汲冢《周書》：大寒，雞始乳。」知《周書》已載行以「雞始乳」爲大寒之候象。

〔註 152〕參見尚秉和《周易尚氏學》云：「卦以震君臨四陰，正撫有也，故曰臨。……不行之謂臨，行而不已，則至八月而凶矣。……月卦始子復，至未遯正八月，……神之在丑，破逆爲咎，不利西南，商人休止。臨辟丑，震爲神，故曰神之在丑，乃行至未而破丑，故曰破逆爲咎。」（頁 105。）

〔註 153〕見《易漢學》，頁 1083。

〔註 154〕見《易漢學》，頁 1083～1084。惠棟將益卦與泰卦同屬於正月用事之月。

陽氣生而萬物成，值正月之卦。二至四爻互爲坤體，上下爲陽，雖立春尙寒，惟陰氣爲陽氣所包，又以九五居中得正，陽氣成勢，利益萬物，草木蟲魚萌動，動而無違，是春來之景，有「魚上冰」之應。

（3）泰統五卦之義

以泰卦爲辟，所統的五卦依序爲：漸☴→泰☰→需☵→隨☱→晉☲。漸卦先行，外卦爲風爲木，內卦爲艮爲山，山上有木，以時而升，值春風和煦，欣欣向榮；二至四爻互坎爲水，水上陽氣聚積流行，故應之以「獺祭魚」。轉次爲泰卦，陰上陽下，陽氣上升，陰氣下降，二氣相接，陰陽交和，萬物生養，「贊天地之化育」，〔註155〕勃發生機，通泰豐茂。轉次爲需卦，下乾爲行爲剛，應之以「草木萌動」，上卦一陽居中，應之以「桃始華」。轉次爲隨卦，惠棟認爲，「隨者，二月之卦，隨德施行，藩決難解，萬物隨陽而出」，「二月之時，陽氣已壯，施生萬物，而陰氣漸微，不能爲難以障閉陽氣」，〔註156〕春來之象；下震爲春爲動，上兌爲口爲悅；三至五互坎爲鳥，應之以「倉庚鳴」。〔註157〕轉次爲晉卦，上離爲日，下應坤地，日照大地，花香鳥語，春光明媚。

（4）大壯統五卦之義

以大壯卦爲辟，所統的五卦依序爲：解☵→大壯☱→豫☳→訟☰→蠱☶。解卦先行，惠棟引虞翻云，「險坎動震，解二月，雷以動之，雨以潤之」，〔註158〕內坎爲水爲鳥，外震爲春爲動，水動冰融，「蓓蕾怒發，芽蘖

〔註155〕見惠棟《周易述》，頁 52。
〔註156〕惠棟引《易緯・乾鑿度》與鄭康成《注》。見《易漢學》，頁 1085。
〔註157〕倉庚爲鳥屬，吳陸璣撰、明毛晉廣要《陸氏詩疏廣要・釋鳥》卷下之上，詳釋云：「鄭註云：黃鸝也，一名倉庚，一名商庚，一名鵹黃，一名楚雀，一名摶黍，一名黃離留。……今謂之黃鶯，黃鸝是也。野民曰：黃栗留語聲轉耳，其色鵹黑而黃，故名鵹黃。詩云黃鳥以色呼也，北人呼爲楚雀，此鳥鳴時蠶事方興，蠶婦以爲候。《說文》：離黃，倉庚也。鳴則蠶生。《禮記》曰：仲春之月，倉庚鳴。《格物總論》云：鸝黑尾，嘴尖紅，脚青，遍身甘草黃色，羽及尾有黑毛相間。三、四月鳴，聲音圓滑。……《詩》：鳥鳴嚶嚶，按《禽經》稱鸝鳴嚶嚶，則《詩》所言鳥殆謂此，故後人皆以鸝名之。此鳥之性好雙飛，故鸝字從麗又曰鸝，必匹飛鸝，必單棲出谷，遷喬之事未見。其驗今荊州每至冬月於田畝中，得土堅圓如卵者，輒取以賣破之，則鸝在其中，無復毛羽，蓋以土自裹，伏而土堅勁，候春始生羽，破土而出。」以倉庚之性示候象與卦象，但屬適恰。
〔註158〕見《易漢學》，頁 1085。

潛滋」；〔註159〕通卦除了下卦爲坎之外，三至五爻亦互爲坎卦，主坎象，應之以「玄鳥至」。轉次爲大壯卦，惠棟認爲「雷之始發，大壯始」，「春分辟大壯，雷乃發聲」，〔註160〕序屬春分，四陽升，春雷作，應之以「雷乃發聲」。轉次爲豫卦，「雷以二月出，其卦曰豫，言萬物隨雷出地皆逸豫也」，〔註161〕雷出地上，以地分離，草木動生，大地奮起。轉次爲訟卦，陽氣盛，坎水下，應之以「田鼠化爲駕」，水氣充盈，所以鼠欲化爲鳥以生，又下坎爲鳥。〔註162〕轉次爲蠱卦，「初至四互大坎水，三至上互大離日，日光與水氣交織，相映而成虹」，〔註163〕應之以「虹始見」，合於「蔡邕以爲虹常依陰雨而晝見於日」〔註164〕的自然之象。

（5）夬統五卦之義

以夬卦爲辟，所統的五卦依序爲：革☲→夬☱→旅☶→師☷→比☷。革卦先行，外兌內離，文明之時，二至四爻互卦爲巽，巽居春夏之交；二至上互大坎水，應之以「萍始生」。轉次爲夬卦，惠棟認爲，「夬，三月清明氣也」，「當三月之時，陽盛息，消夬陰之氣，萬物畢生，靡不蒙化」，〔註165〕五陽決一陰，五息而往則陰盡，時三月而入夏。轉次爲旅卦，上離爲日爲火，下艮爲山亦爲火，火多故眾，所以行旅，有移動之象；二至四爻互巽爲木，二至五爻互坎爲鳥，鳥動而降之於木，應之以「載勝降於桑」；山上日火大照，屬立夏之時。轉次爲師卦，一陽動於地之下，又上坤下坎，地下有水，蚯蚓

〔註159〕見尚秉和《周易尚氏學》，頁188。
〔註160〕惠棟引郎顗《七事》，又引《大衍曆經》。見《易漢學》，頁1086。
〔註161〕惠棟引《漢書・五行志》言。見《易漢學》，頁1087。
〔註162〕「田鼠化爲駕」，馮復京《六家詩名物疏》卷十四，詳云：「《夏小正》云：三月田鼠化爲駕，駕，鴾也，化而之善故盡其辭也，駕爲鼠化而之不善，故不盡其辭也。《周書・時訓》云：清明之日，桐始華，又五日，田鼠化爲駕。《素問》云：駕，鴾也。……鴾在田，得食鳴相呼，夜則羣飛，晝則草伏，馴養之久，見食相搏鬬也。……《莊子》、《禽經》竝以爲鴾也，鴾本有雌雄，卵生，亦或有化爲者。據《夏小正傳》云：田鼠化。《列子》楊大年云：蛙化。《淮南子》、《本草》云蝦蟇化。《交州記》：黃魚上化爲鴾。是又有魚化者矣。」是以時節爲陽氣盛而水氣足，是萬化之機。鼠化爲駕，駕爲鴾屬，性好鬬，故適作訟卦之象。
〔註163〕見高懷民《中國哲學在皇皇易道中成長發展》，頁244。高氏又云「二至四互兌悅，悅見虹之現也」。
〔註164〕見宋蔡卞《毛詩名物解・虹》，卷二。引自臺北：臺灣商務印書館《景印文淵閣四庫全書・經部・詩類》，頁541。
〔註165〕惠棟引《乾鑿度》、朱震《易叢說》。見《易漢學》，頁1087～1088。

性有因水而動出，應之以「蚯蚓出」。轉次為比卦，惠棟引《白虎通》云，「陽氣盛養，故封侯盛養賢也」，〔註166〕一陽動於地上，應之以「王瓜生」。

（6）乾統五卦之義

以乾為君卦，所統的五卦依序為：小畜☴→乾☰→大有☲→家人☲→井☵。小畜卦先行，一陰居眾陽之中而止於內，即陽氣大滿於外，微陰小斂於內，內止之陰將消而無能為，所以純陽之卦將至。轉次而為乾君之卦，「夏四月，正陽純乾之月」，〔註167〕乾健值四月中氣，為陽氣最盛之時。轉次為大有卦，上離下乾，皆居南位，故為大有；五天位二應之，又以離為夏為日，當中天之上，炎夏至而萬物俱見，所以惠棟認為「夏火王在天，萬物並生，故曰大有」。〔註168〕轉次為家人卦，上風下火，佈散四方，除下卦為離之外，三至五爻亦互離，日火重重，可見熾熱之狀。轉次為井卦，外坎為險，內巽為反兌，兌為口舌，反兌即反舌，應之以「反舌無聲」；又惠棟認為體主風，「風主蟲子，子夏以為蝦蟆得之」，且「井，五月之卦，故有蝦蟆」，〔註169〕蝦蟆擅於舌，多蟲而得之，口入蟲而無聲，故應候。

（7）姤統五卦之義

以姤為辟卦，所統的五卦依序為：咸☲→姤☰→鼎☲→豐☲→渙☲。咸卦為姤卦之先行卦，外兌內艮，艮剛而兌柔，「兌柔在上，而艮剛在下，是二氣感應，以相授與」，〔註170〕二氣通而相應，又艮為少男，兌為少女，取少男少女相感之義；咸卦之後為姤卦，陰消乾，一陰始交，陰陽始交而先之以感應，為卦氣變化合宜之理，故咸為姤之先行。轉次為姤卦，惠棟認為「姤為五月」，「五月陰氣始生地中」，位屬南方；〔註171〕消息卦乾盈於巳，盈則必虧，至午而一陰生於下，陰遇陽，故為天地相遇，時當五月，萬物潔齊；夏至中氣到，日南返，夜始長，重陽下陰始交。轉次為鼎卦，外卦為離，日在上，二至四爻互卦為乾，一陰居乾陽之下，有鼎新之義；一陰生於二陽之下，應「半夏生」，上離日，下巽風，應「溫風至」。轉次為豐卦，惠棟引《京房

〔註166〕見《易漢學》，頁1088。
〔註167〕惠棟引《漢書‧五行志》言。見《易漢學》，頁1089。
〔註168〕惠棟引荀爽言。見《易漢學》，頁1090。
〔註169〕惠棟引《朱震》與自案語。見《易漢學》，頁1090。
〔註170〕見孔穎達《周易正義》，臺北：藝文印書館十三經注疏本，頁82。
〔註171〕參見惠棟引《九家易》、《東觀漢記》、虞翻姤卦《注》、朱震《易叢說》所論。見《易漢學》，頁1090～1091。

易傳》云，「雷與火震動曰豐」，「夏至積陰生」，「上木下火，氣稟純陽，陰生于內」，〔註172〕故震雷離電，雷電交加，陰氣日盛。轉次爲渙卦，陽居九二，爲群陰所制，陰氣尤盛；外巽爲木，內坎爲鳥，二至四爻互體震動，鳥飛滯木，應之以「鷹乃學習」。

（8）遯統五卦之義

以遯爲辟卦，所統的五卦依序爲：履䷉→遯䷠→恆䷟→節䷻→同人䷌。履卦先行，一陰居五陽之中，乘剛爲下卦之上，位不當，二至四互離爲明，應「腐草爲螢」。轉次遯卦爲辟，初、二爲陰，消陰之勢已成，應「土潤溽暑」。轉次爲恆卦，全卦作大坎象，大水將行，應「大雨時行」；二至四爻互乾爲天，二陰動於乾天之上，又應「涼風至」，爲立秋節氣之始。轉次爲節卦，九五一陽居群陰之中，陽氣弱，而三至上互體大坎，水濕地面，又內卦爲兌，西方色白，應之以「白露降」。轉之以同人卦，一陰居眾陽之中，居中得位，正應九五，眾陽不能欺，眾陽舍於一陰，與陰同鳴，應「寒蟬鳴」以知秋。

（9）否統五卦之義

以否爲辟卦，所統的五卦依序爲：損䷨→否䷋→巽䷸→萃䷬→大畜䷙。損卦「山澤通氣」，〔註173〕氣爲雲，與三至五互坤爲雲通，二至上反震，震爲出，雲出澤中，至上而反，是回轉之形，與《說文》之義同；時「處暑」中氣，萬物盛極而漸衰，同卦義。轉次以否卦爲辟，陽上陰下，天地不交，相去愈遠，陰陽之氣不交，則萬物閉塞不通，故應之以「天地始肅」。轉次爲巽卦，惠棟認爲「四體兌，兌爲金，金主秋」，位西方；〔註174〕初、四承陽，惟位不正，二陰雖順，惟處主爻，位弱而勢強，又六四乘陽，九三亦無應，陰風漸行，故繼否卦之次。轉次爲萃卦，三至上大體坎鳥象，北方色黑，應之以「玄鳥歸」。轉次爲大畜卦，下體乾天，上體爲艮爲止，一陽居二陰之顚，二陰爲主，「秋分」至，陰當時。

（10）觀統五卦之義

以觀爲辟卦，所統的五卦依序爲：賁䷕→觀䷓→歸妹䷵→无妄䷘→明夷䷣。賁卦先行，上艮爲止，下離爲明，以明爲止，則是不明，不明則無色，

〔註172〕見《易漢學》，頁 1091。

〔註173〕《說卦傳》云「山澤通氣」；損卦䷨外卦爲艮爲山，內卦爲兌爲澤，所以「山澤通氣」。

〔註174〕參見《易漢學》，頁 1093。

故《雜卦傳》云無色，又以其二至四爻互坎爲黑，隱伏之象，亦無色而不明，此皆正秋之象；又三至五互體震卦爲雷，雷爲艮止，故應「雷乃收聲」。轉次爲觀卦，陰氣充盈，消陽僅剩二爻，肅陰已見。轉次爲歸妹卦，「陽氣歸下，陰氣方盛」，「雷薄于澤」，〔註175〕既薄而無水，於澤而涸，且在爻位上，三至五爻互坎爲水，二陽上接水，應「水始涸」，外卦坎鳥在下，應「源雁來賓」。轉次爲无妄卦，上天下雷，然天必先雲而後雷，雷而後雨，無雲而雷，僅「寒露」可現，極其蕭悲，無有所望，故只能應之以「雀入大水化爲蛤」，無雨露之沾，只能轉進冬藏。〔註176〕轉次爲明夷卦，外坤內離，地之下以明，惟眾陰在上，明伏地下，其明不易，又二至四互坎爲伏隱爲黑，亦在晦暗，故應之以「菊有黃花」，秋光乍現，彌足可貴。

（11）剝統五卦之義

以剝爲辟卦，所統的五卦依序爲：困䷮→剝䷖→艮䷳→既濟䷾→噬嗑䷔。困卦先行，「九月建戌」，「霜降氣也」，「以爲值困乏」；〔註177〕二五剛得中，兌口爲言，惟三至上反兌，故有言而不信，故應之以「豺乃祭獸」，其境險困；又下卦與三至六互體爲坎爲險，險黑之狀隆盛，且陽又爲陰所包，困難重重，所以優位於剝卦之前。轉次爲剝卦，陰消陽，消息九月，五陰詘一陽，一陽已爲強弩之末，大勢將盡，一切剝落，「萬物始大殺」，〔註178〕所以應之以「草木黃落」。轉次爲艮卦，震爲行，反震爲止，故重山止止，止之以時，故應之以「蟄蟲咸伏」、「水始冰」。轉之以既濟卦，「九月之時」，「陽失正位，盛德既衰」，「下陰能終其道，濟成萬物」，〔註179〕三陰乘三陽，三陰皆有陽應，以眾陰得勢，又上卦爲坎爲止，上止下傳，且二至四互坎亦止，通卦止意隆盛，故應之以「地始凍」。轉次爲噬嗑卦，十月之卦，〔註180〕上卦爲離爲雞，三至五互坎爲水，初至四大離爲蜃象，〔註181〕故應之以「野雞入水爲蜃」。

〔註175〕參見惠棟引《乾鑿度》、干寶之言。見《易漢學》，頁1093～1094。
〔註176〕「雀」象陽氣，「大水」爲陰，「蛤」爲閉藏之物，陽氣行諸此時，歸於潛行不現，故應「雀入大水化爲蛤」之候。
〔註177〕惠棟案語，見《易漢學》，頁1094。
〔註178〕惠棟引《漢書·五行志》。見《易漢學》，頁1095。
〔註179〕惠棟引《乾鑿度》。見《易漢學》，頁1095。
〔註180〕惠棟引應劭《風俗通》云：「《易》噬嗑爲獄，十月之卦，獄從犬言，言聲，二犬亦存以守也。廷者，陽也，陽也，陽上生長，獄者，陰也，陰生刑煞，故獄皆在廷，比順其位。」見《易漢學》，頁1096。
〔註181〕爲蜃象與无妄卦初至四互離爲蛤同義。《禮記·月令》云：「水始冰，地始凍，

（12）坤統五卦之義

以坤爲辟卦，所統的五卦依序爲：大過䷛→坤䷁→未濟䷿→蹇䷦→頤䷚。大過卦先行，四陽錮陷於陰中，失其所用，通卦又屬大坎之性，黑而不明，故應之以「虹藏不見」；又因眾陽道絕不通，陰大賊陽，陽氣難見，終將消蝕，故以大過卦又爲純陰坤卦之先行。轉次爲坤卦，陰生於午，至亥而純陰，純陰而無陽，履霜而堅冰至，天地閉塞而萬物不生時，此十月中氣「小雪」。轉次爲未濟卦，陰陽乖離而不交，陰陽皆不當位，位不當則氣阻閉塞，火在水上，失其方而去其功，坎水不成水功，離火不成火用；坎爲黑，而鶡鳥亦黑，北方正色，離爲雞，鶡又爲雞屬；〔註182〕故應之以「閉塞而成冬」、「鶡鳥不鳴」之候。轉次爲蹇卦，五往居坤中，得中有應，故利西南；外卦爲坎，二至四互坎，重坎爲水爲險，內艮爲止，見險而止，又水流山間，窮而復通，故在閉塞之中，隱有生機。轉次爲頤卦，惠棟引半農先生《易說》云：

> 頤有龜象，內陰外陽，陽象甲，陰象體，而初在下，象伏龜，伏龜者，靈龜也。龜能食氣，食氣者神明而壽。頤十一月之卦，其位在北，龜爲元武，蟄伏之時，初陽在下象之。〔註183〕

頤龜之象，雖位居北方陰寒之境，卻仍蟄伏而尚能食養陽氣。頤卦四陰外二陽，口象；艮爲觀爲求，震爲口，坤爲物，故曰口實，口含物以自養；時值「大雪」，嚴寒之中仍能自養以現生機，又外艮而內震，外止而內動，內養生機，復接中孚以循環不已。

孟喜卦氣之說，重列卦序，雖存占斷災異的神學色彩，卻不乏見其論《易》的思維，掌握歷法的科學性，窮於陰陽變化之理，推於萬物之變，而作爲新的創制與建立一套新的易學理論。十二消息以一陽復爲首，而卦氣卻又起中

雉入大水爲蜃，虹藏不見。」鄭玄注，「大蛤曰蜃」；《晉語》云：「雉入于淮爲蜃。」（見孫希旦《禮記集解》，臺北：文史哲出版社，1990年8月文1版，頁486。）

〔註182〕《禮記・月令》云「鶡旦」而不言「鶡鳥」，爲「求旦之鳥」；《呂氏春秋》仲冬之節言「鶡鳴」，爲「山鳥」；《山海經・中山經》云「煇諸之山，其鳥多鶡」，郭注爲「似雉而大，青色，有毛角，勇健，鬪死乃止」。明代劉績《三禮圖》卷二云：「黑謂之黝，北方正色，暗也。……玄黃相次，則爲鶡鳥之黃黑，爲鶡是也。」《晉書》卷二十五云：「鶡冠加双鶡尾，豎插兩邊，鶡鳥名也，形類鷂而微黑，性果勇，其鬪到死乃止。」宋代楊侃《兩漢博聞》卷四云：「以鶡鳥羽爲冠，……冠鶡者，勇雉也，其鬪對一，死乃止。」知鶡鳥色黑，性凶猛，雉雞之屬。

〔註183〕見《易漢學》，頁1076。

孚，以中孚而後復卦，值卦序初始，直接展現了《易》道的精神，而中孚卦爲多至中氣之始，處「小寒」、「大寒」將至的節氣，是一年的眞正開始之時，符合中孚卦外剛內柔、生機內含尚未發露的情狀，而後才下生復卦一陽來復的消息演化。因此，孟喜的卦序組合，以中孚爲首，有其自己的思慮與定見，理哲但屬合宜。其它轉次之各卦，各應以卦候，應候之物，因時空因素，或有難考，或有難合，然大多不失其宜。惠棟考索其卦候，舉論去其災異徵驗，大致選以歷法實徵，重組孟喜之學，大有其功。

2. 六十卦用事月之卦序系統

惠棟考索孟喜卦氣說之七十二卦候，並進一步推求孟喜六十卦用事月，也進而得出另一套建月而成卦序系統。這套建月的卦序系統，與「卦氣起中孚」的卦序系統，在六十卦的次序和循環的意義上是相同的，但從分屬支系的表現上，明顯不同；也就是嚴格地說，七十二卦候建立了二套卦序系統，一套是「卦氣起中孚」已如前述，而另一套則是由六十卦用事月所形成的。

依惠棟所云，孟喜六十卦用事之月，十二個月所主之卦與所成之卦序爲：

十一月（子）：未濟▤→蹇▤→頤▤→中孚▤→復▤
十二月（丑）：屯▤→謙▤→睽▤→升▤→臨▤
正月（寅）：小過▤→蒙▤→益▤→漸▤→泰▤
二月（卯）：需▤→隨▤→晉▤→解▤→大壯▤
三月（辰）：豫▤→訟▤→蠱▤→革▤→夬▤
四月（巳）：旅▤→師▤→比▤→小畜▤→乾▤
五月（午）：大有▤→家人▤→井▤→咸▤→姤▤
六月（未）：鼎▤→豐▤→渙▤→履▤→遯▤
七月（申）：恆▤→節▤→同人▤→損▤→否▤
八月（酉）：巽▤→萃▤→大畜▤→賁▤→觀▤
九月（戌）：歸妹▤→无妄▤→明夷▤→困▤→剝▤
十月（亥）：艮▤→既濟▤→噬嗑▤→大過▤→坤▤ 〔註184〕

每月主五卦，十二消息卦列各月末卦，而各月之首卦，皆跨前後月。以十一（子）月言，首卦爲未濟，其內卦主十（亥）月中氣，其外卦主十一（子）月節氣；以十二（丑）月言，屯卦爲首，其內卦主十一（子）月中氣，外卦

〔註184〕參見《易漢學》，頁 1075～1102。

主十二（丑）月節氣；其餘各卦類推。每月以前一月中氣至該月之中氣計，如十一月份，自十月中氣未濟（內）卦，經十一月節氣未濟（外）卦、節氣蹇卦、節氣頤卦、中氣中孚卦、中氣復卦；其餘各卦類推。

　　惠棟論述之六十卦用事之月的卦序系統上，若二分為上、下各半年計，上半年由子月至巳月，卦由未濟卦至乾卦合三十，下半年由大有卦至坤卦亦合三十。算其爻數，上半年與下半年各一百八十。從爻數的變化來分析，上半年未濟卦至乾卦有陽爻八十四，陰爻九十六，符合陽卦多陰的特性；大有卦至坤卦，有陽爻九十六，陰爻八十四，答合陰卦多陽的性質。上、下半年之各卦組，陰陽爻之差為十二，即未濟卦至乾卦組陰爻數多陽爻十二，大有卦至坤卦組則陽爻數多陰爻十二，前者屬陽，後者屬陰，符合前者為年之前半，是陽氣上升時期，後者為年之後半，為陰氣上升時期。列式如下：

　　　子月至巳月（未濟→乾）：180 陰陽爻＝84 陽爻＋96 陰爻
　　　　　　差數：96 陰爻－84 陽爻＝12 陰爻（陽卦多陰）
　　　午月至亥月（大有→坤）：180 陰陽爻＝96 陽爻＋84 陰爻
　　　　　　差數：96 陽爻－84 陰爻＝12 陰爻（陰卦多陽）

雖然陰陽爻差為 12，實際上只有 6 爻之變，上半年陽爻少 6，陰爻多 6，其差數就為 12；下半年同理。進一步地說，上半年與下半年陰陽爻之變化，只是 1 卦（6 爻）的消長而已，體現出平均每月都有一陰陽爻的消息，是一陰一陽的陰陽消長變化之理。

　　從每兩個月十卦為組的爻數變化來分析，其陰陽爻之分布為：[註185]

丑寅月（屯至泰）：24 陽爻；36 陰爻

卯辰月（需至夬）：32 陽爻；28 陰爻

巳午月（旅至姤）：36 陽爻；24 陰爻

未申月（鼎至否）：36 陽爻；24 陰爻

酉戌月（巽至剝）：32 陽爻；28 陰爻

亥子月（艮至復）：24 陽爻；36 陰爻

　　其分布極有規律，陰陽爻的增減與十二月氣候變化與其卦氣說頗為一致。且陰陽爻數的變化，其值以大衍筮法中四營以後所得蓍數的四種情況相符。24、28、32、36 皆為 4 的倍數，回除後得 6、7、8、9，正為老陰、少陽、

〔註185〕見李尚信〈孟喜卦氣卦序反映的思想初論〉，《中國哲學》，2001 年第 12 期，頁 34～38。

少陰、老陽之數；亥子、丑寅月正爲陰極生陽之時，可用老陰數 6 示之；卯
辰月爲陽氣漸生之時，可用少陽數 7 示之；巳午、未申月，爲陽極生陰之時，
以老陽數 9 示之；酉戌月爲陰氣漸盛之時，可以少陰 8 示之。由是代表數字
反映出陰陽消長變化的情形。

從每用事之月（每月五卦）的爻數變化來分析，其陰陽爻之分布爲：

丑月（屯至臨）：11 陽爻，19 陰爻
寅月（小過至泰）：13 陽爻，17 陰爻
卯月（需至大壯）：15 陽爻，15 陰爻
辰月（豫至夬）：17 陽爻，13 陰爻
巳月（旅至乾）：16 陽爻，14 陰爻
午月（大有至姤）：20 陽爻，10 陰爻
未月（鼎至遯）：19 陽爻，11 陰爻
申月（恆至否）：17 陽爻，13 陰爻
酉月（巽至觀）：15 陽爻，15 陰爻
戌月（歸妹至剝）：13 陽爻，17 陰爻
亥月（艮至坤）：12 陽爻，18 陰爻
子月（未濟至復）：12 陽爻，18 陰爻

自丑月至午月，陽爻數呈現遞增的趨勢，惟巳月由前月 17 稍反復爲 16，
陰爻則遞減；自未月至子月，陽爻數則呈遞減的情形，陰爻則又呈遞增的現
象。這樣的數據分布，與氣候的變化和卦氣說的主張，基本上是一致的。其
中較不同的是，用事之月起於子月，或卦氣起中孚，又在子月，因此，依前
諸數據的變化，子月當是陽爻數由少至多的開啓，也就是子月的陽爻數當是
最少，而陰爻數又當是最多，但實際上，陽爻 12 是略高於丑月的 11，陰爻 18
又是略低於丑月的 19，這一部份的不合，尚有待進一步地推敲。

由上述對爻數的概括分析，雖未能精細地反映卦序排列上的陰陽爻數變
化在構造上的完整性，卻能看到爻數變化上所透露出的陰陽變化之普遍規律
性和合理性。因此，孟喜卦氣理論的建構，在卦序組成上，可由此用事月的
六十卦陰陽爻數的變化，反映出陰陽的消長與時令變化的道理，基本上是相
合的，也具體地表現出象數的邏輯思維，有其結構化的意義。

（四）惠棟考述用事月之小失

惠棟詳細考索六十卦用事之月，使後人對此象數命題能夠得到較爲清晰的

認識，然而惠棟考引諸說來論述孟喜此一學說，仍不免有不疵者，例如，小過、蒙、益、漸、泰五卦之用事正月，惠棟引《易緯》、《參同契》並作案語云：

> 《易緯乾鑿度》曰：乾，陽也；坤，陰也。並如而交錯行，乾貞於十一月子，左行，陽時六；坤貞於六月未，右行，陰時六，以奉順成其歲。歲終，次從於屯、蒙，屯、蒙主歲，屯爲陽，貞於十二月丑，其爻左行，以間時而治六辰；蒙爲陰，貞於正月寅，其爻右行，亦間時而治六辰，歲終則從其次卦。次卦爲需、訟。
>
> 此言主歲卦也。《參同契》曰：屯以子、申，蒙用寅、戌，餘六十卦，各自有日，謂需、訟以下也。
>
> 又曰：朔旦屯直事，至暮蒙當受，晝夜各一卦，用之依次序。晝夜各一卦，六十卦，止得一百八十日。春夏據內體，秋冬當外用，一卦內外分之，周一歲之數也。當時本有各卦主歲之圖，而屯、蒙不貞丑、寅，故康成云：屯、蒙之貞，違經失義是也。乾坤以下，兩卦主一歲，後人不知，造爲反對，非古法也。
>
> 〔註186〕

依照卦氣之說，每卦直六日七分，月得五卦，六十卦分屬十二月，前已詳明；而主歲卦每爻直一月，歲得兩卦，這一說法，又與此六十卦直日之說不同系統，惠棟不宜引作混爲一談。至於主歲卦屯貞丑月，蒙貞寅月之類，則與卦氣合，惠棟引證爲是，但無須用於此處言。至《參同契》之旦屯暮蒙，又是以一歲兩卦之法，用之一日之中，且旦屯暮蒙，則屯、蒙亦不貞於丑寅兩時，即屯以子、申，蒙用寅、戌，亦謂屯內卦起庚子，外卦起戊申，蒙內卦起戊寅，外卦起兩戌，即內體外用之說。是納甲法與屯丑蒙寅無干。且卦氣六十卦去坎、離、震、兌，同《參同契》六十卦去乾、坤、坎、離法又各異，不宜引之，以孳惑讀者。〔註187〕又如，需、隨、晉、解、大壯等五卦用事二月，惠棟引《易緯》並作案語云：

> 《易緯乾鑿度》：孔子曰：隨上六，拘繫之，乃從維之，王用亨於西山。隨者，二月之卦，隨德施行，藩決難解，萬物隨陽而出，故上六欲待，九五拘繫之，維持之，明被陽化而陰欲隨之也。康成云：大壯九三，爻主正月，陰氣猶在，故羝羊觸藩而羸其角也。至於九

〔註186〕見《易漢學》，頁1082～1083。
〔註187〕此一問題，清陳壽熊《讀易漢學私記》亦予具體提出指正。參見臺北：廣文書局《易學叢書續編》，1973年9月初版，頁6～8。

四，主二月，故藩決不勝羸也，言二月之時，陽氣已壯，施生萬物，而陰氣漸微，不能爲難以障閉陽氣，故曰藩決難解也。

大壯九三主正月，未詳。案：《齊天保歷》以卦之貞悔分節氣，豈九三在貞爲正月中，九四在悔，爲二月節歟。〔註188〕

根據惠棟所引大壯之言，本陽爻初起子而上訖巳之法，所以大壯九三主正月，至九四成卦之爻則主二月，此即消息之例。虞翻也提到大過九二「枯楊生稊」爲十二月，〔註189〕九五「枯楊生華」爲三月，〔註190〕同消息之說。因此，惠棟引說，絕非十二卦分貞悔直月之法。又《六卦議》提到《齊歷》以節在貞，而氣在悔，若九三在貞爲正月中，九四在悔爲二月節，與《齊歷》不同。惠棟所下案語，實無太大的意義。

惠棟考索謹嚴，蒐羅漢代諸說爲釋，苦心竭慮，有功於後，然所引龐雜，異說共理，又不詳爲說明，不免疑惑後生。

（五）《易緯》六十卦直事補說

提出六十卦直事之說，除了孟喜之外，《易緯》也有詳說。《稽覽圖》在六十卦直事上，特別分出陰月與陽月者，這樣的說法是孟喜《易》所沒有的。圖列如下所示：〔註191〕

圖表 2-1-18　六陽月三十卦直事圖

八百諸侯正月 小過立春	侯三月 豫清明	侯五月 大有芒種	侯七月 恒立秋	侯九月 歸妹寒露	侯十一月 未濟大雪
初　六 九　三 六　五		一　日 十一日 二十一日	六二 九四 上六		六　日 十六日 二十六日

〔註188〕見《易漢學》，頁1085。

〔註189〕見李鼎祚《周易集解》引虞氏云：「乾爲老，老楊故枯，陽在二也，十二月時，周之二月。」（李鼎祚《周易集解》卷六，臺北：臺灣商務印書館，1996年12月臺1版2刷，頁146。）二體互乾爲老，乾陽在二，即消息十二月臨卦之時，於周爲二月。

〔註190〕見李鼎祚《周易集解》引虞氏云：「陽在五也。夬、三月時，周之五月，枯楊得澤，故生華矣。」（卷六，147。）此陽在五時爲夬，夬於夏爲三月，於周爲五月。

〔註191〕參見《稽覽圖》卷下，將六十卦分「六陽月三十卦直事」與「六陰月三十卦直事」。頁525～528。

二十七大夫蒙正月 大夫節七月		大夫訟三月 大夫無妄九月		大夫家人五月 大夫蹇十一月	
初六 六三 六五		二　日 十二日 二十二日	九二 六四 上九	七　日 十七日 二十七日	
九卿益正月 九卿同人七月		九卿蠱三月 九卿明夷九月		九卿井五月 九卿頤十一月	
初九 六三 九五		三　日 十三日 二十三日	六二 六四 上九	八　日 十八日 二十八日	
三公漸正月 三公損七月		三公革三月 三公困九月		三公咸五月 三公中孚十一月	
初六 九三 九五		四　日 十四日 二十四日	六二 六四 上九	九　日 十九日 二十九日	
天子泰正月 天子否七月		天子夬三月 天子剝九月		天子姤五月 天子復十一月	
初九 九三 六五		五　日 十五日 二十五日	九二 六四 上六	十　日 二十日 三十日	
上述是六陽月三十卦直事，日依氣定，日主一爻。					

圖表 2-1-19　六陰月三十卦直事圖

八百諸侯二月 需驚蟄	侯四月 旅立夏	侯六月 鼎小暑	侯八月 巽白露	侯十月 艮立冬	侯十二月 屯小寒
初九 九三 九五		一　日 十一日 二十一日	九二 六四 上六	六　日 十六日 二十六日	
二十七大夫隨二月 大夫萃八月		大夫師四月 大夫既濟十月		大夫豐六月 大夫謙十二月	
初九 六三 九五		二　日 十二日 二十二日	六二 九四 上六	七　日 十七日 二十七日	

九卿晉二月	九卿比四月	九卿渙六月
九卿大畜八月	九卿噬嗑十月	九卿睽十二月

初六	三　日	六二	八　　日
六三	十三日	九四	十八日
六五	二十三日	上九	二十八日

三公解二月	三公小畜四月	三公履六月
三公賁月	三公大過十月	三公井十二月

初六	四　日	九二	九　　日
六三	十四日	九四	十九日
六五	二十四日	上六	二十九日

天子大壯二月	天子乾四月	天子遯六月
天子觀八月	天子坤十月	天子臨十二月

初九	五　日	九二	十　　日
九三	十五日	九四	二十日
六五	二十五日	上六	三十日

上述是六陰月三十卦直事，日依氣定，日主一爻。

以正月、三月、五月、七月、九月、十一月爲陽月，配三十卦；以二月、四月、六月、八月、十月、十二月爲陰月，也配三十卦。同時，十二月配以十二節氣，並依諸侯、大夫、九卿、三公、天子的爵等，分陰分陽，各繫以六個卦，且圖列首卦六爻，每爻中間五日依日配之，五卦六爻則合三十日爲一月。以正月爲例，所配的卦爲小過、蒙、益、漸、泰五卦，其爻所配之日爲：

圖表 2-1-20　正月以爻配日情形表

小過	蒙	益	漸	泰
諸侯	大夫	九卿	三公	天子
-- 26 日	— 27 日	— 28 日	— 29 日	-- 25 日
-- 21 日	-- 22 日	— 23 日	— 24 日	-- 30 日
— 16 日	-- 17 日	-- 18 日	-- 19 日	-- 20 日
— 11 日	— 12 日	— 13 日	— 14 日	— 15 日
-- 6 日	— 7 日	-- 8 日	-- 9 日	— 10 日
-- 1 日	-- 2 日	— 3 日	-- 4 日	— 5 日

其餘每月、日所配卦、爻之情形，也依此類推。張惠言《易緯略義》曾針對此一圖說云：

> 唐一行《卦議》云：天保曆（齊曆）依易通統軌圖，自入十有二節，五卦初爻相次用事，及上爻而與中氣皆終。案此圖初爻一日而二當六，則立春一日小過初，二日蒙初，三日益初，四日漸初，五日泰初，六日小過二，正是相次用事之法，則此圖即易統軌。一行以為非京氏本旨，及《七略》所傳。郎顗所傳，卦皆六日七分，不以初爻相次用事，齊曆謬矣。蓋此圖後世雜家所附益，非中孚傳本文。
> 〔註192〕

此圖說仍屬卦氣之學，然而與其他諸緯文卦主六日七分的說法不同。《焦氏易林》附有「分卦直日之法」，以「一爻主一日，六十卦為三百六十日，餘四卦震、離、坎、兌為方內監司之官，……各卦主一日」，〔註193〕也就是六十卦每卦六爻主六日，共主三百六十日，另四正卦各主一日，合為三百六十四日，然一年實三百六十五日又四分之一日，其餘一日又四分之一日則未作交待。《稽覽圖》在此陰陽月六十卦主三百六十日之說，部份近於焦氏之法，惟五日又四分之一日並未予處理。因此，以六十卦每卦主六日的說法，從孟、焦、京氏，到《易緯》，概略相近，但是在處理剩下的五日又四分之一日上，則有所差略，並且在論述六十卦主三百六十日的過程中，也有所不同。然而，表現在兩漢易學的思想裡，這樣的卦氣之說是一種極為普遍的現象，卦氣與曆法相繫參驗，定天時、言災異、推人事，循天文氣象而發，以符人事日用，實不可因主觀偏見地視象數為糟糠而盡棄，其中的邏輯性與智慧的啟發，多有可觀之處。

五、卦氣徵驗為漢代普遍性思想

孟喜卦氣說同《呂氏春秋》、《夏小正》、《淮南子》等典籍之歷律理論，配干支、四時、節氣、星宿、祭祀、方位、呂律等，然前諸文獻立說以五行為綱領，藉五行與四時、節氣等相配，而孟喜卦氣之說，以五行相配之法，依目前文獻所現，乃至惠棟考索的資料訊息，尚未以之為用。然而，孟喜以陰陽消長、盈虛變化建構卦氣理論，呈現循環不息的流動變化，且為變化有其一定之規律、高度合理性的立體圖式，此種具體模式的科學思維，是值得

〔註192〕見張惠言《易緯略義》卷一，頁25～26。（引自《易經集成》第一六一冊。）
〔註193〕見焦延壽《焦氏易林》，臺北：新文豐出版公司，1987年六月臺一版，頁6。

肯定的。同時，以卦氣論象的象數易學，成爲兩漢易學的主流，孟喜立開啓之功；藉由範疇概念的陰陽而具體爲陰氣陽氣，並以六十四卦卦形卦畫的安排，每卦爲六日七分，配合十二月、二十四節氣、七十二候，使《周易》的象徵方法結合不同系統，另闢更爲具體化的新境以說明宇宙生成的變化現象。特別是又順應漢代天人之學，以卦氣推闡天人一貫的當代（漢代）思潮，並結合災異應瑞，佈推於人事政教，凸顯了生生《易》道陰陽二氣化生萬物的具體化理論，是一種科學神學化的另類思想，它的背後仍是有堅強的科學與邏輯基礎。惠棟考索孟喜卦氣之說，引證兩漢文獻，可以看到龐大的卦氣思想體系，皆以孟喜爲始而出發，甚至後來《易》家的思想主張，也都深受孟喜學說的深刻影響。另外，漢代仍有一支極具影響力的易學支系，即《易緯》的易學主張，也表代與反映漢代象數易學的主要特色，特別是卦氣方面的論述，成爲現存漢代卦氣學說的最重要材料來源，因此，惠棟尤加側重，頻引補說孟氏資料之不足。然而，在思想主張先後或承繼的關係上，惠棟並不以《易緯》爲先，於資料運用的態度上，《易緯》只不是用來補正彌合孟喜卦氣學說罷了。清代學者吳翊寅著《易漢學考》二卷，以及《易漢學師承表》一卷，可以視爲惠氏復原漢《易》之學的遺緒。但是，吳氏明白的指出「卦氣之說，本於《易緯》」，「《漢書・儒林傳》稱孟喜得《易》家候陰陽災變之書，即其說（《易緯》）也，至京房從焦延壽治《易》，其說長於災變」，乃至後來《易》家之言，多有原本於《易緯》，也就是說，卦氣主張以《易緯》爲先，而孟氏則於《易緯》之後。〔註 194〕這種承繼流變關係的說法，當然仍有其商榷和討論之空間，畢竟牽涉到先後的考證問題；不過，吳氏的說法，也強調出《易緯》呈現的豐富內容，於論述漢代卦氣說中佔了極重要的主導地位，也無怪乎惠棟之大量裁引。因此，論述卦氣說絕不能遺棄《易緯》。

　　卦氣之說，始終與占驗相即不離。兩漢言《易》，不論是孟喜、焦延壽、京房，乃至《易緯》，主述卦氣，皆不離占驗之用。明乎天地盈虛，與時消息之理，求乎卦爻與氣候之相應，得趨時步吉、避凶化險之道，而「其相應之驗，猶影響之應人動作言語也，故正其本而萬物理，失之毫釐，差以千里」，

〔註 194〕見清吳翊寅《易漢學考》，卷一。引自上海：上海古籍出版社《續修四庫全書》編纂委員會編《續修四庫全書・經部・易類》，第三十九輯，據湖北省圖書館藏清光緒十九年廣雅書局刻本影印原書版，頁 21～22。

〔註 195〕是以卦候徵驗乃卦氣說務實之用，亦即求天人之道而應乎人事的具體呈現。惠氏引《周易參同契》云：

> 君子居室，順陰陽節，藏器俟時，勿違卦月。謹候日辰，審察消息，纖芥不正，悔吝爲賊。二至改度，乖錯委曲，隆冬大暑，盛夏霜雪。二分縱橫，不應漏刻，水旱相伐，風雨不節，蝗蟲湧沸，群異旁出。
> 〔註 196〕

指出卦氣之說，藉由六十四卦與歷法的結合，在於指導生民精確掌握與適時順應陰陽節令，一旦「卦氣不效，則分至寒溫皆失其度」，〔註 197〕自然的災難就無法避免了。透過卦氣說，倡言災異以進一步比附人事，即在於強調天人感應，作爲人事占驗的政治制約之法則。因此，「王者躬行道德，則卦氣理效，五徵時序，失道妄行，則卦氣悖亂，咎徵著郵」。〔註 198〕

卦候徵驗之說，《易緯》特別偏重，《通卦驗》云：

> 凡易八卦之氣，驗應各如其法度，則陰陽和，六律調，風雨時，五穀成熟，人民取昌，此聖帝明王所以致太平法。故設卦觀象，以知有亡。夫八卦繆亂，則綱紀壞敗，日月星辰失其行，陰陽不和，四時易政。八卦氣不效，則災異氣臻，八卦氣應失常。……冬至四十五日，以次周天三百六十五日，復當卦之氣。進則先時，退則後時，皆八卦之效也。夫卦之效也，皆指時卦，當應他卦氣，及至其災，各以其衝應之，此天所以示告於人者也。〔註 199〕

卦驗效應非但因災異而設說，亦可推爲政治之用，充滿譴告之色彩；聖君明主可就災異而設教，因陰陽、定消息、被仁恩、廣教化、制時宜，以收政通人和之功。緯文以八卦每卦四十五日，當三百六十日，取其概數而言。在《通卦驗》裡，從卦氣而言，以「甲子卦氣起中孚」，而「坎常以冬至日始效」，在此，八卦周則亦復冬至卦氣，以冬至日爲一年之始，也是太陽運行一周天三百六十五日的起算。〔註 200〕「先時後時」者，鄭玄注云，「卦氣進則先時，

〔註 195〕見《通卦驗》卷上，頁 535。
〔註 196〕見《易漢學》，頁 1050。
〔註 197〕見《易漢學》，頁 1050。
〔註 198〕同前註。
〔註 199〕見《通卦驗》卷下，頁 539。
〔註 200〕冬至日之夜最長，陰陽二氣往來中，陰氣最盛，盛極而衰，陽氣漸長，爲陰消陽息之始，古人以之爲一年之始。

謂見其時之前，乾炁見於冬至之分是也；退則後時，謂見於其時之後也」。根據孟喜已如前述的卦氣圖，冬至配五爵卦的復卦，合於經書所稱的「一陽來復」，象乾氣始生之時。乾氣陽，倘陽氣早於冬至日出現，即為「先時」，後於冬至日則為「後時」，二種情況皆非正常之天象，故稱卦氣不正，災變因此產生，而天亦以告示於人。八卦之效，皆指用事之卦，即《乾鑿度》所言「八卦用事」，也就是「震生物，巽散之，離長之，坤養之，兌收之，乾制之，坎藏之，艮終始之」，各卦各用其事，則生長收藏之道井然而備，若應他卦之氣，即先時或後時，則本卦之卦氣不效，各以其衝卦所直之候現其災咎，此蓋同五行相衝則剋之理。

《通卦驗》的八卦卦序與孟喜卦氣圖一致。其卦氣依五行而定白、黑、黃、青、赤五氣，其立意之所在，即《乾鑿度》所謂「易者，所以經天地、理人倫、而明王道。是故八卦以建，五氣以立，五常以之行。象法乾坤，順陰陽，以正君臣、父子、夫婦之義」。〔註201〕八卦卦氣不正，則自然不順，倫常不類，君臣職廢，王道不彰，遭引凶厄，萬物迭傷。故人君見災異叢生，則當引以為惕，依八卦用事，隨順陰陽，和暢人事，以合八卦之佳應。至於卦氣不正者，包括「氣出左」、「氣出右」、「卦氣不至」、「進則先時」與「退則後時」等五者。以乾卦為例言之，《通卦驗》原文指出：

> 乾，西北也，主立夏。人定，白炁出直乾，此正炁也。炁出右，萬物半死；炁出左，萬物傷。乾炁不至，則立夏有寒，傷禾稼，萬物多死，人民疾疫，應在其衝。乾炁見於冬至之分，則陽炁火盛，當藏不藏，蟄蟲冬行。乾為君父，為寒、為冰、為金、為玉，於是歲則立夏蚤蟄，夏至寒。乾得坎之寒，則夏雨雪水冰。乾炁退，傷萬物。〔註202〕

乾象為君、為父、為寒、為冰、為金、為玉；五行屬金而為白，故白氣直乾為正氣。乾正而氣正，偏左偏右皆非乾之正位，其位不正則卦氣不效，卦氣不效則有災咎。

惠棟引《京氏易傳》提及「賦斂不理茲謂禍，厥風絕經緯」；又言「大經在辟而易臣，茲謂陰動」，「大經搖政，茲謂不陰」。〔註203〕此即論四時不正，

〔註201〕見《乾鑿度》卷上，頁479。
〔註202〕見《通卦驗》卷下，頁539。
〔註203〕見《易漢學》，頁1065。

若臣不臣，不以臣道事君，國政必當不順。〔註204〕又引《漢書》魏相奏曰：

> 東方之卦，不可以治西方；南方之卦，不可以治北方。春興兌治則
> 饑；秋興震治則華；冬興離治則泄；夏興坎治則雹。〔註205〕

以四正之卦，象徵四方、四時，而四方、四時有其不變與不可違逆之理，禍
福全在此順逆之間。也就是說，宇宙自然，有其一定的規律與不變的法則，
一切當依循此自然的規律與法則，不可妄自行事，更不可違背天理，一旦爲
所欲爲有悖於自然理則，必將承受逆天之災。因此，上天給予的咎害，全因
人而起，所有的禍福全由人的意志與行爲而決定。

以十二消息卦當十二月，春三月則爲泰、大壯、夬；夏三月則爲乾、姤、
遯；秋三月則爲否、觀、剝；冬三月則爲坤、復、臨。《通卦驗》論其四時卦
氣不效之應：

> 春三月，候卦炁比不至，則日食無光，君失政，臣有謀，期在其衝，
> 白炁應之，期百日二旬，臣有誅者，則各降。夏三月，候卦炁不至，
> 則大風折水發屋，期百日二旬，地動，應之大風，期在其衝。多死
> 臣，黑炁應之。……秋三月，候卦炁比不至，則君私外家，中不慎
> 刑，臣不盡職，大旱而荒，期在其衝。青無炁之，期百日二旬。冬
> 三月，候卦炁比不至，則赤炁應之，期在百二十日，內有兵，日食
> 之災，期三百六旬也。三公有免者，期在其衝，則已無兵。〔註206〕

相連候卦卦氣不至，災期也應之於衝卦。一卦三十日，故應期達一百二十日。
關於二十四節氣災異譴告之說，主要表現在《通卦驗》所云，首先提到：

> 聖人仰取象於天，俯取法於地，以知陰陽精微所應。故日者，眾陽
> 之精也。天所以照四方，因以立，定二十四炁，始於冬至，終於大
> 雪，周天三百六十五日。分之一陰一陽，分之各得八十五日，有奇
> 分爲普，得九十一日有奇。四正分而成八節，節四十五日二十一分，
> 八節各三分，各得十五日七分而爲一炁也。分滿三十二爲一日，令
> 備或爲復。二十四炁，其復合於晷應，其法皆先復之二日，左同右。
> 〔註207〕

〔註204〕坎、離爲經，處方伯之位，故云「大經」。辟者，即辟卦，「大經在辟」，謂方
伯擬君，易其臣道，如此則「不陰」，即不臣。

〔註205〕見《易漢學》，頁1065。

〔註206〕見《通卦驗》卷下，頁541～542。

〔註207〕見《通卦驗》卷下，頁541～542。

此日法與孟喜的六日七分不同；孟氏一日以八十分計，此則以三十二分計，故一年三百六十五日四分之一日，分爲八節，則每節爲四十五日二十一分；八節各別爲三，則二十四氣各得十五日七分。

《通卦驗》在二十四卦氣徵驗所述，主要內容包括卦氣值卦、二十四候名、八卦卦氣出現的季節、時間與顏色、晷影的長短、各節氣中雲的名稱和形狀、卦氣進退不合其時人體感應所罹患的疾病、卦與卦之間的感應等部份。其二十四節氣同孟氏之說，以坎、離、震、兌四正卦二十四爻分主一年節氣，且四正卦分掌東南西北方位與二分二至；乾、坤、艮、巽分居西北、西南、東北、東南，以爲各氣之所出。由陰陽五行隨氣消長之故，緯文又與人體經絡氣行相繫，因此，易道至大，上及天文，下造地理，中佈百姓日用，無不彌綸其間，尤其符合中醫普遍性陰陽不合而生病痛的理論，醫學生理學亦恰易學之一環。十二經脈，分手三陰經：手太陰、手少陰、手厥陰；足三陰經：足太陰、足少陰、足厥陰；手三陽經：手太陽、手陽明、手少陽；足三陽經：足太陽、足陽明、足少陽。〔註208〕以其十二數，可應十二節氣，理路相通。關於《通卦驗》所論八卦候應之徵，以八卦候應之徵，以二十四節氣之徵驗內容內容，參考附錄一所示。〔註209〕

惠棟考索孟喜之學，並未著墨於徵驗之說，對於《通卦驗》在這方面的內容，並未采引，主要是堅守其考據實學的科學立場，排拒災異，重視務實，這一點是可以被肯定的，後學強力批評其引《易緯》陰陽災異爲說，不知理據何在，惠氏不應蒙受此一厚誣。但是，雖然災異徵驗之說，脫離學術現實，而其背後的歷史文化與學術背景的義涵，則仍值得關注。根據曆法以晷影長短定節氣，並記載雲氣在各個季節中不同的形狀與顏色，這是先民觀察自然變化的實證結果，用以指導農時的基礎，百世而不變，是一種經驗和智慧的累積，有相當的科學依據與一定程度的客觀性；至於卦氣說，則透過這些具有某種科學依據或客觀性的知識，試圖再作合理的配置，成爲一套新的理論，

〔註208〕一般中醫學的經絡說，普遍以十二經脈分成六對，每對一陰一陽互爲表裡，手太陰肺經與手陽明大腸經，手少陰心經與手太陽小腸經，手厥陰心包經與手少陽三焦經，足陽明胃經與足太陰脾經，足太陽膀胱經與足少陰腎經，足少陽膽經與足厥陰肝經六對皆互爲表裡。同時其氣血運行次序則手太陰→手陽明→足陽明→足太陰→手少陰→手太陽→足太陽→足少陰→手厥陰→手少陽→足少陽→足厥陰。

〔註209〕參考《通卦驗》卷下，頁539～541與頁543～548。

當中也不失其本有的精神。同時以《易》卦導之陰陽化生四時八氣的循環遞進，藉由各節氣的物候以徵驗，賦予災異譴告，這是漢代學說思想的重要標幟，當我們談論到漢代的學術，這是無法與不能避免的。此外，卦氣當至不至或不當至而至的情形，實際上最可能面對的現實狀況，就是曆法與真正的季節無法精確的配合，才造成節氣的早到或晚到。但是，卦氣說並不懷疑二十四爻主二十四節氣的原理上會有誤差，僅就節氣的早到或晚到賦予災異譴告的內涵，藉以感應到人體可能因季節而產生的各種疾病，所以這些疾病的種類及屬性與八卦各氣的特性有密切相關，這種掇合的關係，仍不失其建構的邏輯理路。

第二節　京房易學之述評

　　京房易學，師事於焦延壽，以善言陰陽災異占候之術而聞名，曾受寵於漢元帝而盛極一時，卻為石顯所忌，藉京氏多次上封事以卦氣陰陽災變抨擊時政，譖誣為「非謗政治，歸惡天子」，而下獄棄死於市，應驗了焦延壽所云「得我道以亡身者，必京生也」的預言結果。〔註210〕京房在孟、焦易學的基礎上，建立一套屬於其獨具特色的象數易學理論。其章句、數術之著甚豐，《漢書‧藝文志》與《隋書‧經籍志》所載多達二十八種，〔註211〕然而唐宋時期

〔註210〕關於京房的生平事蹟，參見《漢書‧京房傳》，卷七十五；《漢書‧儒林傳》，卷八十八；以及《後漢書‧律曆志》所述。內文括弧所引，見《漢書‧京房傳》，頁3167、3160。另引《漢書‧儒林傳》備參，云：「京房受《易》梁人焦延壽，延壽云嘗從孟喜問《易》。會喜死，房以為延壽《易》即孟氏學，翟牧、白生不肯，皆曰非也。至成帝時，劉向校書，考《易》說，以為諸《易》家說皆祖田何、楊叔〔元〕、丁將軍，大誼畧同，唯京氏為異，黨焦延壽獨得隱士之說，託之孟氏，不相與同。房以明災異得幸，為石顯所譖誅，自有傳。房授東海殷嘉、河東姚平、河南乘弘，皆為郎、博士。繇是《易》有京氏之學。」（見《漢書‧儒林傳》，頁3601～3602。）

〔註211〕《漢書‧藝文志》載有三種：《孟氏京房》十一篇；《災異孟氏京房》六十六篇；《京氏段嘉》十二篇。《隋書‧經籍志》載有二十五種：《周易》十卷；《周易錯》八卷；《京氏徵伐軍候》八卷；《京氏釋五星災異傳》一卷；《京氏日占圖》三卷；《風角要占》三卷；《風角雜占五音圖》十三卷；《逆刺》一卷；《方正百對》一卷；《晉災祥》一卷；《周易占事》十二卷；《周易占》十二卷；《周易妖占》十三卷；《周易守林》三卷；《周易集林》十二卷；《周易飛候》九卷；《周易飛候六日七分》八卷；《周易飛候》六卷；《周易四時候》四卷；《周易錯卦》七卷；《周易混沌》四卷；《周易委化》四卷；《周易逆刺占災異》十二卷；《占夢書》三卷。合二十八種。

幾皆亡佚，僅《宋史・藝文志》於「蓍龜類」下錄《易傳算法》一卷及《易傳》三卷，即今傳世之《京氏易傳》。〔註212〕

惠棟考索漢《易》，於《易漢學》中，分二卷專考京房之學主張，開啟京氏《易》的研究大門，也使京氏《易》日受關注。其考述內容，主要可歸納爲：八卦六位說、八宮卦次說、占筮說、建月建候與積算法，以及卦爻之飛伏與貴賤說等幾個方面來討論。

一、八卦六位說

（一）八卦六位圖

干支五行相配之說，源起甚早，早在春秋時期，四時配五行，已見其雛型，《左傳・昭公元年》所謂「分爲四時，序爲五節」之說，可以爲證。《管子・五行》即以天干、五行配四時，冬至起，甲子配木，歷七十二日後爲夏令開始之時，丙子配火，又歷七十二日夏事畢而爲戊子配土爲夏秋之際，又歷七十二日而入秋令，庚子配金，歷七十二日而秋事畢，並入壬子配水，屬冬藏歲令。〔註213〕兩漢時期，以陰陽五行配於干支歷律中者，已是鼎盛沸然

〔註212〕今傳《京氏易傳》有陸績作注，又有徐昂《京氏易傳箋》，詳加箋釋，考辨文字。除此傳本外，清代於輯佚風氣鼎盛之際，亦有彙輯京房之《易》注佚文，輯本包括如張惠言《易義別錄》中輯《周易京氏章句》一卷；孫堂《漢魏二十一家易注》輯《京房周易章句》一卷；馬國翰《玉函山房輯佚書》輯《周易京氏章句》一卷；黃奭《漢學堂經解》輯《京房易章句》一卷；王仁俊《玉函山房輯佚書續編》輯《周易京氏章句》一卷；以及王保訓《京氏易》八卷中，首卷爲《周易章句》等等。

〔註213〕《管子・五行》云：「日至，睹甲子木行御。……然則冰解而凍釋，草木區萌。贖蟄蟲卵菱，春辟勿時，苗足本，不癘雛鷇，不夭麑麋。……睹丙子火行御。……然則天無疾風，草木發奮，鬱氣息，民不疾而榮華蕃。……睹戊子土行御。……然則天爲粵宛，草木養長，五穀蕃實秀大，六畜犧牲具。……睹庚子金行御。……然則晝炙陽，夕下露，地競環，五穀鄰熟，草木茂實，歲農豐年而大茂。……睹壬子水行御。……然則羽卵者不殰，毛胎者不贖，臞婦不銷棄，草木根本美。」（引自《諸子集成》本，戴望《管子校正》，北京：中華書局，1954年12月第1版，1996年2月北京第9刷，頁242～243。）年分五等，配以五行，此種說法，《淮南子・天文訓》中也有記載：「壬午冬至，甲子受制，木用事，火煙青。七十二日丙子受制，火用事，火煙赤。七十二日庚子受制，金用事，火煙白。七十二日壬子受制，水用事，火煙黑。七十二日而歲終，庚子受制。」（引自劉文典《淮南鴻烈集解》，北京：中華書局，1989年5月第1版，1997年1月北京第2刷，頁105。）又將五色納入相配。

之況，《淮南子‧時則訓》、《呂氏春秋》，以及《禮記‧月令》都已論述極為詳備，尤其已將月份納入配用，諸如《淮南子‧時則訓》提到：

孟春之月，……其位東方，其日甲乙。盛德在木。

仲春之月，……其位東方，其日甲乙。

季春之月，……其位東方，其日甲乙。

孟夏之月，……其位南方，其日丙丁。盛德在火。

仲夏之月，……其位南方，其日丙丁。

季夏之月，……其位中央，其日戊己。盛德在土。

孟秋之月，……其位西方，其日庚辛。盛德在金。

仲秋之月，……其位西方，其日庚辛。

季秋之月，……其位西方，其日庚辛。

孟冬之月，……其位北方，其日壬癸。盛德在水。

仲冬之月，……其位北方，其日壬癸。

季冬之月，……其位北方，其日壬癸。

以五行配十二月、方位與天干；其中土德專主季夏一月，比重不均，乃發展出後來的「王土四季」之說，即為春、夏、秋、冬四季之季末配土，解決了其中的紛歧。〔註214〕此種普遍的學術氛圍，運用在易學的詮釋中，雖然以干

〔註214〕見《淮南子‧時則訓》，卷五。引自劉文典《淮南鴻烈集解》，頁 159～183。除了月配方位、五行、天干之外，尚配五音與十二呂律，在此略而不予贅敘。特別要提的是，《淮南子‧時則訓》四時中，特以夏季配五行中的火、土二元，即孟夏配火，季夏配土，此即「土王季夏」之說。此外，《淮南子‧天文訓》也提出「東方木也」，「其日甲乙」；「南方火也」，「其日丙丁」；「中央土也」，「其日戊己」；「西方金也」，「其日庚辛」；「北方水也」，「其日壬癸」。以木、火、金、水四行各治一季，而土行則是「制四方」，排除了將土統四時之配當。對此，董仲舒《春秋繁露‧五行對》進一步解釋云：「水為冬，金為秋，土為季夏，火為夏，木為春。……土者火之子也，五行莫貴於土，土之於四時無所命者，不與火分功名。」雖然賦予土以「五行莫貴於土」的崇高地位，卻也只能處於「土者火之子也」的處境。不過，也因土行的地位不斷的提高，進而發展出將春、夏、秋、冬四季的各季之末月配土之法，此即「土王四季」說。所以《淮南子‧天文訓》云：「甲乙寅卯木也，丙丁巳午火也，戊己四季土也，庚申辛酉金也，壬癸亥子水也。」以月配十二辰，寅為孟春，卯為仲春，辰為季春，巳為孟夏，午為仲夏，未為季夏，申為孟秋，酉為仲秋，戌為季秋，亥為孟冬，子為仲冬，丑為季冬；四季辰、戌、丑、未皆土，而十干戊己配土，故〈天文訓〉說「戊己四季土也」。如此一來，五行中土行共配四個月，而其它四行則各僅配二個月，土行過重，有失比例，因此，又回到五行每行七十二日，只不過土行的七十二日是分布在四季的後十八日，四個十八日，則為七十八日。此

支配卦，在兩漢時期，已成通說，而較完整的納甲、納支之說則以京房爲先。

京房易學，提倡納甲、納支與五行配卦爻之說。將十天干與八卦相配，十二地支與五行全部納入八正卦的各爻之中。因此，惠棟考索京氏《易》，並引唐代占星家李淳風之說加以論述，而制「八卦六位圖」之說，其內容轉以表列如下：〔註215〕

圖表 2-2-1　八卦六位圖

	乾 ☰ 金	坤 ☷ 土	震 ☳ 木	巽 ☴ 木	坎 ☵ 水	離 ☲ 火	艮 ☶ 土	兌 ☱ 金
上爻	壬戌土	癸酉金	庚戌土	辛卯木	戊子水	己巳火	丙寅木	丁未土
五爻	壬申金	癸亥水	庚申金	辛巳火	戊戌土	己未土	丙子水	丁酉金
四爻	壬午火	癸丑土	庚午火	辛未土	戊申金	己酉金	丙戌土	丁亥水
三爻	甲辰土	乙卯木	庚辰土	辛酉金	戊午火	己亥水	丙申金	丁丑土
二爻	甲寅木	乙巳火	庚寅木	辛亥水	戊辰土	己丑土	丙午火	丁卯木
初爻	甲子水	乙未土	庚子水	辛丑土	戊寅木	己卯木	丙辰土	丁巳火
惠棟考引李淳風述其內容大要	主甲子、壬午。甲爲陽日之始，壬爲陽日之終。子爲陽辰始，午爲陽辰終。初爻在子，四爻在午。	主乙未、癸丑。乙爲陰日始，癸爲陰日終，丑爲陰辰始，未爲陰辰終。內主未，外主丑。	主庚子、庚午。	主辛丑、辛未。	主戊寅、戊申。	主己卯、己酉。	主丙辰、丙戌。	主丁巳、丁亥。

種配法，保留了「土制四方」與「五行莫貴於土」的基本思想，並使五行與四時的配當趨於整齊，「土王四季」的觀念得以確立，一直沿用至後世。不過，此種配法，仍存有其實際上的矛盾，即水、火、木、金四行各配以二支，而土行配以四支；由於一個月三十日，可以取其十分之六（十八日）來配五行之土，但一個支卻不能分割而取其分數來與五行相配，從而導致一個季月可取其十分之六的日數配土，而該月之支名卻得全部配土的矛盾現象。此外，在方位上，戊、己二干配土，卻配方位於中央，辰、戌、丑、未四支配土，卻不配方位於中央，而是配方位於周邊，此也是難以改變的矛盾事實。爲了解決此一矛盾，〈天文訓〉則以「子午卯酉爲二繩，丑寅辰巳未申戌亥爲四鈎」，明確地以支名論周邊十二方位，雖不盡理想，也大致解決其間的紛歧。

〔註215〕見《易漢學》，卷四，〈京君明易上〉，頁 1137～1139。圖表 2-2-1「八卦六位圖」之圖式格式參考李開《惠棟評傳》頁 211 之圖式。

　　惠棟引元代易學家胡一桂言,「京氏云:降五行,領六位,即納甲之法」,故上圖除去五行,即可得爲「八卦納甲圖」。〔註216〕京氏「八卦六位圖」,納甲納支之說,與世傳占卦之書《火珠林》相近,〔註217〕並爲術家所沿用。

　　京房的八卦六位之說,已能完整的體現納甲納支實際情形與內在原理,而是否爲京房首創,且京房之前干支配卦之法是否已前行呢?根據惠棟所考,引《抱朴子》、《禮記》之說:

> 《抱朴子》曰:案《玉策記》及《開名經》,皆以五音六屬知人年命之所在。子午屬庚,_{震初爻庚子庚午。}丑未屬辛,_{巽初爻,辛丑辛未。}寅申屬戊,_{坎初爻,戊寅戊申。}卯酉屬己,_{離初爻,己卯己酉。}辰戌屬丙,_{艮初爻,丙辰丙戌。}巳亥屬丁。_{兌初爻,丁巳丁亥。}《禮記‧月令正義》引《易林》云:_{今《易林》無之。}震主庚子午,巽主辛丑未,坎主戊寅申,離主己卯酉,艮主丙辰戌,兌主丁巳亥。案《玉策記》、《開名經》,皆周秦時書,京氏之說,本之焦氏,焦氏又得之周秦以來先師之所傳,不始于漢也。〔註218〕

《玉策記》與《開名經》所論,與京房之說不同,而二書爲周秦舊書,今已不復載世;京房之學本於焦廷壽,而焦氏又得之於周秦之傳,但至京房,其學明顯與前二書有異,故京房所本,亦不在二書,而可以肯定的是有關的納甲納支思想,並不始於漢,在先秦時期已當極爲盛行。不過,惠棟此處也引《易林》之說,其配法與京房完全相同,惟此《易林》之說,卻不見於今本《焦氏易林》,而此《易林》又是否爲《焦氏易林》,也難決定論,畢竟東漢以後《易林》叢出,考定有其不可避免的難處。《易林》既與京氏之說同,則與京氏同源,或屬周秦舊書所原有者。

(二)納　甲

　　京房納甲法的本質,在於將西漢時期盛行的陰陽五行、干支之說,納入

〔註216〕惠棟引胡一桂之言,見於《四庫全書》本《易漢學》;今《皇清經解續編》本並無此言,僅云「《火珠林》即納甲法也」(見《易漢學》,卷四,頁1139。),似乎肯定京氏此說即《火珠林》納甲法。

〔註217〕陳振孫《直齋書錄解題》認爲「《火珠林》一卷,無名氏。今賣者擲錢占卦,盡用此書」。南宋易學家張行成《元包數義》云「《火珠林》之用,祖於京房」。《朱子語類》也認爲「《火珠林》猶是漢人遺法」。是先儒皆認爲《火珠林》本於京氏納甲之法。

〔註218〕見《易漢學》,頁1140。括號內文爲惠棟所注。

《易》卦系統中，即以十天干配八卦，甲爲十干之首，以甲代表十天干，故簡稱爲納甲。《淮南子·天文訓》提到，「凡日，甲剛乙柔，丙剛丁柔，以至于癸」，〔註219〕將十天干作陰陽剛柔之區分，甲、丙、戊、庚、壬爲五陽干，乙、丁、己、辛、癸爲五陰干；此一區分，同《繫辭傳》所言「天一、地二、天三、地四、天五、地六、天七、地八、天九、地十。天數五，地數五，五位相得而各有合」之說，將數的奇偶分開，奇爲陽，偶爲陰。《繫辭傳》以「陽卦多陰，陰卦多陽」的原則，分別陰陽卦性，並根據《說卦傳》所言乾坤父母卦、生六子之說，〔註220〕合八卦而有陰陽之分，乾、震、坎、艮爲陽卦，坤、巽、離、兌爲陰卦。由此，京房以陽干配陽卦，以陰干配陰卦。《京氏易傳》云：

> 分天地乾坤之象，益之以甲乙壬癸。震巽之象配庚辛，坎離之象配戊己，艮兌之象配丙丁。八卦分陰陽，六位配五行，光明四通，變易立節。天地若不變易，不能通氣。〔註221〕

也就是說，乾納甲壬，坤納乙癸，震納庚，巽納辛，坎納戊，離納己，艮納丙，兌納丁。所以惠棟引宋代項安世之言云：

> 陽卦納陽干陽支，陰卦納陰干陰支，陽六干皆進，陰六干皆退，惟乾納二陽，坤納二陰，包括首尾，則天地父母之道也。〔註222〕

十天干中，甲爲陽之始，壬爲陽之終；乙爲陰之始，癸爲陰之終。乾坤以卦的形式，體現了陰陽之根本，甲壬、乙癸以數的形式體現了陰陽之終始。故京房以乾納甲壬，坤納乙癸，其餘六干依次配六子，如此一來，既合乎陰陽終始之義，也解決了十天干與八卦相配在數字上的不等。京房以天干配八卦，其表徵體現了陰陽的相配與相符，其進一步地的目的，在於建構一個具有客觀性而且可操作的易學系統，希望能將干支五行有系統地引入其八宮卦體系中。在他的觀念中，認爲干支五行能夠具體地呈顯對事物的解釋和對吉凶的

〔註219〕見《淮南子·天文訓》，卷三，頁 121。

〔註220〕見《說卦傳》云：「乾，天也，故稱乎父；坤，地也，故稱乎母；震一索而得男，故謂之長男；巽一索而得女，故謂之長女；坎再索而得男，故謂之中男；離再索而得女，故謂之中女；艮三索而得男，故謂之少男；兌三索而得女，故謂之少女。」

〔註221〕見《京氏易傳》，卷下。引自郭彧《京氏易傳導讀》，山東：齊魯書社，2002年 10 月第 1 版第 1 刷，頁 133。後《京氏易傳》引文，皆本於此，不再重複贅注，僅標明頁碼。

〔註222〕見《易漢學》，頁 1141。

推測，倘能將之納入易學的體系中，更能表現宇宙的一切變化之道。

　　先秦時期五行配四時、方位與乃干支，已是普遍的現象，而以甲乙屬東春木，丙丁屬南方夏火，庚辛屬西方秋金，壬癸屬北方冬水，爲一般共同的認識。這樣的普遍認識，也被《說卦傳》配卦而採用之，其「帝出乎震」的說法，立震東、離南、兌西、坎北而配春、夏、秋、冬與木、火、金、水，〔註223〕將四時、四方與五行納於卦中，而尚未以干支相配，尤其周秦以前如《月令》的天干配位：甲乙配東、丙丁配南、庚辛配西、壬癸配北；未加配用。發展到了京房的納甲，並未順應《月令》的說法，〔註224〕京房以東方之甲與北方之壬配乾，並不符合乾卦方位的普遍認識。〔註225〕其它的卦配，也是同樣的道理。因此，在納干的主張上，京房並未呼應傳統的說法，而另製一套屬於自己用於占筮解釋的說法，其目的在於便於災異、占筮的詮解，配卦後無法全面的考量與傳統相應合。所以京房這時期的這套說法，是一種新的創制。

（三）納　支

　　京房除了以八卦納甲外，又提出納支之說，以其「八卦分陰陽，六位配五行」之原則；干分陰陽而配於各陽卦與陰卦之中，爻也是如此，十二地支分陰陽而分置於各陰陽卦的各六爻之中。十二地支陰陽之分，六陽支爲子、寅、辰、午、申、戌，六陰支爲丑、卯、巳、未、酉、亥。以六陽支配乾、震、坎、艮四陽卦，以六陰支配坤、巽、離、兌四陰卦。具體的配法爲：乾卦從初爻至上爻分別配納子、寅、辰、午、申、戌。震卦從初爻至上爻分別配納子、寅、辰、午、申、戌；此同於乾卦，因震爲乾之長子，故同於父卦。

〔註223〕參見《說卦傳》云：「帝出乎震，齊乎巽，相見乎離，至役乎坤，說言乎兌，戰乎乾，勞乎坎，成言乎艮。萬物出乎震，震，東方也。齊乎巽，巽，東南也；齊也者，言萬物之絜齊也。離也者，明也，萬物皆相見，南方之卦也；聖人南面而聽天下，向明而治，蓋取諸此也。坤也者，地也，萬物皆致養焉，故曰至役乎坤。兌，正秋也，萬物之所說也，故曰說乎兌。戰乎乾，乾，西北之卦也，言陰陽相薄也。坎者，水也，正北方之卦也，勞卦也，萬物之所歸也，故曰勞乎坎。艮，東北之卦也，萬物之所成終，而所成始也，故曰成言乎艮。」此即後人所言之文王後天八卦方位說。

〔註224〕《月令》以甲乙配東、丙丁配南、庚辛配西、壬癸配北，若順應其說，則震位東方，自然就配甲乙，離也就配丙丁、兌配庚辛、坎配壬癸。然而京房並不以此爲配。

〔註225〕乾卦的方位，在文王（後天）八卦方位中，屬西北方，以《月令》之說，則不出西方之庚辛或北方之壬癸；而在《說卦傳》「天地定位」說下的方位（先天八卦方位），乾卦爲正南，則配丙丁。但是京房的納甲，卻以乾卦配甲壬。

坎卦六爻從初爻至上爻分別配納寅、辰、午、申、戌、子。艮卦從初爻至上爻分別配納辰、午、申、戌、子、寅。坤卦從初爻至上爻分別配納未、巳、卯、丑、亥、酉；坤之所以不從「丑」始，不取丑、卯、巳、未、酉、亥的順序，《京氏易傳》卷下云：「陰從午，陽從子，子午分行，子左行，午右行。」此即根據十二消息卦而立說，子爲十一月復卦一陽生，「陽從子」，即陽生始於子；午爲五月姤卦一陰生，「陰從午」即陰生始於午；所謂「子午分行」，即六陽支以子、寅、辰、午、申、戌之序，六陰支以未（午屬陽支，故取午之後的陰支「未」開始）、巳、卯、丑、亥、酉爲序；陽支與陰支順序正相反，故稱爲「分行」。巽卦六爻初爻至上爻分別配納丑、亥、酉、未、巳、卯。離卦六爻初爻至上爻分別配納卯、丑、亥、酉、未、巳。兌卦六爻初爻至上爻分別配納巳、卯、丑、亥、酉、未。有關的配置原則，惠棟除了前述引項安世「陽六干皆進，陰六干皆退」的原則外，也引朱震與沈括之言：

> 朱子發曰：乾交坤而生震、坎、艮，故自子順行。震自子至戌六位，長子代父也；坎自寅至子六位，中男也，艮自辰至寅六位，少男也。坤交乾而生巽、離、兌，故自丑逆行。巽自丑至卯六位，配長男；離自卯至巳六位，配中男也；兌自巳至未六位，配少男也；女，從入者也，故其位不起于未，《易》於乾卦言大明終始，六位時成，則七卦可以類推。沈存中曰：震納子午，順傳寅申，陽道順；巽納丑未，逆傳卯酉，陰道逆。〔註226〕

朱、沈之言，未盡詳備，「案沈氏又以震巽納庚辛，從下而上，與胎育之理同，其說非也」。《易緯·乾鑿度》云，「易氣從下生，兼乾坤言之也，何獨六子耶」，所以，「陽左行，故順，陰右行，故逆，爻辰亦然」，〔註227〕此方爲京房之說

〔註226〕見《易漢學》，頁 1140～1141。

〔註227〕括弧引文見《易漢學》，頁 1141。宋代沈括言納甲之詳文，見其《夢溪筆談·象數一》云：「易有納甲之法，未知起於何時。予嘗考之，可以推見天地胎育之理。乾納甲壬，坤納乙癸者，上下包之也。震巽坎離艮兌納庚辛戊己丙丁者，六子生於乾坤之包中，如物之處胎甲者。左三剛爻，乾之氣也；右三柔爻，坤之氣也。乾之初爻交于坤生震，故震之初爻納子午，中爻交于坤生坎，初爻納寅申，上爻交于坤生艮，初爻納辰戌。坤之初爻交于乾生巽，故巽之初爻納丑未，中爻交于乾生離，初爻納卯酉，上爻交于乾生兌，初爻納巳亥。乾坤始於甲乙，則長男、長女乃其次，宜納丙丁；少男、少女居其末，宜納庚辛。今乃反此者，卦必自下生，先初爻，次中爻，末乃至上爻。此易之叙，然亦胎育之理也。物之處胎甲，莫不倒生，自下而生者。卦之叙而冥合造化胎育之理，此至理合自然者也。」（見沈括《夢溪筆談》卷七，臺北：臺灣商務印書館，1956

的最基本的配置原理。

　　以十二消息卦推立納支之法，其準據又可推至《史記‧律書》所言「十一月也，律中黃鍾。黃鍾者，陽氣踵黃泉而出也，其於十二子爲子」等十二呂律配支之法，神聖而定型化的歷律，成爲推定運用的對象。〔註228〕十二呂律之說，前述孟喜的章節中已有論及。因此，京房「八卦六位」之說，除了可以反映當時有關思想的普遍性外，也同時可以看出其說與孟喜主張的聯繫和關係。《史記》之說，推出十二律與十二月的對應關係：

圖表 2-2-2　十二建月呂律配置表

十一月	十二月	正月	二月	三月	四月	五月	六月	七月	八月	九月	十月
建子	建丑	建寅	建卯	建辰	建巳	建午	建未	建申	建酉	建戌	建亥
黃鍾	大呂	泰簇	夾鍾	姑洗	仲呂	蕤賓	林鍾	夷則	南呂	無射	應鍾

　　《後漢書‧律歷志》記載京房之說，云：

　　夫十二律之變於六十，猶八卦之變至於六十四也。宓羲作《易》，紀陽氣之初，以爲律法。建日冬至之聲，以黃鍾爲宮，太簇爲商，姑洗爲角，林鍾爲徵，南呂爲羽，應鍾爲變宮，蕤賓爲變徵。此聲氣

〔註228〕　十二呂律配支之法，見《史記‧律書》云：「十月也，律中應鍾。應鍾者，陽氣之應，不用事也。其於十二子爲亥。亥者，該也。廣莫風居北方。廣莫者，言陽氣在下，陰莫陽廣大也，故曰廣莫。……十一月也，律中黃鍾。黃鍾者，陽氣踵黃泉而出也。其於十二子爲子。子者，滋也。……十二月也，律中大呂。大呂者，其於十二子爲丑。丑者，紐也。……正月也，律中泰簇。泰簇者，言萬物簇生也，故曰泰簇。其於十二子爲寅。寅言萬物始生蚓然也。……二月也，律中夾鍾。夾鍾者，言陰陽相夾廁也。其於十二子爲卯。卯之爲言茂也。……三月也，律中姑洗。姑洗者，言萬物洗生。其於十二子爲辰。辰者，言萬物之蜄也。……四月也，律中中呂。中呂者，言萬物盡旅而西行也。其於十二子爲巳。巳者，言陽氣之已盡也。……五月也，律中蕤賓。蕤賓者，言陰氣幼少，故曰蕤；痿陽不用事，故曰賓。景風居南方。景者，言陽氣道竟，故曰景風。其於十二子爲午。午者，陰陽交，故曰午。……六月也，律中林鍾。林鍾者，言萬物就死氣林林然。其於十二子爲未。未者，言萬物皆成，有滋味也。……七月也，律中夷則。夷則，言陰氣之賊萬物也。其於十二子爲申。申者，言陰用事，申賊萬物，故曰申。……八月也，律中南呂。南呂者，言陽氣之旅入藏也。其於十二子爲酉。酉者，萬物之老也，故曰酉。……九月也，律中無射。無射者，陰氣盛用事，陽氣無餘也，故曰無射。其於十二子爲戌。戌者，言萬物盡滅，故曰戌。」（見《史記‧律書第三》，卷二十五，頁 1243～1248。）

　　年 4 月臺初版，頁 51。）沈氏藉八卦納十天干而云天地胎育之理。

之元，五音之正也。〔註229〕

又云：

> 以六十律分期之日，黃鍾自冬至始，及冬至而復，陰陽寒燠風雨之
> 占生焉。〔註230〕

冬至所在之月或建子之月，為一年之始，而十二律以黃鍾為首，黃鍾又自冬至始，故黃鍾當乾之初九。

依據生律之法，以十二支位言，即隔八生律法。隔八生律法，乃律起於黃鍾子位當乾初九之爻，再從子位起算，歷子、丑、寅、卯、辰、巳、午、未八位，此時律中林鍾未位，當坤初六爻，於時為六月。又從未位起算，歷未、申、酉、戌、亥、子、丑、寅八位，此時律中泰簇寅位，當乾九二爻，時為正月。如此隔八相生，得出全部十二個律及其支位和對應的爻位。黃鍾、太簇、姑洗、蕤賓、夷則與無射等六陽律（六律），對應子位乾初九、寅位乾九二、辰位乾九三、午位乾九四、申位乾九五、戌位乾上九。六陰律（六呂）之生，則由坤初六爻起於未，律中林鍾，時為六月開始。因坤為陰卦，按天左旋，地右動的原則，應該右旋，即與六陽律相反方向運轉；由未起，歷午、巳、辰、卯、寅、丑、子等八位，得黃鍾律在子位乾初九，再右轉歷子、亥、戌、酉、申、未、午、巳，在巳位得坤六二爻，應得仲呂律。如此推出林鍾、仲呂、夾鍾、大呂、應鍾、南呂六呂，各對應於未為坤初爻、巳位坤六二、卯位坤六三、丑位坤六四、亥位坤六五、酉位坤上六。

乾坤以外六卦各爻配支的法則，按律歷之相配，十一月和五月為子午，陽支配陽卦各爻，故配長男震。各爻按陽支順序，即初爻子，二爻寅，三爻辰，四爻午，五爻申，六爻戌，即與乾卦同。十二月和六月為丑未，陰支配陰卦，故長女巽卦當之，以初爻納丑，依「天左旋，地右動」的原則，因而巽卦九二爻納亥，而非納卯；其餘則九三納酉，六四納未，九五納巳，上九納卯，體現陰爻之變以右行。正月與七月當寅和申，又納於陽卦，由中男坎卦配之；各爻由下至上納，分別為寅、辰、午、申、戌、子。二月與八月為卯和酉，以中女離卦配之；各爻由下至上納，分別為卯、丑、亥、酉、未、巳。三月與九月，當辰和戌，以少男艮卦配之，初至上爻分別納辰、午、申、戌、子、寅。四月與十月，為巳和亥，以少女兌卦配之，初至上爻分別納巳、

〔註229〕見《後漢書·律曆上》，頁3000。
〔註230〕同上注。

卯、丑、亥、酉、未。〔註231〕

　　京房建構的這般卦爻配干支的理論，惠棟引李淳風對八卦六位圖作了簡要之概括與説明：

　　　　乾主甲子壬午；甲爲陽日之始，壬爲陽日之終，子爲陽辰之始，午爲陽辰之終。初爻在子，四爻在午，乾主陽，内子爲始，外午爲終也。

　　　　坤主乙未癸丑；乙爲陰之始，癸爲陰之終，丑爲陰辰之始，未爲陰辰之終。坤初爻在未，四爻在丑；坤主陰，故内主未而外主丑也。

　　　　震主庚子庚午。震爲長男，即乾之初九，甲對於庚，故震主庚，以父授子，故主子午，與父同也。

　　　　巽主辛丑辛未。巽爲長女，即坤之初六，乙與辛對，故巽主辛，以母授女，故主丑未，同於母也。

　　　　坎主戊寅戊申。坎爲中男，故主于中辰。

　　　　離主己卯己酉。離爲中女，故亦主于中辰。

　　　　艮主丙辰丙戌。艮爲少男，乾上爻主壬對丙，用丙辰丙戌，是第五配。

　　　　兑主丁巳丁亥。兑爲少女，坤上爻主癸對丁，用丁巳丁亥，乃第六配。〔註232〕

以乾坤生六子之説，簡要説明京房納甲納支之內容，賦予卦爻配支的合理論述。

　　今依前述納支之法，單取乾坤二卦的六爻配十二地支，圖示如下：

圖表 2-2-3　乾坤十二爻納支表

十一月	十二月	正月	二月	三月	四月	五月	六月	七月	八月	九月	十月
子	丑	寅	卯	辰	巳	午	未	申	酉	戌	亥
乾 初九	坤 六四	乾 九二	坤 六三	乾 九三	坤 六二	乾 九四	坤 初六	乾 九五	坤 六上	乾 上九	坤 六五

　　倘將此表改以圓圖周圍，明顯地就成爲一幅「爻辰圖」，並可進一步解釋：乾一陽生於子，順行，二陽寅，三陽在辰，四陽在午，五陽在申，六陽在戌；坤一陰生於未，逆行，二陰在巳，三陰在卯，四陰在丑，五陰在亥，六陰在酉。這樣的圖式結果與宋代朱震《漢上易傳》卦圖所列的《十二律相生圖》

〔註231〕有關內容可參照前述八卦六位説之圖式內容。
〔註232〕見《易漢學》，1137～1140。

乾坤爻辰相同。〔註 233〕清代學者張惠言《易緯略義》所列「乾坤納辰圖」亦
與之相同：〔註 234〕

圖表 2-2-4　朱震十二律相生圖

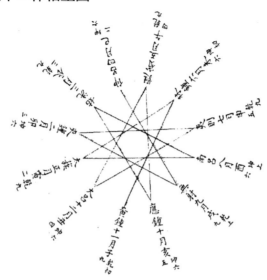

圖表 2-2-5　張惠言乾坤納辰圖

〔註 233〕見《漢上易傳・卦圖》，卷中。引自臺北：臺灣商務印書館《景印文淵閣四庫
　　　　　全書》本，第十一冊，頁 331。
〔註 234〕見張惠言《易緯略義》，卷一。引自上海古籍出版社《續修四庫全書・經部・
　　　　　易類》，第四十冊，頁 547。

事實上，可以看到《易緯‧乾鑿度》中「天道左旋，地道右遷，二卦十二爻而期一歲」〔註235〕的貞辰之法，乃至於鄭玄的「十二爻辰圖」，或皆源於京房。鄭玄的「十二爻辰圖」雖有源於《易緯》，甚至京房易學，然其爻位所配，與《易緯》或本文所述京房在乾坤二卦十二爻的爻位配支上，仍有不同，其不同之處，在於坤一陰生於未之後，其旋轉方向仍爲與乾卦同的右旋，因此坤卦爻配得：初六在未，六二在酉，六三在亥，六四在丑，六五在卯，上六在巳。鄭玄爻辰之法，或本於京房之說而爲變異，其中乾卦六爻配子、寅、辰、午、申、戌等六地支與京房同，而坤卦初爻至上爻則如前述，與京房在次序上就左旋或右遷上的差異。不過，在此可以清晰地看出，建構的基本模式相同，而彼此可能的源流關係也就可明白的推出，因此，惠棟當肯定鄭玄之說與《乾鑿度》關係密切，與《周禮》與「十二律相生圖」的原理同出時，再仔細端詳京房此「八卦六位」之說，更可察知彼此的關係。〔註236〕

雖然今日京房傳世《易》著，已不見完整，但從綴輯下來的《京氏易傳》中，仍能看到普遍採用納甲納支之法以釋卦，諸如：

其一、釋乾卦時云「肖乾乾夕惕之憂，甲壬配外內二象」，以及「五星從位起鎮星，參宿從位起壬戌」。〔註237〕以乾爲天地之首，分甲壬入乾位。土星入西方，麗於西北，於參宿時居壬戌爲伏位，亦即乾卦上九世爻納壬戌而世居宗廟。

其二、釋震卦時云「五星從位起歲星，角宿從位降庚戌土」，〔註238〕指歲星入卦，於角宿時庚戌入震用事，以上六世爻納庚納戌納土位而爲元首。

其三、釋坎卦時云「五星從位起太白，牛宿從位降戊子」，〔註239〕即指

〔註235〕見《乾鑿度》，卷下，頁 489。本文所云《易緯》，所涵蓋的資料，包括《乾坤鑿度》、《乾鑿度》、《稽覽圖》、《辨終備》、《通卦驗》、《乾元序制記》、《是類謀》，以及《坤靈圖》等八種，以日本京都市，於 1998 年影印自武英殿聚珍版本《古經解彙函‧易緯八種》作爲本文引用之版本。本文後引原文，皆本於此，故後述引文，不再詳註。
〔註236〕有關內容見《易漢學》，卷六，論述「鄭氏周易爻辰圖」的部份。有關鄭玄之說，將於後面章節中詳述。
〔註237〕見《京氏易傳》，卷上，頁65。「鎮星」即「土星」。
〔註238〕見《京氏易傳》，卷上，頁73。此「歲星」，陸績注爲「水星入卦用事」，《四庫全書》本「水星」則作「木星」。
〔註239〕見《京氏易傳》，卷上，頁81。「太白」即太白金星。

太白金星入水宮，坎卦上六世爻納戊納子納水。

其四、釋離卦時云「五星從位起歲星，室宿從位降己巳火」，〔註240〕即指離卦上九世爻納己納巳納火。

其五、釋兌卦時云「五星從位起太白，參宿從位降丁未土」，〔註241〕即指兌卦上九世爻納丁納未納土。

其六、釋遯卦時云「五星從位起太陰，鬼宿入位降丙午」，〔註242〕遯卦內艮外乾，內艮初、二、三爻各納丙辰、丙午、丙申，外乾四、五、六爻各納壬午、壬申、壬戌，所以丙午是遯卦之六二爻。

其七、釋泰卦時云「五星從位起鎮星，軫宿從位降甲辰」，〔註243〕甲辰原為乾卦九三爻，而泰卦之內卦為乾，故泰卦世爻為甲辰。

京房納甲納支之說，為其釋卦常用的方法，任取一卦，視其內外卦之純卦，各爻之干支可由八卦納甲圖求得，從而進行對事物的解釋與占測。其法也為後人所慣用，惠棟特別舉干寶納甲之法以論證之。惠棟云：

> 《易》乾九四，或躍在淵。干寶曰：躍者，暫起之言，既不安於地而未能飛於天也。四以初為應，謂初九甲子，龍之所由升也。〔註244〕

干寶之釋文，「躍者，暫起之言」句前尚有「陽氣在四，二月之時，自大壯來也。四，虛中也」文，惠未引；又「謂初九甲子」句前，惠引缺「淵，」字。此惠棟引文之小失。〔註245〕干寶以陽息至四，時當二月，體大壯，故「自大壯來」。四爻上不在天，下不在地，又不如三去地近而有人道，故中又不在人，因此為「虛中」。大壯四在震，震為足為動，有躍起之動象，而因上不在天，下不在地，故「既不安於地而未能飛於天也」。四與初應，所以「淵，謂初九甲子」；子在淵，淵又為水，為「龍之所由升也」。此釋卦之干支配位，確與京房同。惠棟又引：

> 坤上六，龍戰于野，其血元黃。干寶曰：陰在上六，十月之時也，爻終於酉，坤上六，癸酉金。而卦成於乾，卦本乾也，陰消成坤。乾體純剛，不堪

〔註240〕見《京氏易傳》，卷中，頁115。
〔註241〕見《京氏易傳》，卷中，頁124。
〔註242〕見《京氏易傳》，卷上，頁68。原文為「鬼宿入位降丙辰」，郭彧校訂「辰」當作「午」。
〔註243〕見《京氏易傳》，卷中，頁102。
〔註244〕見《易漢學》，卷四，頁1142。
〔註245〕全文見李鼎祚《周易集解》，卷一，頁2。

陰盛，故曰龍戰。戌亥，乾之都也，故稱龍焉。〔註246〕

剝盡成坤，是「陰在上六」而爲「十月之時」，又（惠注）坤上六納癸酉金，所以「爻終於酉」。「而卦成於乾」者，即陰消乾至上，始成坤，惠注「卦本乾也，陰消成坤」爲呼應干氏之說，爲是；陳壽熊《讀易漢學私記》指惠氏「不察其上下文」，「謬悠之甚」，委實厚誣。〔註247〕乾本是純剛之體，不堪陰盛來消，陰陽相薄，故「龍戰」。《乾鑿度》有所謂「乾位在十月而漸九月，居乎戌亥之閒」，即干云「戌亥，乾之都也」。又上六在亥，同爲乾之都，「故稱龍焉」。干氏此釋卦之法，又與京房同。惠棟又引：

> 蒙初六，發蒙，利用刑人。干寶曰：初六戊寅，坎初六，戊寅木。平明
> 之時，天光始照，故曰發蒙。坎爲法律，寅爲貞，廉以貞用刑，故
> 利用刑人矣。〔註248〕

惠棟引干寶之注文，實非初六爻辭「發蒙，利用刑人」之注，當爲初六《象傳》「利用刑人，以正法也」之注；〔註249〕「故曰發蒙」句之後接「此成王始覺周公至誠之象也」句，惠氏短引。此皆惠氏引文之小失。蒙內體爲坎，坎初六納戊寅木，所以云「初六戊寅」。《說文》段注寅爲「東方之神」，而日出於東，即日出寅方，正處「平明之時」，天光始照，萬物可見，故「發蒙」。干氏此釋卦之法，又與京房同。惠棟又引：

> 井初六，井泥不食。干寶曰：在井之下體，本土爻，巽初六，辛丑土。
> 故曰泥也。井而爲泥，則不可食，故曰不食。〔註250〕

井下體爲巽，巽初六爲辛丑，丑爲土，故體本土爻而象泥，既爲泥「則不可食」、「不食」。干氏此釋卦之法，又與京房同。惠棟又引：

> 震六二，象曰：震來厲，乘剛也。干寶曰：六二木爻，庚寅木。震之
> 身也，得位無應，而以乘剛爲危，此記文王積德累功，以被囚爲禍
> 也。〔註251〕

震本木象，六二庚寅，寅爲木，故惠注作「庚寅木」；爲「震之身也」。二陰

〔註246〕見《易漢學》，卷四，頁1142。
〔註247〕見清陳壽熊《讀易漢學私記》，引自臺北：廣文書局《易學叢書續編》本，1973年9月初版，頁22。
〔註248〕見《易漢學》，卷四，頁1142。
〔註249〕見李鼎祚《周易集解》，卷二，頁45。
〔註250〕見《易漢學》，卷四，頁1142～1143。
〔註251〕見《易漢學》，卷四，頁1143。

得位，五陰無應，故爲「得位無應」，下「以乘剛爲危」，喻文王有聖德而囚羑里。干氏此釋又與京房同。

　　從惠棟引干寶釋卦爻諸例，可以看到魏晉時期諸儒，慣以納甲之說論卦，包括從虞翻、宋衷、陸績，乃至干寶一系，因此，京房作爲此說的完整奠基者，影響至爲深遠，三國時代仍普遍見其論緒。〔註252〕另外，惠棟引文也可以看出，京房乃至其後學，以納甲諸法論卦，主要是取其內卦或外卦的純卦而求其干、支、五行之屬配。而且，採用此法論《易》，並不專主於闡發微言大義，而是重在占筮與解說陰陽災異的方面，這也是干、支、五行配卦的主要目的。然而，就京房整體的易學理論之建構來看，也不能單從卜筮與倡言災異概括京房的易學，畢竟京房的八卦六位之說，與傳統的律歷有密切的關係，同時也表現出陰陽變化的週期循環與宇宙生息的規律性，使《周易》的思想，可以透過這樣的象數之學，呈顯的更爲具體。

（四）五行配卦

　　兩漢時期以陰陽五行作爲宇宙生成變化的原理學說，已達顛峰而普遍之盛況，京房處於這樣的學術思想洪流中，將五行說納入易學系統裡，自然是一種順應潮流、無法抗拒而自然成勢的必要作爲。五行作爲說明宇宙萬事萬物相互關係的根本原理，以五行相勝、五行相行與五行的生成之數的基本要素，〔註253〕建構五行推演的基礎。京房以五行配卦，開展了論《易》的新路

〔註252〕陸績傳記，《三國志・吳書・陸績傳》云，「陸績字公紀，吳郡吳人也」，「博學多識，星歷算數無不該覽。虞翻舊齒名盛，龐統荊州令士，年亦差長，皆與績友善」，「作渾天圖，注《易》釋《玄》，皆傳於世」。虞翻、陸績之學，彼此前後互有交集、影響，陸績又爲《京氏易傳》作注，對京房之易學，理應熟稔貫通。又荊州宋衷，又與之友好，《隋志》著錄十卷本《太玄》即爲「陸績、宋衷注」。陸績《述玄》贊揚宋衷「思慮」「深篤」的同時，也批評其「往往有違本錯誤」，故又作《注》并「合聯之爾」。（見陸績作《述玄》之說，引自晉范望《太玄解贊》，四部叢刊影印明萬玉堂翻宋本。）又《鹽邑志林》以陸績、干寶爲其海鹽邑解《易》二家。諸家在學術上的密切關係，昭然可見，而且又皆專於《易》，在釋《易》的方法，乃至內容的表現上，大體多有交集，尤其對於京房之學，應是共同所熟識者，所以，以八卦六位之法釋《易》，也當是慣常之法。

〔註253〕五行相勝說，《淮南子・地形訓》云：「木勝土，土勝水，水勝火，火勝金，金勝木。」五行相勝，即五行相克，是一種負面的關係。五行的相生說，即一般普遍認知的木生火，火生土，土生金，金生水，水生木；是一種正向的關係。五行的生、成之數，即水一火二木三金四土五爲生數，生數加五，則爲成數，即水六火七木八金九土十。

線；誠如惠棟引其「積算法」所言，強調「尋五行之端，災祥進退，莫不因茲而兆矣」，〔註254〕「陰陽運行，一寒一暑，五行互用，一吉一凶，以通神明之德，以類萬物之情」，如此入《易》而論，「《易》者包備有無，有吉則有凶，有凶則有吉；生吉凶之義，始於五行，終於八卦」。〔註255〕以五行配卦爻以論《易》，爲京房易學的重要特色。

京房以五行配入八宮卦中，前列惠棟所言「八卦六位圖」可以看出其卦配次序：

圖表 2-2-6　八卦五行配置表

八宮卦	乾	震	坎	艮	坤	巽	離	兌
五　行	金	木	水	土	土	木	火	金

五行配八宮卦，不能均分，木、金、土各配二宮卦，水、火則各一。雖是如此，其配用仍有其理；乾天、坤地、震雷、巽風、坎水、離火、艮山、兌澤等八卦的基本卦象中，坤地、艮山的本質爲土，而坎水、離火又是五行既定屬名，當然直接入用其名，而震雷、巽風皆與草木之榮枯有密切關係，〔註256〕因此以木相配，亦合八卦本來之卦象。至於乾天、兌澤之配金，《說卦傳》直言乾象「爲玉、爲金」、兌象「爲剛鹵」，取其剛性之德而屬配於金，〔註257〕故乾、

〔註254〕見《易漢學》，卷四，頁1144。

〔註255〕見《京氏易傳》，卷下，頁135。

〔註256〕參見《周易》解卦卦辭云：「天地解而雷雨作，雷雨作而百果草木皆甲宅。」解卦內卦爲震，所以荀爽解釋爲「解者，震世也。仲春之月，草木萌牙。雷以動之，雨以潤之，日以烜之。」（見李道平《周易集解纂疏》，頁368。）又巽風，建巳之月，居東南，《說文》有所謂「四月陽氣巳出，萬物皆成文章」，草木當然也都繁盛，所以《說卦傳》就提到「巽，東南也。齊也者，言萬物之絜齊也」。風春如沐，所以風盛於春，且雷亦在春始作，所以春之盛德在木。

〔註257〕乾「爲玉、爲金」，崔覲認爲「天體清明而剛，故爲玉、爲金」，李道平也爲之疏解，云：「天體清明而剛，玉取其剛，金取其清。且剛純精粹，在物唯金玉有其德，故爲玉、爲金。」至於兌象剛鹵，朱仰之云：「取金之剛不生也。剛鹵之地不生物，故爲剛鹵者。」李道平疏云：「立地之道，曰柔與剛，乾二陽在下，故剛。……朱注：兌，西方卦，金象也。金剛，故不生。《說文》『鹵，西方鹹地也』。西方多剛鹵之地，不能生物，故『爲剛鹵』也。」（見《周易集解纂疏》，頁704、718。）乾本剛健之質，兌之卦位屬正秋西方之卦，屬金，且其爻位與卦性，又爲剛鹵，是以乾、兌二卦皆有

兌屬金似同其二卦之卦象。因此，從《說卦傳》論象的角度言，五行配八卦，大概合宜而不相抵牾。

八宮卦各爻爻位配五行之法，依惠棟的「八卦六位圖」所示，〔註258〕其情形為：

圖表2-2-7　八卦爻位五行配置表

	乾 ☰ 金	坤 ☷ 土	震 ☳ 木	巽 ☴ 木	坎 ☵ 水	離 ☲ 火	艮 ☶ 土	兌 ☱ 金
上爻	土	金	土	木	水	火	木	土
五爻	金	水	金	火	土	土	水	金
四爻	火	土	火	土	金	金	土	水
三爻	土	木	土	金	火	水	金	土
二爻	木	火	木	水	土	土	火	木
初爻	水	土	水	土	木	木	土	火

爻配五行來自《禮記・月令》、《淮南子・天文訓》等典籍的五行配四時十二月之法，春季盛德在木，夏季盛德在火，秋季盛德在金，冬季盛得在水。爻配得五行，所考慮者為十二月所配之辰，也就是依十二月所納之十二地支而定，其屬性為寅卯為木，巳午為火，辰戌丑未為土，申酉為金，亥子為水。這裡也要特別說明的是，以干支對的五行屬性，主要是依支的五行屬性而定。因此，「八卦六位」中各爻的五行屬性，則是由前述原理而產生的。藉由這樣的觀念，京房在論述卦爻時，也常常透過五行的屬性來解釋，其中還配合惠棟所引京易的爻等之說來加以闡述，〔註259〕例如，乾卦屬金，而其初爻甲子

金象。

〔註258〕惠棟列京房「八卦六位圖」，已如本節前面開頭所述。引自《易漢學》，卷四，頁1137～1139。

〔註259〕惠棟所言爻等，云：「京房《易》積算法曰：孔子曰：八卦，鬼為繫爻，財為制爻，天地為義，福德為寶爻，同氣為專爻。」所言為六親此文即今本《京氏易傳》卷下之言。陸績注云：「天地即父母也，福德即子孫也，（同氣專爻）兄弟爻也。」（見《京氏易傳》，卷下，頁133～134。）《卜筮正宗》，卷一，論「六親相生相剋訣」，以「我」為本卦，云：「生我者為公母，我生者為子孫，剋我者為官鬼，我剋者為妻財，比和者為兄弟。」八宮屬卦，皆以本宮為「我」，而定其爻為六親。陳壽熊《讀易漢學私記》認為惠棟所引之言，非

為水，五行關係為金生水，所以初九的定位的卦生爻，甲子水為乾金之子孫，子孫為福德，子孫爻即稱為寶爻，故謂「水配位為福德」。九二爻甲寅木，卦爻的關係是金克木，即卦勝爻，故制爻為妻亦為財，也就是京房所說的「木入金鄉居寶貝」。九三爻甲辰土，卦爻的關係是土生金，即爻生卦，以爻為卦之父母，故為天地義爻，故云「土臨內象為父母」。九四爻壬午火，卦爻的關係火克金，即爻勝卦，故爻為宮卦之官鬼，是為鬼爻或繫爻，也就是所謂「火來四上嫌相敵」。九五爻壬申金，卦爻為同氣關係，乾申二金相比為專爻，為兄弟；二金相比，則金氣太重，金勝木，金重則傷木太甚，故云「金入金鄉木漸微」。上九爻壬戌土，卦爻的關係為土生金，即爻生卦，為天地義爻；乾卦為八純卦之一，其世爻為上爻宗廟，故云「宗廟上建戌亥乾本位」。〔註260〕由惠棟考索得知，京房之法，以本宮卦的五行屬性，相對於其六爻納支的五行屬性，推其關係是生剋或同氣，以定諸爻之名，並進一步論其吉凶休咎。此一爻等六親之說，惠棟特別援引《抱朴子》中所言周秦舊書的《靈寶經》所述，以及《淮南子‧天文訓》、《周易參同契》、干寶、《九家易》、《漢書‧王莽傳》，鉅細詳考，肯定京房所論「蓋周秦以來相傳之法」，非漢儒之先聲。〔註261〕

五行配卦之法，從傳統的天文學角度云，即是以五星配卦作為基礎，《淮南子‧天文訓》對五星的論述為：

> 東方，木也，……其神為歲星。
> 南方，火也，……其神為熒惑。
> 中央，土也，……其神為鎮星。
> 西方，金也，……其神為太白。
> 北方，水也，……其神為辰星。〔註262〕

漢人所有之語，然《京氏易傳》確載無誤，因此，不知是否不察，或是純屬個人之見。
〔註260〕括弧引文見《京氏易傳》，卷上，頁65～66。
〔註261〕見《易漢學》，卷四，頁1161～1164。
〔註262〕見《淮南鴻烈集釋》，卷三，頁88～89。「辰星」即「太陰」。五星配五行，又配五色：即木色青，火色赤，土色黃，金色白，水色黑，因而又配五獸為表：木，其獸蒼龍；火，其獸朱鳥；土，其獸黃龍；金，其獸白虎；水，其獸玄武。蒼龍即青色，朱鳥即赤色，玄武即黑色，黃龍、白虎同其色。《史記‧天官書》也記載，「歲星，曰東方木，主春，日甲乙。義失者，罰出歲星」；「熒惑，曰南方火，主夏，日丙丁。禮失，罰出熒惑，熒惑失行是也」；「填星，

京房根據天文歷法之說，進而以五星配卦，對於諸卦的配位，提到：

解卦：五星從位起鎮星。

姤卦：五星從位起太白。

遯卦：五星從位起太陰。

否卦：五星從位起歲星。

觀卦：五星從位起熒惑。〔註263〕

京房之配卦方式，以八宮卦的卦序為基礎，各配以土、金、水、木、火星，周而復始，而終於歸妹卦，圖示如下：

圖表 2-2-8　六十四卦五行五星配置表

五星	五行方位	配卦											
鎮星	中央土	乾	剝	解	隨	革	賁	中孚	泰	巽	噬嗑	鼎	同人	蹇
太白	西方金	姤	晉	恆	坎	豐	大畜	漸	大壯	小畜	頤	未濟	兌	謙
太陰	北方水	遯	大有	升	節	明夷	損	坤	夬	家人	蠱	蒙	困	小過
歲星	東方木	否	震	井	屯	師	睽	復	需	益	離	渙	萃	歸妹
熒惑	南方火	觀	豫	大過	既濟	艮	履	臨	比	无妄	旅	訟	咸	

　　以五行配卦的目的，在於針對星辰之變化，以占驗考察人事之吉凶。而這種五行、五星配卦之法，本身有其牽強而難以週延之處，畢竟它是透過歲行與歷法的觀念作為論述的重要基礎，歲行或歷法講求的是周而復始的生息原則，然而以「五」配八宮卦序的六十四卦，依土、金、水、木、火之次序配用，本身在數學意義上就不能整除，也就是不能平均配用，始於中央土的乾卦，而終於東方木的歸妹（第六十四個配卦），土、金、水、木各配十三卦，而火則僅配十二卦；以循環終始的概念言，木行至歸妹為最後一卦，則下一

曰中央土，主季夏，日戊己，黃帝，主德，女主象也」；「太白，曰西方，秋，日庚辛，主殺。殺失者，罰出太白」；「辰星，曰北方水，太陰之精，主冬，日壬癸。刑失者，罰出辰星」。「填星」即「鎮星」。以五星與人事的刑、殺、德、義、禮相結合，是西漢應用占星術的主要目的。

〔註263〕前文已引注，不再贅述。

卦理應由南方火的熒惑來配，可是京房之說不然，它是跳回中央土的乾卦，在這樣的終始循環下，每循環一週，南方火皆少配一卦，所以說這樣的附會相配，不夠縝密精細。

　　以五行論卦，充份反映出卦與卦間的關係，如京房於晉卦言「金方以火土運用事」，〔註264〕晉卦屬乾宮游魂卦，乾宮諸卦均爲金象，而晉卦內坤外離，即內土外火，火土相生，所以爲「金方以火土運用事」。又如巽宮四世卦无妄卦，「金木配象，吉凶明矣」，且「上金下木，二象相沖」，〔註265〕即上卦乾金，下卦震木，由金木以定吉凶，屬相沖之凶象；金位西爲秋，而木位東爲春，金克木而相沖。又離宮同人卦，「火上見金，二氣雖同，五行相悖」，〔註266〕即下卦離火而上卦乾金，火勝金，即云「相悖」。由上下卦的五行屬性，以論生克吉凶，這是京房五行論卦的普遍論述方式。

　　京房五行觀，尚涉及五行休王與八卦休王之說。惠棟引《淮南子・墜形訓》云：

> 木壯，水老，火生，金囚，土死。火壯，木老，土生，水囚，金死。
> 土壯，火老，金生，木囚，水死。金壯，土老，水生，火囚，木死。
> 水壯，金老，木生，土囚，火死。〔註267〕

又引《太玄》云：

> 五行，用事者王；王所生，相，故王廢；勝王囚；王所勝，死。
> 〔註268〕

「壯」即是壯盛、當令，能夠揮發其最大之功能，後來稱「旺」或「王」；「老」爲衰竭，不能發揮其既有的功能作用，如水生木，水老無能養木，故後世稱「休」。生者，當令之行所生，如木王時，木生火，故火生，後來稱爲相。囚者，勝王者囚，如木王時，金勝木，故金囚。死者，王所勝者死，消竭被剋，如木王，木勝土，故木王土死。將五行休王說引入八宮卦的體系中，則有八卦休王之說，可惜京房之說今已遺佚而不復見存。因此，惠棟引《御覽》所記，以見其一隅：

> 立春：艮王，震相，巽胎，離沒，坤死，兌囚，乾廢，坎休。立夏：
> 巽王，離相，坤胎，兌沒，乾死，坎囚，艮廢，震休。立秋：坤王，

〔註264〕見《京氏易傳》，卷上，頁71。
〔註265〕見《京氏易傳》，卷中，頁110。
〔註266〕見《京氏易傳》，卷中，頁123。
〔註267〕見《易漢學》，卷五，頁1171。
〔註268〕見《易漢學》，卷五，頁1171。

兑相，乾胎，坎沒，艮死，震囚，巽廢，離休。立冬：乾王，坎相，
艮胎，震沒，巽死，離囚，坤廢，兑休。〔註269〕

惠棟同時考索王充《論衡》，認爲：

王充《論衡》所載略同。又云：王之衝，死；相之衝，囚；王相衝
位，有死囚之氣也。京房《易占》曰：夏至離王，景風用事，人君
當爵有德，封有功，立秋坤王，涼風用事，此與休王論之誼正合。

〔註270〕

五行休王說中有壯、老、生、囚、死，而《御覽》、《論衡》所見八卦休王說，
則配合四時之變，有王、相、胎、沒、死、囚、廢、休，此八者，惠棟特別
注明《唐六典》以之爲八宮卦的八氣，〔註271〕企圖考索與復原京房之說，雖
未能細知整體的面貌，但得以證明八卦休王之說，王充時期的漢代，已然盛
行，普遍引據論述。特別要進一步說明的是，不論是五行休王或是八卦休王
說，都與時令或方位相協，以推其拍合之情形。八卦休王以一年分八節爲論，
而八節與八卦的對應爲：

艮爲立春，位於東北；

震爲春分，位於正東；

巽爲立夏，位於東南；

離爲夏至，位於正南；

坤爲立秋，位於西南；

兑爲秋分，位於正西；

乾爲立冬，位於西北；

〔註269〕 見《易漢學》，卷五，頁 1170。

〔註270〕 見《易漢學》，卷五，頁 1170～1171。王充《論衡》所言，見《論衡》，卷二
十四，〈難歲〉所載，僅言「立春：艮王，震相，巽胎，離沒，坤死，兑囚，
乾廢，坎休」；主要在論述立春王相的死囚之氣。

〔註271〕 見《易漢學》，卷五，頁 1170。惠棟引《御覽》之言，並非完備，事實上，
根據隋代蕭吉《五行大義》的八卦休王說，以四時爲八節，其說爲：「立春：
艮王，震相，巽胎，離沒，坤死，兑囚，乾廢，坎休。春分：震王，巽相，
離胎，坤沒，兑死，乾囚，坎廢，艮休。立夏：巽王，離相，坤胎，兑沒，
乾死，坎囚，艮廢，震休。夏至：離王，坤相，兑胎，乾沒，坎死，艮囚，
震廢，巽休。立秋：坤王，兑相，乾胎，坎沒，艮死，震囚，巽廢，離休。
秋分：兑王，乾相，坎胎，艮沒，震死，巽囚，離廢，坤休。立冬：乾王，
坎相，艮胎，震沒，巽死，離囚，坤廢，兑休。冬至：坎王，艮相，震胎，
巽沒，離死，坤囚，兑廢，乾休。」所記較《御覽》爲完備。

坎爲冬至，位於正北。

立春時節，艮卦當令爲王，而震卦爲相，但依五行配卦艮爲土、震爲木之象，土不能生木，故於五行法則不能成立，但從八節時令轉換言，艮當冬令與春令的交界，既帶有冬季或北方的水性，也帶有東方和春令的木性，同時也有其自身的土性，所以當艮爲王時，以水生木而得震爲相，亦以水生木而得坎爲休。而當春分震爲王時，艮又爲休。〔註272〕其它四季變化之情形，亦同此理。京房以八卦與五行相配而建構出八卦休王之説，開闢出易學的新的象數思想，使釋《易》之法，益加複雜而帶有更強烈的占筮氣味，這是兩漢的學術環境所營造出的產物，也是陰陽災異學説的另一種典型代表。

有關卦與爻的五行關係，是一種五行生剋的關係。惠棟引京房《易》云：

> 京房《易》積算法曰：寅中有生火，亥中有生木，巳中有生金，申中有生水，丑中有死金，戌中有死火，未中有死木，辰中有死水，土兼於中。〔註273〕

惠棟並進一步以孟康之言與《淮南子·天文訓》作解釋：

> 南方火，火生於寅，盛于午。東方木，木生於亥，盛於卯。西方金，金生于巳，盛于酉。北方水，水生於申，盛于子。丑，窮金也。戌，窮火也。未，窮木也。辰，窮水也。〔註274〕

> 凡日甲剛乙柔，丙剛丁柔，以至于癸。木生于亥，壯於卯，死於未，三辰皆木也。火生于寅，壯於午，死於戌，三辰皆火也。土生於午，壯於戌，死於寅，三皆土也。金生於巳，壯於酉，死於丑，三辰皆金也。水生於申，壯於子，死於辰，三辰皆水也。故五勝生一、壯五、終九。〔註275〕

此即是以火生於寅而死於酉，墓在戌；木生於亥而死於午，墓在未；金生於巳而死於子，墓在丑；水生於申而死於卯，墓在辰。土居於中央而通於四時。對於土的生死所，後世以爲與水同位。〔註276〕這些觀念的建立，都起於五

〔註272〕參見前注蕭吉春分休王之説：震爲王時，則艮爲休。
〔註273〕見《易漢學》，卷五，頁1167。
〔註274〕見《易漢學》，卷五，頁1167。引孟康言。
〔註275〕見《易漢學》，卷五，頁1167～1168。引《淮南子》言。
〔註276〕隋代蕭吉《五行大義》指出：「五行體別，生死之處不同，遍有十二月、十二辰而出沒。木受氣於申，胎於酉，養於戌，生於亥，沐浴於子，冠帶於丑，臨官於寅，王於卯，衰於辰，病於巳，死於午，葬於未。火受氣於亥，胎於

行的生剋理論，是兩漢天人感應、災異譴告思想衝斥下的特殊學術特色，透過五行生剋建立《易》卦運行的法則，並實際用運於占筮，以見其吉凶悔吝，這樣的易學主張，依目前文獻可徵者，以京房最具規模和完整性。

二、八宮卦次說

（一）乾坤生六子的宮卦序位

傳統的六十四卦卦序之說，大都本於《序卦傳》的主張，「二二相耦，非覆即變」，六十四卦因相變（相錯）或相覆（相綜）而分出三十二組的兩兩關係，〔註277〕這樣的卦序下所形成的兩兩關係，也成了後來旁通說盛行時，具有經典性的意義。兩漢的獨特學術思想環境，包括天文歷法學說的盛行，乃至陰陽五行、天人感應思想的鼎沸，造就了京房的新的卦序主張。

京房對於《易》與其六十四卦的形成，有一個基本的觀念，就是以八個三畫的純卦為基本卦（八純卦），而後才產生六畫的重卦，也就是六十四卦的系統是由八個單卦重複組合而成的；宇宙萬事萬物皆由此八個基本卦來含括，宇宙萬物的形成與演變，皆以此八純卦為基本。因此，惠棟引「京氏積算法」云：〔註278〕

子，養於丑，生於寅，沐浴於卯，冠帶於辰，臨官於巳，王於午，衰於未，病於申，死於酉，葬於戌。金受氣於寅，胎於卯，養於辰，生於巳，沐浴於午，冠帶於未，臨官於申，王於酉，衰於戌，病於亥，死於子，葬於丑。水受氣於巳，胎於午，養於未，生於申，沐浴於酉，冠帶於戌，臨官於亥，王於子，衰於丑，病於寅，死於卯，葬於辰。土受氣於亥，胎於子，養於丑，寄行於寅，生於卯，沐浴於辰，冠帶於巳，臨官於午，王於未，衰病於申，死於酉，葬於戌。戌是火墓，火是其母，母子不同葬，進行於丑。丑是金墓，金是其子，義又不合。欲還於未，未是木墓，木為土鬼，畏不敢入。進休就辰，辰是水墓，水為其妻，於義為合，遂葬於辰。詩云『穀則同室，死則同穴』，蓋以敦其義合，骨肉同歸，水土共墓，正取此也。」由於土冠帶臨於巳午，王於南方未土，因而後來術數之士將土的生死所與火同步；由於土墓在辰，有些術家又視土之生死所與水同位。

〔註277〕孔穎達《周易正義》，卷九，〈序卦〉中注云：「今驗六十四卦，二二相耦，非覆即變。覆者，表裡視之，遂成兩卦，屯蒙、震訟、師比之類是也。變者，反覆唯成一卦，則變以對之，乾坤、坎離、大過頤、中孚小過之類是也。」明來知德則稱孔穎達的「相變」為「相錯」，而「覆」為「相綜」，名稱不同，所指皆同。兩兩相耦的結果，相錯者如頤大過、坎離、巽兌、中孚小過等；相覆者如屯蒙、需訟、師比等。

〔註278〕惠棟所引，見王應麟《困學紀聞》引「京氏積算法」，今《京氏易傳》無。

夫子曰：八卦因伏羲，暨乎神農，重乎八純。聖理元微，《易》道難
究，迄乎西伯父子，研理窮通，上下囊括，推爻考象，配卦世應，
加乎星宿，屬於六十四所、二十四氣，分天地之數，定人倫之理，
驗日月之行，尋五行之端，災祥進退，莫不因茲而兆矣。故考天地、
日月、星辰、山川、草木、蟲魚、鳥獸之情狀，運氣生死休咎，不
可執一隅，故曰《易》含萬象。〔註279〕

以八純卦爲重，上下囊括，序列六十四卦，附之以宇宙萬象與四時之變，而
推定宇宙萬物的災祥進退與生死休咎。由八純卦所序列之六十四卦，惠棟稱
之爲「八宮卦次序」，並立「八宮卦次圖」，其圖式內容概略如下：〔註280〕

圖表 2-2-9　八宮卦次圖

上世 （八純）	乾	震	坎	艮	坤	巽	離	兌
一世	姤	豫	節	賁	復	小畜	旅	困
二世	遯	解	屯	大畜	臨	家人	鼎	萃
三世	否	恆	既濟	損	泰	益	未濟	咸
四世	觀	升	革	睽	大壯	无妄	蒙	蹇
五世	剝	井	豐	履	夬	噬嗑	渙	謙
游魂	晉	大過	明夷	中孚	需	頤	訟	小過
歸魂	大有	隨	師	漸	比	蠱	同人	歸妹

　　八宮卦次序，以三畫卦之八純卦自重爲宮卦，並且每宮卦各自變出七卦，
每一宮卦合屬八個卦，八宮共成六十四卦。依據乾、震、坎、艮、坤、巽、

〔註279〕見《易漢學》，卷四，頁1144。
〔註280〕見《易漢學》，卷四，頁1145～1146。

離、兌等八宮次序，進一步序列六十四卦；八純宮卦的順序，本於《說卦傳》的乾坤為父子，各統三男三女的傳統說法。京房論述乾宮最後一卦（歸魂）大有卦時，特別提到「乾生三男，次入震宮八卦」，〔註281〕以大有卦後序震宮震卦，並明白地指出「本乎乾而生乎震，故曰長男」，「陰陽升降為八卦，至隨為定體。資於始而成乎終，坎降中男而曰坎，互陽爻居中為坎卦」。〔註282〕由此可知，京房服膺《說卦傳》乾坤生六子的說法，決定了八宮的排列次序。

　　一般通行八純卦的卦序為乾、坤、坎、離、震、艮、巽、兌，反映出陽尊陰卑的思想，並以乾坤為首，作為天地（陰陽）在宇宙萬物中的決定作用。《說卦傳》的「帝出乎震」，〔註283〕以震、巽、離、坤、兌、乾、坎、艮為序，即春雷震動，萬物萌發生機之時，故以震為首。然而，《說卦傳》又有「天地定位」的卦序說，〔註284〕依序為乾、坤、艮、兌、震、巽、坎、離等相錯之卦序；以乾、坤為首，表明天地的重要地位，反映出天地自然與對立法則的重視，也是一種宇宙觀的展現。事實上，仔細觀覽《易傳》對此八純卦的生成序列之說，不只前述二種，尚有乾坤父母卦生六子之序，《說卦傳》云：

> 乾，天也，故稱乎父。坤，地也，故稱乎母。震一索而得男，故謂之長男。巽一索而得女，故謂之長女。坎再索而得男，故謂之中男，離再索而得女，故謂之中女。艮三索而得男，故謂之少男。兌三索而得女，故謂之少女。

依其論述順序，其卦序定為乾、坤、震、巽、坎、離、艮、兌，然而從其論述的實質意義看，乾坤父母卦各統三子，以乾統震、坎、艮三卦，坤統巽、離、兌三卦；故乾坤為陰陽之根本，萬物之宗祖，其生成之義，如父母為家庭之主，統其子女一般。京房的八宮卦卦序，依準《說卦傳》乾坤統六子之法，惟陰陽各分，排序為前陽後陰，前以乾統震、坎、艮為陽卦，後以坤統巽、離、兌為陰卦，此種序列與西漢帛書《易》屬同一系統。〔註285〕京房前

〔註281〕見《京氏易傳》，卷上，頁73。陸績特別注明：「乾生三男，坤生三女，陽以陽，陰以陰，求奇偶定數於象也。」
〔註282〕見《京氏易傳》，卷上，頁81。
〔註283〕參見《說卦傳》：「帝出乎震，齊乎巽，相見乎離，致役乎坤，說言乎兌，戰乎乾，勞乎坎，成言乎艮。」
〔註284〕參見《說卦傳》：「天地定位，山澤通氣，雷風相薄，水火不相射，八卦相錯。」長沙馬王堆漢墓帛書《易》作：「天地定位立（位），〔山澤通氣〕，水火相射，雷風相薄。」卦序皆同。
〔註285〕1973年底，長沙馬王堆三號漢墓出土了十二萬餘字的帛書，有關《周易》

四卦以乾爲首，乾六爻皆陽，表陽氣極盛，並依次爲震、坎、艮，表示陽氣由盛漸衰；坤六爻皆陰，陰氣極盛，而後由盛漸衰，而次有巽、離、兌卦之生。這樣的八卦卦序系統，符合《說卦傳》表義的精神，雖不能確切肯定是否是依循《說卦傳》統六子之說，然而卻可肯定同帛書《周易》一系的八卦卦序在西漢是已經存在的，而京房更系統化地建立其所謂之「八宮卦次序」。〔註286〕

（二）成卦方式展現的陰陽之道

京房的八宮卦序的系統，各宮首卦稱爲上世卦或八純卦，並以此上世卦爲主，初爻變而爲一世卦，二爻再變爲二世卦，三爻再變爲三世卦，四爻再

的部份有二萬餘字，包括了經與傳的內容。其中重要者包括《繫辭》、《二三子問》、《易之義》、《要》、《繆和》、《昭力》等文。帛書《周易》與今本《周易》最大的不同反映在其卦序。不分上、下經，而起於乾（爲求敘述之方便，帛書卦名之異字以今本之名字爲稱）、否而終於家人、益。其排序有其規律性，采重卦的方法爲之，將一個六畫卦分爲上下兩個二畫卦，以三畫的八卦爲單位，將六十四卦分成八組，類似京房分八宮卦爲八組一般。其上卦排列的次序爲：乾、艮、坎、震、坤、兌、離、巽；下卦的排列次序是：乾、坤、艮、兌、坎、離、震、巽。上卦與下卦八八成組，而爲六十四卦。因此，帛書的卦序形式表現近於京房的八宮卦，其八宮乾、艮、坎、震、坤、兌、離、巽，以陽卦在前而陰卦在後，陽卦以乾居首而統艮、坎、震，陰卦以坤居首而統兌、離、巽，亦同於《說卦傳》乾坤父母卦統六子之概念。帛書以乾坤各統之三子，與京房各統之三子，次序不同，然意義相近。

〔註286〕列歷來常見八卦卦序，俾供參考：

卦序說來源	八　卦　卦　序						
通行本《周易》八卦卦序	乾	坤	坎	離	震	艮	巽	兌
西漢帛書《周易》八卦卦序	乾	艮	坎	震	坤	兌	離	巽
《說卦傳》「帝出乎震」卦序	震	巽	離	坤	兌	乾	坎	艮
《說卦傳》「天地定位」卦序	乾	坤	艮	兌	震	巽	坎	離
《說卦傳》父母生六子卦序	乾	坤	震	巽	坎	離	艮	兌
京房八宮卦卦序	乾	震	坎	艮	坤	巽	離	兌
北周衛元嵩《元包經》八卦卦序	坤	乾	兌	艮	離	坎	巽	震
先天八卦（伏羲八卦）卦序	乾	兌	離	震	巽	坎	艮	坤
後天八卦（文王八卦）卦序	震	巽	離	坤	兌	乾	坎	艮
《乾鑿度》八卦卦序	震	巽	離	坤	兌	乾	坎	艮

變爲四世卦，五爻再變爲五世卦，變化不能至極，若上爻變則至極於與本宮卦陰陽相對的另一宮卦了，則在上爻不變的情況下，五世卦之第四爻以陽變陰、陰變陽，恢復本宮卦中的第四卦爻象，稱爲游魂卦，游魂卦內卦三爻全變，即恢復爲本宮卦原來的內卦，所得之卦稱爲歸魂卦。對於「游魂」的定義，惠棟特別引京房《易傳》與陸績注云：

> 京房乾傳曰：精粹氣純，是爲游魂。陸績曰：爲陰極剝盡，陽道不
> 可盡滅，故返陽道，道不復本位爲游魂。〔註287〕

以氣化流行之道，而爲「游魂」之名，所謂「陰陽代謝，至於游魂」，〔註288〕即陰陽遞嬗，相替變化，極而復返，氣之元性尚存；陽極而歸，仍存陽性，陰極而返，仍存陰性，故以游魂名卦，氣升五世之後，不往亢極而升，而返於四，即晉☷、大過☱、明夷☳、中孚☲、需☵、頤☶、訟☰、小過☴等八卦。至於「歸魂」的蘊義，京房透過游魂卦的卦象發現，其內卦三爻全變，則內卦卦象與其本宮卦（八純卦）相同，藉以表現氣化終而復始、往來不窮、生生不息之道；天道循環，復歸本然，如乾☰卦變化，歷姤☰、遯☰、否☰、觀☴、剝☶、晉☷等卦，而後內卦三爻回歸乾卦陽質，而爲大有☲卦；其它七卦：隨☱、師☷、漸☴、比☵、蠱☶、同人☲、歸妹☳等卦亦然；體現出周道循環的自然之道。京房的八宮卦次的變化形成，建立在京房的四易說的框架上，惠棟引京房《易》「積算法」云：

> 有四易，一世二世爲地易，三世四世爲人易，五世八純爲天易，游
> 魂歸魂爲鬼易。〔註289〕

京房此說，採《易傳》的三才說與游魂說的概念。所謂「地易」、「人易」與「天易」，是對「天、地、人」三才的內涵轉化，進一步的目的在於爲其世應之說尋求理論的依據。至於「鬼易」，則對《繫辭傳》「精氣爲物，游魂爲變，是故知鬼神之情狀」的意涵，賦予新的詮釋架構。〔註290〕因此，京房本於「《易》

〔註287〕見《易漢學》，卷四，頁 1153。
〔註288〕見《易漢學》，卷四，頁 1153。
〔註289〕見《易漢學》，卷四，頁 1149。「八純」俗本作「六世」，與京房《易》說不符，惠棟認爲訛誤，據改。
〔註290〕《易傳》「三才」、「游魂」之說，見《繫辭上傳》云：「兼三才而兩之，故六。六者，非他也，三才之道也。」《繫辭下傳》云：「易之爲書也，廣大悉備，有天道焉，有人道焉，有地道焉，兼三才而兩之，故六者，非它也，三才之道也。」《說卦傳》云：「昔者聖人之作《易》也，將以順性命之理，是以立天之道曰陰與陽，立地之道曰柔與剛，立人之道曰仁與義，兼三才而兩之，

與天地準，故能彌綸天下之道」的包絡萬物、廣大悉備的《易》道精神，其中包括陰陽交合分離的物始則生、物終則死之道，〔註291〕故藉由八宮卦而分此「四易」，囊括天地之變、陰陽之化，也就是總於陰陽二氣的變化流行，以爻變的形式來開展。

每一宮卦形成的方式，京房採取有規律的爻變原則，一世卦至五世卦等五卦是以有次第的一爻變的方式，游魂卦也是採一爻變，只是由五世卦的第四爻來行爻變，而歸魂則以游魂卦內卦三爻全變的方式來產生，體現出陰陽流行的遞變關係，特別是一世卦至五世卦乃因卦氣由下而上的變化的原理，與十二消息卦以一爻逐次變化的形成方式相似。

惠棟特別針對乾坤二宮論其卦變之法，引張行成云：

（乾）若上九變，遂成純坤，無復乾性矣。乾之世爻，上九不變，九返於四而成離，則明出地上，陽道復行，故游魂爲晉，歸魂於大有，則乾體復於下矣。

（坤）若上六變，遂成純乾，無復坤性矣。坤之世爻，上六不變，六返於四而成坎，則雲上於天，陰道復行，故游魂之卦爲需，歸魂於比，則坤體復於下矣。

陰陽相爲用，用九以六，故乾之用在離，用六以九，故坤之用在坎。

〔註292〕

強調世爻不變，游魂以第四爻復歸於八純卦之第四爻，而歸魂則內卦復歸於八純卦之內卦三爻。從乾宮、坤宮的游魂與歸魂卦的形成，尤能凸顯陰陽二氣大化流行的規律性聯繫。京房提出「乾坤者，陰陽之根本，坎離者，陰陽之性命」，〔註293〕乾坤、坎離，皆氣化之流行，其中隱含著高度的邏輯性意義；乾宮游魂、歸魂卦之外卦皆爲離，坤宮游魂、歸魂卦之上卦皆爲坎，此正同時說明了荀爽何以在注《象傳》論乾卦「大明終始，六位時成」時云：

<hr>

故《易》六畫而成卦，分陰分陽，迭用柔剛，故《易》六位而成章。」《繫辭上傳》云：「人謀鬼謀，百姓與能」，「《易》與天地準，故能彌綸天地之道，仰以觀於天文，俯以察於地理。是故知幽明之故，原始反終，故知死生之說。精氣爲物，游魂爲變，是故知鬼神之情狀。」

〔註291〕《九家易》云：「陰陽交合，物之始也，陰陽分離，物之終也。合則生，離則死，故原始及終，故知死生之說矣。」（見李道平《周易集解纂疏》，卷八，頁554。）明《易》道廣備，含包死生之化。

〔註292〕見《易漢學》，卷四，頁1146～1147。

〔註293〕見《京氏易傳》，卷下，頁133。

> 乾起坎，而終於離，坤起於離，而終於坎。離坎者，乾坤之家，而
> 陰陽之府。故曰大明終始也。
>
> 六爻隨時而成乾。〔註294〕

消息卦以復卦至乾卦爲陽息陰消的盈虛變化歷程，復卦建子十一月（坎位），陽息至四月巳火位則成乾體；從五月午辰（離位）至十月亥辰則是從姤卦至坤卦的陰消乾的歷程，至亥水位則坤體就。這正是京房所謂「陰從午，陽從子，子午分行。子左行，午右行」〔註295〕所昭示的《易》以陰陽流行的道理。從後天八卦的坎位左行至離位，是在平面上由陰極至陽極，而從「一陽來復」的復卦至「成乾體」，則是陽氣從「潛藏」至「亢極」，是在豎面上的陰極至陽極；同樣地，從後天八卦的離位右行至坎位，是在平面上由陽極至陰極，而由姤卦至「坤體就」，則是豎面上的陽極至陰極。橫面與豎面的陰陽流轉同時進行，形成一幅立體的、涵納時空的、動變不息的陰陽對待流行圖。〔註296〕

惠棟體察京房八宮卦序所呈現的陰陽轉化的宇宙圖式之意義，堅持其一貫的「日月合爲古文易字」〔註297〕的日月爲易之說法，「易」本義爲從日月合之義，也就是日月陰陽的變易之道，陰陽的變易爲宇宙生成的最根本之原理，以具體的《易》卦生成來表述，則「陰陽相爲用，用九以六，故乾之用在離，用六以九，故坤之用在坎」，「坎離者，乾坤之妙用」，〔註298〕《易》卦的產生，皆是乾坤之作用結果，坎、離如此，其它各卦也是如此。八宮六十四卦皆因陰陽的生成變化而有規律的產生，所以惠棟下了明確的案語：

> 乾用離爲晉，離用乾爲訟；坤用坎爲需，坎用坤爲明夷。故云乾坤
> 用坎離，坎離用乾坤也。震用兌爲大過，兌用震爲小過；艮用巽爲
> 中孚，巽用艮爲頤。故云震艮用巽兌，巽兌用震艮也。若以世變言之，
> 則乾與坤，坎與離，震與巽，艮與兌，兩卦陰陽互相爲用也。〔註299〕

一切皆在陰陽的流行，也就是陰陽的消長與互用。

京房的卦序主張，以爻變成其卦，反映出陰陽變化爲《易》之主體，即

〔註294〕見李鼎祚《周易集解》，卷一，臺北：臺灣商務印書館，1968 年 12 月臺 1 版第 1 刷，1996 年 12 月臺 1 版第 2 刷，頁 4。

〔註295〕見《京氏易傳》，卷下，頁 133。

〔註296〕參見張文智〈京氏易學中的陰陽對待與流行〉，《周易研究》，2002 年第 2 期，頁 39～53。

〔註297〕見《易漢學》，卷四，頁 1148。

〔註298〕見《易漢學》，卷四，頁 1147～1148。

〔註299〕見《易漢學》，卷四，頁 1148～1149。

《易傳》所謂之「剛柔相摩，八卦相盪」，「剛柔相推，而生變化」〔註300〕之理。《易》重在陰陽之變易，此陰陽之變，即氣之變；而這氣變以運化萬物的觀念，更可視爲惠棟的氣化宇宙論的主張，惠棟認爲：

> 天地之氣，必有終始，六位之設，皆由上下，故易始於一，分於二，
> 通於三。〔註301〕

> 易本無體，氣變而爲一，故氣從下生也。〔註302〕

一切的變化皆由「清濁分於二儀」的陰陽二氣所概括形成，二氣成爲宇宙生成變化的主要元素。易氣的生成變化，其初始都是本於由下而上運行模式，而後天氣與地氣相運繁衍。所以，京房推演八宮卦時，從世卦而至游魂、歸魂，都是從第一爻而次第變化的，符合了氣化運行的原則，也就是說「天地之氣，必有終始」，皆由下而上，由一而二而三的變化。惠棟充份地掌握陰陽氣化之原則。惠棟特別引《乾鑿度》云：

> 三畫成乾，六畫成卦，三畫已下爲地，四畫已上爲天，易氣從下生，
> 動於地之下，則應於天之下，動於地之中，則應於天之中，動於地
> 之上，則應於天之上。初以四，二以五，三以上，此之謂應。〔註303〕

氣從下生，陰陽交流，能夠上下呼應，在具體的卦爻關係上，初與四、二與五、三與上相應。此即惠棟指出的「世應」之說。「世」指世爻，而「應」則指與世爻相應的那一爻；〔註304〕八宮卦中，八純卦以上爻爲世爻，而一至五世卦以所變之爻爲世爻，即一世卦以初爻爲世爻，二世卦以二爻、三世卦以三爻、四世卦以四爻、五世卦以五爻爲世爻，游魂卦以所變之第四爻（前一卦：五世卦）爲世爻，歸魂卦則以前一卦游魂卦內卦全變下取其第三爻爲世爻。如此，世爻確定後，應爻也就相應而生。由世應的關係，展現出宇宙萬物萬事間的對立與相應之關係，由此可見彼，由此變也可影響到彼變，這是宇宙變化的常性。

　　京房以爻變到卦變作爲建立八宮卦的基本方法，從一世到歸魂，由爻變

〔註300〕見《繫辭上傳》。《京氏易傳》云：「乾、坤、震、巽、坎、離、艮、兌，八卦相盪，二氣陽入陰，陰入陽，二氣交互不停，故曰生生之謂易。天地之內，無不通也。」（《京氏易傳》，卷下，頁134。）義理皆同。

〔註301〕見《易漢學》，卷四，頁1149～1150。

〔註302〕見《易漢學》，卷四，頁1150。

〔註303〕見《易漢學》，卷四，頁1149。

〔註304〕京房世應之說，就「應」而言，是以與「世」相對應之爻而言，然廣義的「應」，則爲外卦三爻與內卦三爻的相對應關係，即惠棟引《乾鑿度》所謂「初以四，二以五，三以上」者。

逐次變化形成的各卦，隱現本宮卦五行屬性的基礎上，重新形成由不同於本宮卦的干支、星宿、建候、積算等因素的卦體，從而體現出由一爻之陰陽變化而形成整個卦體的變化。這樣的陰陽變化反映出部份變化與整體變化的關係，即部份的變化造成了整體變化的先決要件，新的整體仍存原有的質性。從初爻變至五爻再返回至四爻變而變成游魂卦，下體復歸本宮卦，則爲歸魂卦。如此，從一世至歸魂的七卦，其顯象雖各不相同，但它們的隱象除了其所符之卦外，仍以本宮卦爲基礎，尤其陸績特別注重世爻之隱象。世爻之隱象即本宮卦與世爻相同爻所納干支，如京房姤 ䷫ 卦云「元世居世」，陸績注「辛丑土，甲子水」，〔註305〕此「辛丑土」即指姤卦初爻世爻所納干支，「甲子水」則指本宮卦乾卦初爻所納干支。又如否 ䷋ 卦「三公居世」，注「乙卯木，甲辰土」，〔註306〕此「乙卯木」指否卦世爻六三爻所納干支，「甲辰土」則是本宮卦乾卦九三爻所納的干支。其它卦爻之說同理。如此在爻變後的新卦中，存在著顯與隱間的陰陽對待關係。這樣的變化原理，對後來虞翻的旁通之說，應有相當程度的影響。

三、占筮說

（一）以卦納宿的占筮系統

古代以太陽在二十八宿中的位置，來推衍一年季節的變化規律。也就是由視運動所得的黃道軌跡，反映出太陽在二十八宿中的運行期年。《史記・天官書》乃至《淮南子・天文訓》詳論二十八宿，肯定秦漢時期已將二十八宿劃分爲四方，各主七宿：

> 東方蒼龍七宿：角、亢、氐、房、心、尾、箕。
> 北方玄武七宿：斗、牛、女、虛、危、室、壁。
> 西方白虎七宿：奎、婁、胃、昴、畢、觜、參。
> 南方朱雀七宿：井、鬼、柳、星、張、翼、軫。〔註307〕

〔註305〕見《京氏易傳》，卷上，頁66。
〔註306〕見《京氏易傳》，卷上，頁68～69。
〔註307〕二十八宿之源起，並不以秦漢爲先，早在三代即以觀星定四時之正，如《尚書・堯典》云：「日中星鳥，以殷仲春；日永星火，以正仲夏；宵中星虛，以殷仲秋；日短星昴，以正仲冬。」即黃昏時洛陽城日落後一刻的時間見鳥星（星宿）在正南方，是春天第二個月；大火（心宿）在正南方是夏天第二個月；虛星（虛宿）在正南方是秋季第二個月；昴星在正南方，是冬季第二個

《淮南子・天文訓》特別提到「日行一度，十五日爲一節，以生二十四時之變」，〔註308〕將二十八宿配入二十四時，可藉由二十四方位以應一年十二月的變化，誠如張其成所引「二十四方位配天盤圖」可知一般。〔註309〕

圖表 2-2-10　二十四方位配天盤圖

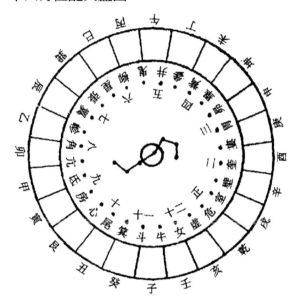

　　一般普遍以日在北方七宿中的室宿間爲正月，在西方七宿中的奎、婁宿爲二月，在昴宿爲三月，在畢宿爲四月，在南方七宿中的井宿爲五月，在柳宿爲六月，在翼宿爲七月，在東方七宿中的角宿爲八月，在房宿爲九月，在尾宿爲十月，在北方七宿中的斗宿爲十一月，在女宿爲十二月。〔註310〕而明代張介賓《類經圖翼》對此日行躔度的遷移則云：

　　　春分二月中，日躔壁初，以次而南，三月入奎、婁，四月胃、昴、
　　　畢，五月觜、參，六月入井、鬼，七月入柳、星、張；秋分八月中，
　　　日躔翼末，以交於軫，循此而北，九月入角、亢，十月入氐、房、

　　　月；可見二十八宿之用，由來已早。二十八宿分配之詳細情形，見【附錄二】
　　　各表所示。
〔註308〕見劉文典《淮南鴻烈集解》，卷三，頁98。
〔註309〕見張其成《易經運用大百科》（下篇），臺北：東南大學出版社，1996年5月
　　　初版，頁90。其法乃以十二地支爲地盤，二十八宿北斗爲天盤，隨天體運行
　　　而轉動天盤，可以確定天體運動與大地方位之間的關係。
〔註310〕見常秉義《周易與歷法》，北京：中國華僑出版社，2002年1月第2版第3
　　　次印刷，頁179。

心,十一月入尾、箕,十二月入斗、牛,正月入女、虛、危,至二月復交於春分而入奎。〔註311〕

張氏取漢代以來天文歷法的一貫說法,以春分日躔壁、奎而南爲天門,秋分日躔軫、角而北爲地戶。〔註312〕日行躔度在黃道上的遷移,是四季、二十四氣、七十二候更替的恆常指標,壁奎而南,日就陽道,日漸長而時漸暖,至參、井而達鼎盛;軫、角而北,日就陰道,日漸短而時漸寒,至箕斗而歸於陰極。這是日行躔度的規律性運行路線。

京房二十八宿的傳統天文歷法觀念,納於其易學論述中,將六十四卦納入二十八宿的運程,每一卦分配一宿,依二十八宿之方位次序而配入八宮六十四卦,其情形如下:

圖表 2-2-11　八宮六十四卦配二十八宿

卦次	宮位	卦名		配　宿　情　形〔註313〕	
1	乾宮	乾	䷀	參宿從位起壬戌	乾卦上九
2	乾宮	姤	䷫	井宿從位入辛丑	姤卦初六
3	乾宮	遯	䷠	鬼宿入位降丙午〔註314〕	遯卦六二
4	乾宮	否	䷋	柳宿從位降乙卯	否卦六三
5	乾宮	觀	䷓	星宿從位降辛未	觀卦六四
6	乾宮	剝	䷖	張宿從位降丙子	剝卦六五
7	乾宮	晉	䷢	翼宿從位降己酉金	晉卦九四
8	乾宮	大有	䷍	軫宿從位降甲辰	大有卦九三
9	震宮	震	䷲	角宿從位降庚戌土	震卦上六
10	震宮	豫	䷏	亢宿從位降乙未土	豫卦初六
11	震宮	解	䷧	氐宿從位降戊辰	解卦九二

〔註311〕見明張介賓《類經圖翼》,卷一,〈奎壁角軫天地之門戶說〉。引自臺北:臺灣商務印書館《景印文淵閣四庫全書·子部·醫家類》,第七七六冊,頁39。
〔註312〕同前注。
〔註313〕六十四卦配宿情形,其原文如乾卦「參宿從位起壬戌」等皆引自《京氏易傳》,故各卦所引,不再贅註。
〔註314〕「午」原文爲「辰」,惠氏誤。

12	震宮	恆	䷟	房宿從位降辛酉	恆卦九三
13	震宮	升	䷭	心宿入位降癸丑	升卦六四
14	震宮	井	䷯	尾宿從位降戊戌	井卦九五
15	震宮	大過	䷛	箕宿從位降丁亥	大過卦九四
16	震宮	隨	䷐	斗宿從位降庚辰〔註315〕	隨卦六三
17	坎宮	坎	䷜	牛宿從位降戊子	坎卦上六
18	坎宮	節	䷻	女宿從位降丁巳	節卦初九
19	坎宮	屯	䷂	虛宿從位降庚寅	屯卦六二
20	坎宮	既濟	䷾	危宿從位降己亥	既濟卦九三
21	坎宮	革	䷰	室宿從位降丁亥	革卦九四
22	坎宮	豐	䷶	壁宿從位降庚申	豐卦六五
23	坎宮	明夷	䷣	奎宿從位降癸丑	明夷卦六四
24	坎宮	師	䷆	婁宿從位降戊午	師卦六三
25	艮宮	艮	䷳	胃宿從位降丙寅	艮卦上九
26	艮宮	賁	䷕	昴宿從位降己卯	賁卦初九
27	艮宮	大畜	䷙	畢宿從位降甲寅	大畜卦九二
28	艮宮	損	䷨	觜宿從位降丁丑	損卦六三

以上二十八宿入卦，範圍黃道第一週

29	艮宮	睽	䷥	參宿從位降己酉	睽卦九四
30	艮宮	履	䷉	井宿從位降壬申	履卦九五
31	艮宮	中孚	䷼	鬼宿從位降辛未	中孚卦六四
32	艮宮	漸	䷴	柳宿從位降丙辰	漸卦九三
33	坤宮	坤	䷁	星宿從位降癸酉金	坤卦上六
34	坤宮	復	䷗	張宿從位降庚子	復卦初九

〔註315〕「斗宿」原作「計都」。

35	坤宮	臨	䷒	翼宿從位在丁卯	臨卦九二
36	坤宮	泰	䷊	軫宿從位降甲辰	泰卦九三
37	坤宮	大壯	䷡	角宿從位降庚午	大壯卦九四
38	坤宮	夬	䷪	亢宿從位降丁酉	夬卦九五
39	坤宮	需	䷄	氐宿從位降戊申	需卦六四
40	坤宮	比	䷇	房宿從位降乙卯	比卦六三
41	巽宮	巽	䷸	心宿從位降辛卯〔註316〕	巽卦上九
42	巽宮	小畜	䷈	尾宿從位降甲子	小畜卦初九
43	巽宮	家人	䷤	箕宿從位降己丑	家人卦六二
44	巽宮	益	䷩	斗宿從位降庚辰〔註317〕	益卦六三
45	巽宮	无妄	䷘	牛宿從位降壬午	无妄卦九四
46	巽宮	噬嗑	䷔	女宿從位降己未	噬嗑卦六五
47	巽宮	頤	䷚	虛宿從位降丙戌	頤卦六四
48	巽宮	蠱	䷑	危宿從位降辛酉金	蠱卦九三
49	離宮	離	䷝	室宿從位降己巳火	離卦上九
50	離宮	旅	䷷	壁宿從位降丙辰	旅卦初六
51	離宮	鼎	䷱	奎宿從位降辛亥水	鼎卦九二
52	離宮	未濟	䷿	婁宿從位降戊午火	未濟卦六三
53	離宮	蒙	䷃	胃宿從位降丙戌土	蒙卦六四
54	離宮	渙	䷺	昴宿從位降辛巳火	渙卦九五
55	離宮	訟	䷅	畢宿從位降壬午火	訟卦九四
56	離宮	同人	䷌	觜宿從位降己亥水	同人卦九三
以上二十八宿入卦，範圍黃道第二週					

〔註316〕此處配宿，《京氏易傳》缺文，據補。
〔註317〕原文「計宿」，宜爲「斗宿」。

57	兌宮	兌	䷹	參宿從位降丁未土	兌卦上六
58	兌宮	困	䷮	井宿從位降戊寅	困卦初六
59	兌宮	萃	䷬	鬼宿從位降乙巳〔註318〕	萃卦六二
60	兌宮	咸	䷞	柳宿從位降丙申	咸卦九三
61	兌宮	蹇	䷦	星宿從位降戊申	蹇卦六四
62	兌宮	謙	䷎	張宿從位降癸亥	謙卦六五
63	兌宮	小過	䷽	翼宿從位降庚午	小過卦九四
64	兌宮	歸妹	䷵	軫宿從位降丁丑土	歸妹卦六三

六十四卦配宿之運行順序，如下圖表所示：

圖表 2-2-12　六十四卦配二十八宿運行圖〔註319〕

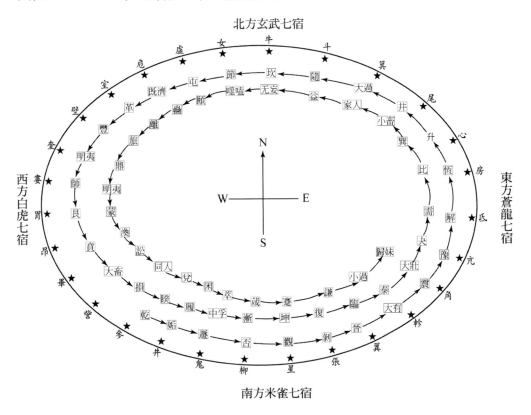

〔註318〕「鬼宿」原作「翼宿」，誤。
〔註319〕本圖表拙自繪製。

　　將二十八宿依次配入六十四卦中，自乾宮乾卦起，至兌宮歸妹卦終，周黃道二圈又八星宿。由是配宿之法，本於傳統天文之說，以西方白虎最末之參宿爲起始，時爲五月，配之以乾卦；其選擇五月爲建，與孟喜卦氣說相左，其目的蓋考量乾卦爲八宮卦之首，而西方屬金，而乾又爲金，故而配用之。日行躔度在黃道軌跡上移動，由參宿而入南方朱雀七宿，再入東方蒼龍七宿，再入北方玄武七宿，再轉入西方白虎七宿之觜爲二十八宿之一周，反復二周又至南方朱雀七宿之末軫宿，以歸妹卦相配。

　　京房以二十八宿配各卦六爻之位。如乾宮乾☰卦「參宿從位起壬戌」，以參宿起始於壬戌之位；即乾卦納「甲壬」（內卦納甲，外卦納壬），乾卦六爻支序爲子、寅、辰、午、申、戌，如此，上九爲壬戌，壬戌又爲乾上九世爻之位，上爻又居「宗廟」之位，故陸績注云「壬戌在世居宗廟」。〔註320〕又如乾宮姤☴卦「井宿從位入辛丑」；其內卦爲巽，初六納辛丑，而井宿正入居於姤卦初六丑之位，故云。又如乾宮遯☶卦「鬼宿入位降丙午」；遯卦內卦爲艮，六二納丙午，丙午爲遯卦二爻世位，而鬼宿入位而阪於艮卦丙午之位。又如乾宮否☷卦，「柳宿從位降乙卯」；否卦內卦爲坤，六三納乙卯，乙卯爲否卦三爻世位，而柳星降於否卦乙卯之位。其它各卦二十八宿配位之詮解，同理類推。

　　京房論卦，皆有二十八宿相配之說，成爲其占筮與解說陰陽災異的重要部份，然而惠棟考索京房易學，其二卷內容中皆不見二十八宿之說，顯然惠棟有意排除並避而不談，其動機所在，引人疑竇。揣其原因，蓋以京房附會二十八入配六十四卦，以五月配乾卦上九以建首，不符合一般起月之模式。此外，京房此說目的主在占筮，其配宿之法，不符一般常道。若惠棟以其不符曆法與科學之精神而予不言，倘眞如此，則就還原京房《易》說，則有失其全眞，不必如此自縛。

（二）風雨寒溫占

　　惠棟考索京房占風雨寒溫，開宗明義引《漢書‧天文志》云，「月爲風雨，日爲寒溫」；〔註321〕京房此說出於兩漢以降高度發達的天文知識而來，風雨寒溫之說，是從日月天象的變化而來的。以「月爲風雨」言，緣於月亮的運行，西漢天文學上的普遍說法，認爲「月有九行」，也就是月亮在空中

〔註320〕見《京氏易傳》，卷上，頁65。
〔註321〕見《易漢學》，卷五，頁1175。

運行於九條軌道上，包括黃道、黃道之北的二黑道、之南的二赤道、之東的二青道，以及黃道之西的二白道。並且，藉由觀測月行軌道與房宿四星交會的情形，作爲風雨災咎的依據，所以《漢書・天文志》提到「一決房中道」，「若月失節度而妄行，出陽道則旱風，出陰道則陰雨」。青赤出陽道，白黑出陰道」。〔註322〕「月行中道」，即月行軌道在房宿之中，也就是在房宿兩服之間，爲風雨調和的星象，象徵農事豐足、吉祥順遂、安寧和平之兆。〔註323〕月體行經房宿而未行中道，靠北行經陰間，則多陰多雨，靠南行經陽間，則多風多旱。倘月體行經房宿而偏離於整個房宿之外，偏北稱太陰，則大雨多水，偏南稱太陽，則大旱大風。由自然風雨之兆，並轉爲人事之應，這是兩漢時期論述天文時變的普遍思想。〔註324〕

〔註322〕見《漢書・天文志》云：「月有九行者，立春、春分，月東從青道；立秋、秋分，西從白道；立冬、冬至，北從黑道；立夏、夏至，南從赤道。然用之，一決房中道。青赤出陽道，白黑出陰道。若月失節度而妄行，出陽道則旱風，出陰道則陰雨。」觀測月亮通過房宿的情形，即以月行房中道爲決定風雨到來的依據。房宿四星（參見附錄二，二十八宿之介紹）略呈南北直線排列，垂直於黃道。《星經》云：「房爲四表，表三道，日月五星常道也。」日月五星正常的視運動是必通過房宿四星的。《觀象玩占》亦云：「房又爲四表，中間爲天衢大道，亦謂之天關，黃道所經，日月五星之所行也。」房宿爲古代天文星象中極爲重要者，總管四方，名稱甚多，如天床、天旗、天龍、天衡、天府、天駟、明堂等。

〔註323〕《國語》記載周景王問律於伶州鳩，伶州鳩云：「昔武王伐殷，歲在鶉火，月在天駟，日在析木之津，辰在斗柄，星在天黿。」認爲武王伐紂時的天象爲太陽在析木之次（即尾宿與箕宿之間），月亮在房宿。歲星（木星）在鶉火星次（當柳宿、星宿與張宿），北斗星的斗柄指在日月相會之處，當在玄枵星次，即在天黿之域。又云：「月之所在，辰馬農祥也。」是月亮在房宿是農事吉祥之兆。房宿四星幾成一線，四星爲「四表」，成三間隔爲「三道」，即南間、中間與北間。南間亦稱陽環或陽間，北間亦稱陰間或陰環。房宿稱天駟或天馬，於星占主車駕，故房四星最南一星（房宿一）名「左驂」，次南一星（房宿二）名「左服」，再往北一星（房宿三）名「右服」，最北者（房宿四）名「右驂」；《唐開元占經》云「房兩服之間是中道」，即房宿二和房宿三之間稱爲「中道」。月行中道，即「辰馬農祥」之兆。因此，《史記・天官書》有「月行中道，安寧和平」之說。

〔註324〕《史記・天官書》云：「月行陰間，多水，陰事。外北三尺，陰星。北三尺太陰，大水，兵。陽間，驕恣。陽星多暴獄。太陽，大旱喪也。」《唐開元占經》引《星經》云：「天道四表之間，三光之正路，人天之定位也。」《漢書・天文志》云：「月出房北，爲雨爲陰，爲亂爲兵；出房南，爲旱爲天喪。」是以月行房宿，不僅作爲風雨之兆的呈現，並相應人事之化。除了房宿之外，月行東方七宿的箕宿、軫宿，以及西方白虎七宿的畢宿，皆與風雨有關。參見

再言「日爲寒溫」。《周禮·地官司徒》論及立竿測日之法，以日影之朝夕長短，推求其陰風寒暑，而《漢書·天文志》更「立八尺之表」，以星宿之位，尋日影之長短，得四時寒溫之變，日影長度合於標準值與否，正是反映出爲四時寒溫是否合於正常之變的情形，並且因此而相應於世間人事之上。〔註325〕太陽實際上的運動表現，「日進而北」天氣逐漸溫暖，爲陽用事；「日退而南」則天氣由暖而寒，故爲陰用事。〔註326〕太陽在黃道上的運動速度，約日行一度，本不致出現什麼運行失度或陰陽失調的情形，然由於每年交節時刻的差異，可能出現正午日影長度的差別。當影長短於標準值時，即「當至而不至」；當影長長於標準值時，即「不當至而至」。由此而產生了占驗。〔註327〕《漢書·天文志》特別指出：

> 冬至日南極，晷長，南不極則溫爲害；夏至日北極，晷短，北不極則寒爲害。

又云：

> 晷過而長爲常寒，退而短爲常燠，此寒燠之表也，故曰爲寒暑。一曰晷長爲潦，短爲旱，奢爲扶。扶者，邪臣進而正臣疏，君子不足，

《漢書·天文志》、《史記·天官書》，乃至《詩經·小雅·大東》、《詩經·小雅·漸漸之石》等文，均有詳載，在此不再贅述。

〔註325〕《周禮·地官司徒》云：「以土圭之法測土深，正日景，以求地中。日南則景短多暑，日北則景長多寒，日東則景夕多風，日西則景朝多陰。」此即測日以立竿見影之法。《漢書·天文志》更詳以日影長短，推求四時之變。夏至，日在井宿，此時太陽近北極，太陽在天空位置高，投影短；冬至日在斗宿，距北極遠，太陽在天空位置低，故投影長。井宿爲南方朱雀之宿，故説日南；斗宿爲北方玄武之宿，故説日北。以竿長爲八尺，所謂「立八尺之表」，則夏至時日影長一尺五寸八分，冬至時日影長一丈三尺一寸四分。秋分時日躔東方角宿，春分時日躔西方婁宿，婁宿和角宿距北極居於井宿和斗宿距北極之中，其時日影爲七尺三寸六分。各節氣的晷（日影）長不同，且其值與所測地區之緯度有相對的必然關係。藉由測量晷長以訂定出標準值爲基準，倘今年某一時節測出者，符合標準值，則表示氣候的陰陽變化是正常而和諧的；若不符合標準值，則陰陽節氣之變失度。

〔註326〕從太陽實際的運動觀之，當太陽在天空中由南向北運行時，以中天子午線上來看，太陽是由低向高的運動，即由冬至到夏至的「日進而北」的階段，這時的天氣逐日溫暖，稱爲陽勝，或爲陽用事；反之，如果太陽在天空中由北向南，在中天子午線上，是由高向低的移動，也就是夏至到冬至的「日退而南」的階段，這時天氣逐日變寒，叫做陰勝，或爲陰用事。

〔註327〕《易緯·稽覽圖》、《通卦驗》詳論風雨寒溫，並特明「當至」與「不當至」的占驗之説，很可能是緣出於京房的主張。

　　　姦人有餘。〔註328〕

日影過多爲奢、爲扶。此年冬至日影不足標準長度，則來年多溫害；日影超過標準長度，則來年多寒冷之災。它不僅是寒溫水旱的反映，更是人事吉凶的表徵。

　　由月行偏於中道與日失晷度而有風雨寒溫之兆，日月的運行，影響了地球的氣候變化，這是自然天候轉變的常態現象。然而兩漢時期的易學家，以明乎天體之運行，配乎卦之消長與陰陽之消息，即建構所謂的卦氣之說，並終以占驗爲用。以卦象占風雨寒溫，總以應卦爲節；卦氣不效，則分至寒溫皆失其度，用此作爲趨時步吉的實用之學。所以惠棟引《漢書》谷永對策提到，「王者躬行道德，則卦氣理效，五徵時序；失道妄行，則卦氣悖亂，咎徵著郵」。又提到張衡上疏也說「律歷卦候」，「數有徵效」，肯定「漢儒皆用卦氣爲占驗」。〔註329〕這是陰陽五行、災異數術思想盛行與天文歷法科學發達的必然趨勢。因此，回頭談占風雨寒溫之說，其實也是卦氣說的一環；惠棟引王充《論衡》云：

　　　《易》京氏布六十四卦於一歲中，六日七分，一卦用事，卦有陰陽，

　　氣有升降，陽升則溫，陰升則寒，寒溫隨卦而至。〔註330〕

反對虛妄之學的王充，肯定京房一卦主六日七分以用事，以陰陽卦氣之升降而推演寒溫之變化；卦爻的變化，可以相當準確地描述寒溫的變化，即卦氣在本質上確能反映天地二氣的升降和陰陽的變易。展現出《易》卦納入天文歷律的高度成熟。不過，這裡有必要釐清的是，京房的六日七分法與孟喜說之異同；孟喜、焦延壽而京房，其易學是一脈的師承，京房的說法當然有源於前賢了。特別此小節所言「風雨寒溫」，惠棟引《漢書・京房傳》云：

　　　房治《易》，事梁人焦延壽，延壽字贛，其說長於災變，分六十四卦，

　　更值日用事，以風雨寒溫爲候，各有占驗，房用之尤精。〔註331〕

卦氣諸說，京房承其師而後出轉精於占驗之用。已如前一章節有詳述，孟喜以四正卦外的六十卦配一年三百六十日，每卦主六日，又分每日爲八十，分則五日又四分之一爲四百二十分，以六十除之，則每卦主八十分之七，如此

〔註328〕見《漢書・天文志》，卷二十六，頁1294～1295。
〔註329〕見《易漢學》，卷一，頁1050。
〔註330〕見《易漢學》，卷五，頁1175。
〔註331〕見《易漢學》，卷五，頁1176。

每卦實際主六日七分；這樣的分主，京房同於孟喜，然仍有不同之處，依《新唐書》引僧一行《卦議》云：

> 京氏又以卦爻配期之日，坎、離、震、兌，其用事自分、至之首，皆得八十分之七十三。頤、晉、井、大畜，皆五日十四分，餘皆六日七分。〔註332〕

京房在孟喜的基礎上，將春分的前一卦晉卦（屬驚蟄二月節末候卿卦）、夏至的前一卦井卦（屬芒種五月節末候卿卦）、秋分的前一卦大畜卦（屬白露八月節末候卿卦），以及冬至的前一卦頤卦（屬大雪十一月節末候卿卦）等四卦，在原來的每卦所主六日七分，分別減去七十三分（每日為八十分），則四卦各剩五日十四分，然另五十六卦仍維持不變的六日七分，但這四卦的各七十三分，則分別由坎、離、震、兌四正卦主之。京房之所以有別於孟喜，一行認為：

> 又京氏減七十三分，為四正之候，其說不經，欲附會《緯》文「七日來復」而已。〔註333〕

表明《易緯》早於京房，而京房改變孟喜的六日七分，主要是為了解說《易緯》的「七日來復」。《易緯》是否早於京房，一直是歷來探討的議題，但先儒普遍認為京房早於《易緯》，而「七日來復」乃復卦之卦辭，故說京房用以解釋復卦的「七日來復」尚可，而言附會《易緯》，似有倒置。〔註334〕不過，這裡也透露出一個訊息，《易緯》中論述卦氣與徵候之說頗繁，其中與京房相若而京房因文獻不足者，《易緯》成為復原京房主張的極重要之參考資料，特別是本段所言的風雨寒溫之說。

風雨寒溫因天體運動的自然變化，影響陰陽氣化之流行所致，此陰陽可以透過《易》卦來表現，特別以乾坤為根本，京房強調「乾坤者陰陽之根本」，

〔註332〕見《新唐書・志第十七上・歷三上》，卷二十七上，引僧一行《卦議》，頁598～599。

〔註333〕同前注引僧一行《卦議》，頁599。

〔註334〕《易緯・稽覽圖》論「甲子卦氣起中孚」，云「坎常以冬至日始效，復生坎，七日」。而孟喜四正卦說，以坎初六主冬至，《京氏易傳》卷下云：「龍德十一月在子在坎卦，左行。」是京房以坎為十一月，世卦起月例亦同。所謂「七日」來自「七日來復」，鄭玄注《稽覽圖》「消息及四時卦各盡其日」，云：「消息盡六日七分，四時盡七十三分。」依京房之說，以四正之坎卦及十二消息之復卦為例，坎卦主七十三分，復卦主六日七分，二者相加則為「七日」，如此，正合「七日來復」之說解了。《稽覽圖》的「七日」說，蓋源於京房的說法。

〔註335〕以乾坤二卦作爲八卦乃至六十四卦之基礎,「分天地乾坤之象」,其自強不息的氣化流行,爲宇宙化生之本源,所以「天地若不變易,不能通氣」,乾坤陰陽變化,乃能通氣,以其「變動不居,周流六虛,上下無常,剛柔相易」,然後「以通神明之德,以類萬物之情」。〔註336〕以氣化爲一切生成之本,風雨寒溫也因此而生,惠棟引《易緯》與鄭玄之注云:

> 《易·乾鑿度》曰:太初者氣之始,鄭康成注云:太初之氣,寒溫始生也。〔註337〕

直接點明太初之氣是始生之氣,寒溫也由是而生,所以氣之始生即寒溫之始生,寒溫即氣,是氣化流行的本來質性。《乾鑿度》詳細的內容爲:

> 昔者聖人因陰陽,定消息,立乾坤,以統天地。夫有形生於無形,乾坤安從生?故曰:有太易、有太初、有太始、有太素也。太易者,未見氣也;太初者,氣之始也;太始者,形之始也;太素者,質之始也。氣形質具而未離,故曰渾淪。渾淪者,言萬物相渾成而未相離。視之不見,聽之不聞,循之不得,故曰易也。易無形畔,易變而爲一,一變而爲七,七變而爲九,九者,氣變之究也,乃復變而爲一。一者形變之始,清雅者上爲天,濁重者下爲地。物有始有壯有究,故三畫而成乾。乾坤相並俱生,物有陰陽,因而重之,故六畫而成卦。〔註338〕

立乾坤以統天地爲有形,而有形之物皆由無形而生,故《易緯》建立宇宙的形成階段,從太易而太初,而太始,而太素,乃至萬物的造化,都是由無而有的歷程,由無形畔而變而爲「一」,並且「一」變「七」變「九」而又復歸於「一」,是一種「反復其道」〔註339〕的道理,更是一種以陽爲尊的思想主張。關於「太

〔註335〕見《京氏易傳》,卷下,頁132。
〔註336〕以上括弧引文,見《京氏易傳》,卷下,頁133～135。
〔註337〕見《易漢學》,卷五,頁1176。
〔註338〕見《易緯·乾鑿度》,卷上,頁481。此一引文,又見《乾鑿度》卷下;下卷所言,其不同者,惟「聖人」作「文王」,「易無形畔」作「易無形埒」,餘則爲虛詞之損益,文義概爲一致。另外,《列子·天瑞》也有相似之引文,其不同者在於《乾鑿度》之文最後歸於「三畫而成乾」,「六畫而成卦」,展現出易書的本色,但《列子》之文則歸於「沖和氣者爲人」,以及「萬物化生」。倘以《列子》後出,則其文或許是出自於《乾鑿度》者。又《白虎通義》卷九,論天地之始中提到:「始起先有太初,然後有太始,形兆既成,名曰太素,混沌相連,視之不見,聽之不聞,然後判。」顯然也襲引前者。
〔註339〕見復卦卦辭。

易」、「太初」、「太始」與「太素」於氣論中的位階與性質，鄭玄注云：

> 太易之始，漠然無氣可見者；太初者，氣寒溫始生也；太始，有
> 兆始萌也；太素者，質始形也。諸所爲物，皆成包裹，元未分別。
> 〔註340〕

「太易」之時，以氣之未見而未分，而「太初」則氣始見，「太始」以氣成而後形見爲物，「太素」則萬物素質由是淳在，但仍是未成物的氣之質。在太初的階段，氣的始生時就有了氣的寒溫，也就是氣的寒溫在氣形成的時候就自然具有的。在這裡，只論及寒溫而無風雨的並言，然而風雨寒溫本是氣候的狀態，指出了寒溫也就說明了風雨，只不過是省略未言罷了。本質上雖是如此，但京房的「日主寒溫」與「月主風雨」，顯然是有差別性的存在。鄭玄注《乾鑿度》時進一步云：

> 太易變而爲一，謂變爲太初也。一變而爲七，謂變爲太始也。七變
> 而爲九，謂變爲太素也。乃復變爲一，一變誤耳，當爲二，二變爲
> 六，六變爲八，則與上七九意相協。〔註341〕

日爲陽，是從「易」變「一」到「九」的變化階段就形成了，而月爲陰，則是形變從「二」到「八」的變化階段才形成的；其形成是有先後次第的，也就是先寒溫而後風雨，相對於寒溫，則風雨就更爲有形，但這些都是陰陽的基本表現。

　　京房的風雨寒溫之說，本質上仍屬卦氣說的範疇，是一種以風雨寒溫與卦爻間的聯繫而進行占測的方法與主張，這樣的方法與主張，從《易緯》所講的卦氣與節候占測，正而體現京房這方面的核心內容。惠棟引鄭玄注《通卦驗》云：

> 春三月，候卦氣者，泰也，大壯也，夬也；皆九三、上六。夏三月，
> 候卦氣者，乾也，姤也，遯也；皆九三、上九。秋三月，候卦氣者，
> 否也，觀也，剝也；皆六三、上九。冬三月，候卦氣者，坤也，復

〔註340〕見《易緯・乾鑿度》，卷上，頁481。

〔註341〕見《易緯・乾鑿度》，卷上，頁 481。鄭玄改「一」爲「二」，其持說固有其理，後來者多有有持不同意者。高懷民《中國哲學在皇皇易道中成長發展》一書中，周圓《乾鑿度》「一變而爲七，七變而爲九，九者，氣變之究也，乃復變而爲一」的氣化理論，反對鄭玄「復變而爲一」之「一」易爲「二」。體察《乾鑿度》精義，言之成理。(見高懷民《中國哲學在皇皇易道中成長發展》，作者自印，1999 年 2 月初版，頁 289～293。)

也，臨也，皆六三、上六。〔註342〕

從一年四季言，春正月泰☷☰卦，二月大壯☷☰卦，三月夬☱☰卦，此春三月之辟卦，其第三爻皆爲陽爲剛之爻，而上爻則又皆爲陰爲柔之爻，所以稱爲「皆九三、上六」。夏四月乾☰☰卦，五月姤☰☴卦，六月遯☰☶卦，此夏三卦第三爻皆爲陽爲剛之爻，而上爻則亦皆爲陽爲剛之爻，故稱爲「皆九三、上九」。秋七月否☰☷卦，八月觀☴☷卦，九月剝☶☷卦，此秋三卦第三爻皆爲陰爲柔之爻，而上爻則皆爲陽爲剛之爻，故稱爲「皆六三、上九」。冬十月坤☷☷卦，十一月復☷☳卦，十二月臨☷☱卦，此冬三卦第三爻皆爲陰爲柔之爻，而上爻亦皆爲陰爲柔之爻，故稱爲「皆六三、上六」。十二消息卦以春夏六卦泰卦至遯卦爲「太陽」，以秋冬六卦否卦至臨卦爲「太陰」。〔註343〕此十二卦以其第三爻決定該卦之寒溫，陽爻爲溫，陰爻爲寒；上爻決定該卦寒溫之「微」或「決」，陽爻爲「微」，而陰爻爲「決」。「決」爲寒或溫明顯地上升，而「微」則是寒或溫未來的趨向。〔註344〕如春三月泰☷☰卦、大壯☷☰卦、夬☱☰卦等三卦，「皆九三、上六」，以九三爲陽爲「溫」，而上六爲陰爲「決」，故當爲「決溫」；「決溫」是指春季從正月至三月氣溫明顯地上升之情形。同理，夏季三個月乾☰☰卦、姤☰☴卦與遯☰☶卦，「皆九三、上九」，當爲「微溫」，以其氣溫上升趨趨減緩，氣溫將逐漸下降。秋季三個月否☰☷卦、觀☴☷卦與剝☶☷卦，「皆六三、上九」爲決寒之象，寒氣正處上升之趨勢，即明顯地日益變寒。冬季三個月坤☷☷卦、復☷☳卦與臨☷☱卦，「皆六三、上六」爲微寒之卦象，寒氣上升之勢漸盡而趨於轉溫。這裡可以進一步看到，焦、京以降，以寒溫說而又分太陰與太陽之卦，與孟喜消息卦陽息陰消之法由十一月復卦一陽生而終於十月全陰的坤卦，區分的陰陽屬性之卦，〔註345〕二者明顯是不同的，焦、京之目的在於使歷法與實際的氣候能同步連結。

〔註342〕見《易漢學》，卷五，頁1176。

〔註343〕鄭玄注《稽覽圖》云：「太陰謂消也，從否卦至臨卦爲太陰。」「太陽謂息也，從泰卦至遯卦爲太陽。」（見《稽覽圖》，卷上，頁500。）將十二消息卦又分爲二組，一爲太陰卦，一爲太陽卦。此種分法，與孟喜消息卦中的陰消陽息之卦明顯不同。

〔註344〕鄭玄於《稽覽圖》中注云：「雜卦九三、上六決溫；九三、上九微溫；六三、上九決寒；六三上六微寒。」（見《稽覽圖》，卷上，頁500。）說明「決」之義爲寒或溫明顯地上升，而「微」則是寒或溫未來的趨向。

〔註345〕孟喜十二消息卦，復、臨、泰、大壯、夬卦與乾卦爲六陽卦，而姤、遯、否、觀、剝卦與坤卦爲六陰卦。

前述所引《通卦驗》論十二消息卦相與寒溫之說，卻未涉及風雨之說。事實上，《易緯》另作了區別。《稽覽圖》藉由「形體」加以分別，云：

> 凡形體不相應，皆有其事而不成也，其在位者，有德而不行也。有貌無實，有實無貌，故言從其類也。上爲貌也，寒溫爲實，溫爲尊，寒爲卑。故尊見卑，益自尊；卑見尊，益自卑，則寒溫決絕矣。兩尊兩卑無所別，則寒溫微不絕決。陰陽升，所謂應者，地上有陰，而天上有陽曰應，俱陰曰罔。地上有陽，而天上有陰曰應，俱陽曰罔。〔註346〕

對此，鄭玄注云：

> 形，謂白濁清淨可得而見，故言形體者，以身體寒濁也。不相應者，溫不清淨，寒不白濁也。〔註347〕

「形」是「可得而見」者，即白濁與清淨，是風雨所反映的氣候之情形。與「形」相對應的「體」就是寒溫，所以「寒溫爲實」，即是「體」，而清淨白濁爲「形」。以形體的相應與不相應作爲占測的標準，溫而清淨，寒而白濁謂之形體相應；溫而白濁或寒而清淨則爲形體不相應。寒溫清濁，即卦氣之形體，形體相應表正常之象，不相應則爲反常，有事而不成，也表明在位之帝王，不行正道。「形」又稱爲「貌」，而「體」又稱爲「實」，貌實相當爲正。惠棟進一步引鄭玄注云：

> 有寒溫，無貌濁清靜，此賢者詘仕于不肖君也。有貌濁清靜，無寒溫，此佞人以便巧仕於世也。〔註348〕

從形貌體實而言，寒溫爲實爲體，白濁清淨爲貌爲形。有實無貌雖爲賢者，卻詘仕於無道之君；有貌無實者則爲巧仕於世的佞人。此外，「溫爲尊，寒爲卑」，鄭玄認爲「溫喻君，寒喻臣。君當施生，臣當奉命，尊卑等也」；而「九三應上六，六三應上九，則寒溫決絕可知」。〔註349〕說明了何以三爻與上爻陰陽不同爲「決」的原因；也就是若九三爲尊，則上六爲卑，尊見卑則更顯自尊；六三爲卑，見上九爲尊，更見自卑。於是寒溫之「實」則明顯增升。如果不是尊見卑或是卑見尊，而是「兩尊兩卑無所別」，也就是六三應上六，或

〔註346〕見《稽覽圖》，卷上，頁 500～501。
〔註347〕見《稽覽圖》，卷上，頁 500。張惠言《易緯略義》認爲「濁」當爲「溫」。「寒不白濁也」句，原無「不」字，張以其文義不正而增「不」字，據改。
〔註348〕見《易漢學》，卷五，頁 1177。
〔註349〕見《稽覽圖》，卷上，頁 500。

九三應上九，「則寒溫微不決絕」。即是尊見尊，卑見卑；尊見尊並不更顯尊，卑見卑也不更自卑，因而寒溫變化不明顯，故寒溫微，不「決」絕。因此，尊卑必顯，若尊卑不顯，則表明陰陽不相應。「地上有陰，而天上有陽曰應，俱陰曰罔」，即六三應上九，六三爲寒，上九爲決，此時爲陰陽相應；六三與上六，兩陰無相見，且尊卑不顯，寒只有微變或不變，故無應，而「俱陰曰罔」。此外，九三與上六之陰陽相應，當清淨而溫，溫候明顯而決，而九三與上九俱陽而兩無相見，所以說「地上有陽，而天上有陰曰應，俱陽曰罔」。

加入「風雨」爲占，其占法就更加複雜了。《稽覽圖》提到：

> 降陽爲風，降陰爲雨。昇氣上，降氣微，是故陽還，其風必暴。陰還，其雨亦暴。降陽之風，動不鳴條。降陰之雨，潤不破塊。還風者，善令還也。陰還雨，陰威色。〔註350〕

鄭玄注云：

> 上九用事，卦效後一百二十日，降爲卒風。其不效也，後九十一日，降爲災風。天惡氣不得上天中，九十一日爲災風，其陰不時，卦四方生形也，故曰降陽必爲其風。上九用事，卦效後一百二十日，降陰爲雨。〔註351〕君弱臣強，不得以時昇降。昇氣，喻君；降氣，喻臣也。君弱臣強，君令不得行，降氣積後，一百三十日內，陰得同類並下，故薄，故必暴也。臣強君弱，君澤不得行，降氣道積後，一百三十日內，得同類並下，故薄也。一曰，昇降氣爲陰陽，卦昇於九三、六三，寒溫過，暴疾起時，降氣而上也，降氣盛至十日七日，近三日四日，其降也，有鳴鳳之口，發屋折木之風，是一百三十日，故曰還也。〔註352〕

「降陽爲風」的情形，爲卦效一百二十日起卒風，是正常的風，若卦不效，則其後九十一日降爲災風，主要是惡氣不得上天中所致。同樣，「降陰爲雨」，卦效後一百二十日，亦有降陰爲雨者。陰陽氣化流行，陽昇陰降，陽氣上昇與陰氣下降是它們本來的質性。上昇之陽氣爲象君爲，下降之陰氣則象臣爲卑；陰陽升降，君令臣行，符合其常道，才有其正常的氣應與正常的秩序。

〔註350〕見《稽覽圖》，卷上，頁 501。
〔註351〕張惠言《易緯略義》，認爲於「卦效後一百二十日降陰爲雨」句，後有「其不效，亦後九十一日降爲災雨也」。
〔註352〕見《稽覽圖》，卷上，頁 501。惠棟《易漢學》同引此陽君陰臣之說。（卷五，頁 1180。）

所以當昇氣上而降氣微時，而至陽氣上積，不以時降，而產生了「陽還」風暴的情形，此乃陰陽不和或陰陽不得相應之時，陽氣在上不斷累積，對應於君道在上而不能施行，君王的命令不能被臣下執行，此君令不行，主要是因爲強臣之阻撓所致；所以說，陰陽不交，陽氣不以時降，此應君弱臣強，到了一定的程度後，就會爆發致亂。陽還爲君弱臣強，陰還爲臣強君弱，前者是陽衰而相對陰盛，後者是陰盛而陽相對爲衰；二者雖相對陰盛，但其形式表現卻不同；陽衰表現爲陽還，陰盛表現爲陰還。這裡特別要補充的是，陽與陰，君與臣，是一種尊與卑的認識，是董仲舒以降兩漢時期的普遍主張，在京房的思想裡，同樣秉持陽尊陰卑爲立說，反此定則者則爲凶咎。〔註353〕

　　京房複雜的占測體系，「以風雨寒溫爲候，而後以人事明之」，其主要目的在於相應於人事之變，同屬於兩漢時其盛行的天人感應思想的範疇，只不過京房以《易》卦作爲其理論建構的基礎。因此，惠棟深明以寒溫同卦氣爻位而論，重在藉由占驗以明人事。惠棟引孟喜之言，也強調「《易》本于氣，而後以人事明之。風雨寒溫，氣也；道人佞人，以人事明之也」之理。〔註354〕氣形以風雨寒溫，重在以此自然之變而比附人事吉凶休咎。所以，惠棟進一步引言：

> 京房上封事曰：臣前以六月言遯卦不效，法曰：道人始去，寒，涌水爲災，至其七月，涌水出。臣弟子姚平謂臣曰：房可謂知道，未可謂信道也。房言災異，未嘗不中，今涌水已出，道人當逐死，尚復何言。〔註355〕

惠棟爲案語，明白地解釋遯卦不效之由：

> 遯，六月辟卦也。道人有寒溫，無貌濁清靜，道人去，佞人來，有貌濁清靜而無寒溫，是以辟卦不效，當溫反寒，而有涌水之災。
> 〔註356〕

〔註353〕陽尊陰卑的思想，《京氏易傳》中充份地體現，處處可見其鑿痕，如釋乾卦云：「陽爲君，陰爲臣。」否卦：「小人道長，君子道消，……危難之世，勢不可久。」觀卦：「月象陰道已成，威權在臣。」恆卦：「陰陽升降，反爲陰，君道漸進，臣下爭權。」豐卦：「臣強君弱，爲亂世之始。」大畜卦：「乾氣內進，君道行也。」復卦：「陽來蕩陰，陰柔反去，剛陽復位，君子進，小人退。」當然，不論是《易經》或《易傳》，本身就有強烈的陽尊陰卑之氛圍，然而京然予以表現得更爲具體，特別是表現在政治人事之上，尤其是君臣的關係上。
〔註354〕見《易漢學》，卷五，頁1177。
〔註355〕見《易漢學》，卷五，頁1177。
〔註356〕見《易漢學》，卷五，頁1178。

六月遯䷠卦「皆九三、上九」爲陽爲剛之爻，本當以其氣溫上升趨趨減緩，氣溫將逐漸下降而爲「微溫」之象；至秋七月否䷋卦爲「皆六三、上九」之爻象，是寒氣正處上升、日益變寒之趨勢，屬決寒之象；然而辟卦不效，有貌濁清靜而無寒溫，災難由是應生。又引郎顗言：

> 郎顗上便宜七事曰：去年已來，兌卦用事，類多不效。《易傳》〔註357〕曰：有貌無實，佞人也；有實無貌，道人也。寒溫爲實，清濁爲貌。今三公皆令色足恭，外屬內荏，以虛事上，無佐國之實；故清濁效而寒溫不效也。是以陰寒侵犯消息；占曰：日乘則有妖風，日蒙則有地裂，如是三年，則致日食，陰侵其陽，漸積所致，立春前後溫氣應節者，詔令寬也，其後復寒者，無寬之實也。〔註358〕

此即有實無貌與有貌無實之占應，主要是述明詔令雖寬而無其實。按兌卦爲四正卦之一，主秋令，辟卦當七月否卦、八月觀卦、九月剝卦，皆爲六三上九決寒白濁之候；三公皆以佞治事，貌爲清淨，而其時實當爲陰寒，故有貌無實，佞人當道。至立春前後，當爲溫氣應節，但後即陰寒；所以，表示雖有詔令爲寬，卻無寬的實際。今觀《後漢書》本傳，察其所陳，每事皆依京《易》，間用齊《詩》，雜以星占、風角，以經典爲據，不用讖緯，〔註359〕知京房之學，於兩漢其間，同王充諸儒，皆不以之爲斥，並不與讖緯並言，而能廣納證說人事，有其足式之範，惜哉京房學說資料散佚，僅能引郎顗諸人之說來增補。惠棟又引京房上封事之說：

> 京房上封事曰：乃丙戌小雨，丁亥蒙氣去，然少陰並力而乘消息，戊子益甚，到五十分，蒙氣復起，此陛下欲正消息。雜卦之黨，並力而爭，消息之氣不勝，彊弱安危之機，不可不察。已丑夜有還風，盡辛卯，太陽復侵色，至癸巳，日月相薄，此邪氣同力而太陽爲之疑也。孟康注曰：諸卦氣以寒溫不效，後九十一日爲還風。還風，暴風也。風爲教令，言正令還也。〔註360〕

惠棟所引，實與前述《稽覽圖》寒溫不效的「還風」、「暴風」相映於人事之說同，二者蓋同一系之說。

〔註357〕此言「《易傳》」，實《京氏易傳》。知郎顗熟稔京房占說，並能信手引用。
〔註358〕見《易漢學》，卷五，頁1178。
〔註359〕參見《後漢書·郎顗傳》所載，不能一一證述。
〔註360〕見《易漢學》，卷五，頁1179。

　　惠棟引言立說，除了可以相驗於《易緯》系統性的論述，而見京房此論之崖略外，更可進一步得知兩漢時期，以風雨寒溫爲占，並訴諸於人事之化，尤其擅用於政事應驗之上，爲普遍的風尚。京房的風雨寒溫占驗之說，藉由自然的變化，體現於人世間的政治上，不論是自然界的氣候變化，乃至卦氣盈虛，在宇宙本質的深處，都有其共性的存在，都同受宇宙力量的支配。宇宙的本質，有其一定的規律，這樣的規律，反映在風雨寒溫的變化，而置入於卦爻陰陽變化的理論系統中，正可以用來推驗人事的一切變化，特別是用於政治的訴求上，成爲天人感應下對國君的有效制約。

（三）蒙氣與以錢代蓍之說

1. 以蒙氣爲災異之說

　　京房的完整蒙氣主張，今存論著與有關佚文所見不全，不能知其全般，大部份的內容僅能從《漢書》本傳中去推求拼湊，其內容多在京房呈送漢元帝的數份上封事中，並皆針對當時蒙氣情況而作的解釋與推占。「蒙氣」在當時已是一種普遍的定型化名詞，其緣起爲何？內涵爲何？惠棟在考索京房「蒙氣」這個命題，開宗明義引蒙䷃卦《象傳》與荀爽注：

> 《易》蒙《象》曰：初筮告，以剛中也。再三瀆，瀆則不告，瀆蒙
> 也。荀爽曰：「再三」謂三與四也。皆乘陽不敬，故曰「瀆」。瀆不
> 能尊陽，蒙氣不除，故曰「瀆蒙也。」〔註361〕

惠棟似乎認爲京房的蒙氣主張，源自於《象傳》「瀆蒙」而來，以陰氣乘陽不敬，不能以陽氣爲尊，如此而生「蒙氣」。「蒙氣」即「氣」，只不過此氣是一種不合正道的承陽之氣。惠棟進一步引論「蒙氣」的實質意義：

> 郎顗曰：《易內傳》曰：久陰不雨，亂氣也，蒙之比也。蒙者，君臣
> 上下相冒亂也。〔註362〕

> 《易緯·稽覽圖》曰：日食之比，陰得陽蒙之比也。陰冒陽也。康
> 成注云：蒙氣，比非一也，邪臣謀覆冒其君，先霧從夜昏起，或從
> 夜半，或平旦，君不覺悟，日中不解，遂成蒙，君復不覺悟，下爲
> 霧也。〔註363〕

〔註361〕見《易漢學》，卷五，頁1182。
〔註362〕見《易漢學》，卷五，頁1182～1183。
〔註363〕見《易漢學》，卷五，頁1182。「比」音「庇」。

「蒙氣」，簡而言之，即久陰無雨之狀，其狀態質性是一種「氣」，以陰僭其位而亂氣漫布，故稱為「蒙氣」。然而語意概括，未見其細，卻頻以「蒙氣」附應人事而疾言之；是以「蒙」乃君臣上下未正其位而相冒亂，尤其奸佞邪惡之臣，陰謀蒙蔽其君，所應之象為黃昏至夜半再到平旦之時，期間先有薄霧起，此時君王當以此為戒，審其臣是否有所謀犯之舉；倘君王未能覺悟察明，則第二天白晝起至日中，皆昏蒙彌漫，至此有奸佞陰謀蒙蔽君王之事已可確定。此「蒙」為霧，不以下雨之形見。所以，「蒙」的自然之象為「蒙氣」，其徵候為生於夜，而至白晝仍不退散，又無下雨之兆；擴而言之，為長時期的陰沈不雨，亂風四起，是為「蒙氣」。〔註364〕此「蒙氣」為氣的陰陽失序之亂氣現象，轉諸於人事之相應，則為君臣的上下冒亂。

　　惠棟引建昭二年（西元前三十七年）二月朔，向漢元帝拜上封事所言：

　　　　辛酉以來，蒙氣衰去，己卯臣拜太守，迺辛巳蒙氣復來，封太陽侵色，此上大夫覆陽而上意疑也。〔註365〕

惠棟引文，斷其章而取其要，全文為：

　　　　辛酉以來，蒙氣衰去，太陽精明，臣獨欣然，以為陛下有所定也。然少陰倍力而乘消息。臣疑陛下雖行此道，猶不得如意，臣竊悼懼。守陽平侯鳳欲見未得，至己卯，臣拜為太守，此言上雖明下猶勝之效也。臣出之後，恐必為用事所蔽，身恐而功不成，故願歲盡乘傳奏事，蒙衰見許。乃辛巳，蒙氣復乘卦，太陽侵色，此上大夫覆陽而上意疑也。己卯、庚辰之間，必有欲隔絕臣令不得乘傳奏事者。

　　　　〔註366〕

此文為京房就任魏郡太守前拜上封事之文，以陰蒙之氣的衰去而相對陽氣清明，認為君王以此而能有卓裁，卻因「少陰倍力而乘消息」，內臣極力蒙蔽君王，〔註367〕恐國君為用事之臣所蒙蔽，自己雖身死而功仍不就，所以「歲盡

〔註364〕《晉書‧天文志》云：「凡連陰十日，晝不見日，夜不見月，亂風四起，名曰蒙，臣有謀。」依此言，則不僅一天兩天的陰沈無雨，尚不能謂之蒙，要連續十天才稱為蒙。也就是長時間的陰沈不雨，亂風四起，以此為亂氣為蒙。比之於人事，君王為陽，臣下為陰，蒙氣出現則意味著陰浸陽或陰覆陽，比為佞臣蒙蔽君王之象。

〔註365〕見《易漢學》，卷五，頁 1183。上封事時間，惠棟注為建昭三年，誤，實為二年。見《漢書‧京房傳》，卷七十五，頁 3164。

〔註366〕見《漢書‧京房傳》，卷七十五，頁 3164。

〔註367〕孟喜卦氣說中已詳述，六十四卦配於一年，坎、離、震、兌四正卦，主二十

乘傳奏事」；然到任郡太守後辛巳日，蒙氣侵太陽，佞臣蒙蔽君王，所以京房「不得乘傳奏事」。從卦象言，雜卦當事，雜卦覆於辟卦，倘天氣清明而無蒙氣，仍可「太陽精明」，此辟卦當值或雜卦當值，仍無覆或乘辟卦之危，於人事則君王英明，而姦佞無所乘隙。辛巳日起蒙氣突生，與雜卦（睽卦，甚至前推辛巳日前的謙卦）同時當令用事，表明佞臣之謀急切，陰覆陽而君王為之蔽，君王因此而對自己的決定有所疑慮。京房藉由蒙氣為占，希冀君王警惕佞臣要隔絕他與國君間的聯繫之陰謀，充份地推占蒙氣於人事之上。此外，惠棟又引京房於弘農郡的陝縣再次上封事之文與孟康之注：

> 房至陝，復上封事曰：乃丙戌小雨，丁亥蒙氣去，然少陰並力而乘消息，戊子益甚，到五十分，蒙氣復起。孟康曰：分一日為八十分，分起夜半，是為戊子之日。日在巳西而蒙也。蒙常以晨夜，今向中而蒙起，是臣黨盛，君不勝也。〔註368〕

同以蒙氣為論，不斷強調「少陰並力而乘消息」；就卦氣言，二月辟大壯卦，

四節氣；餘六十卦，卦氣起中孚，每卦六日七分，五卦一月，並分公、辟、侯、大夫與卿卦五等。六十卦中之十二辟卦，分消卦與息卦二類，自復而乾六卦為息為陽，自姤至坤六卦為消為陰。非辟卦之四卦稱為雜卦，雜卦按其所屬分為少陽卦或少陰卦。然京房以正月為首，自正月至六月為上半年為陽，於辟卦為自泰卦至遯卦。自七月至十二月為下半年為陰，於辟卦為自否卦至臨卦。元帝試考功課吏法是在建昭元年（西元前三十八年）十一月底、十二月初期間，該年十一月二十一日乙卯冬至，中孚卦歷六日七分，至十一月二十七日起復卦，復為十一月辟卦，再歷六日七分，到屯卦為侯卦，此時為十二月初四晨，然後大夫謙卦，是十二月初十上午，續而卿睽卦，是十二月十六日中午，此時京房發為魏郡太守已成定局。十一月辟復卦為陰屬，含中孚、屯、謙、睽等卦，京房或據此而言少陰。少陰為臣，凌越與蒙蔽君王，所以少陰「乘消息」。

〔註368〕京房再次上封事，全文云：「乃丙戌小雨，丁亥蒙氣去，然少陰並力而乘消息，戊子益甚，到五十分，蒙氣復起。此陛下欲正消息，雜卦之黨並力而爭，消息之氣不勝。彊弱安危之機不可不察。己丑夜，有還風，盡辛卯，太陽復侵色，至癸巳，日月相薄，此邪陰同力而太陽為之疑也。臣前白九年不改，必有星亡之異。臣願出任良試考功，臣得居內，星亡之異可去。議者知如此於身不利，臣不可蔽，故云使弟子不若試師。臣為刺史又當奏事，故復云為刺史恐太守不與同心，不若以為太守，此其所以隔絕臣也。陛下不違其言而遂聽之，此乃蒙氣所以不解，太陽亡色者也。臣去朝稍遠，太陽侵色益甚，唯陛下毋難還臣而易逆天意。邪說雖安于人，天氣必變，故人可欺，天不可欺也，願陛下察焉。」（見《漢書‧京房傳》，卷七十五，頁3165～3166。）京房此文，語氣悲壯，去月有餘，竟徵下獄。是以其占論，未必為元帝所納。

而推前一年十一月二十一日交多至起公卦中孚，至當年二月二十三日正好九十一日，爲二月公解卦爲雜卦當值。〔註369〕《後漢書・郎顗傳》提到「霾之始發大壯始，君弱臣彊從解起」，〔註370〕所說的即是「少陰並力而乘消息」的情形。蒙氣在黃昏之前就出現，表明的是雜卦所象之佞臣黨盛，而君王不能勝之窘境。由二上封事之文，引蒙氣爲說，主要在於藉自然災異、氣候變化，以相應於王朝佞臣的作亂，將災變與國祚興廢作了直接的聯繫。反映出西漢陰陽五行、天人感應學說的實質面貌。

此外，惠棟引京房《易傳》云：

> 有蜺蒙霧，霧上下合也，蒙如塵雲。〔註371〕臣私祿及親，茲謂罔辟，厥異蒙。其蒙先大溫，已蒙起，日不見。行善不請于上，茲謂作福，蒙一日五起五解。辟不下謀，臣辟異道，茲謂不見，上蒙下霧，〔註372〕風三變而俱解。立嗣子疑，茲謂動欲，蒙赤，日不明。德不序，茲謂不聰。蒙，日不明，溫而民病。德不試，空言祿，〔註373〕茲謂主䆑臣夭，蒙起而白。君樂逸人茲謂放，蒙，日青，黑雲夾日，左右前後行過日。〔註374〕公不任職茲謂怙祿，蒙三日，又大風五日，蒙不解。利邪以食，茲謂閉上，蒙大起，白雲如山行蔽日。公懼不言道，〔註375〕茲謂蔽下，蒙大起，日不見，若雨不雨，至十二日解，而有大雲蔽日。祿生於下，茲謂誣君，蒙微而小雨，已乃大雨。下相攘善，茲謂盜明，蒙黃濁。下陳功求於上，茲謂不知，蒙微而赤風鳴條，解復蒙。下專，刑茲分威，蒙而日不不得明。大臣厭小臣，茲謂蔽，蒙微，日不明，若解不解，大風發，赤雲起

〔註369〕解卦於二月二十四日辰初起當令。

〔註370〕見《後漢書・郎顗傳》，卷三十下，頁1072。

〔註371〕「蒙如塵雲」，惠棟引文原缺「雲」字，據改。「有蜺蒙霧，霧上下合也，蒙如塵雲」一段，原並不與「臣私祿及親，茲謂罔辟，……」段同文，惠棟卻將之合併，且又未注其緣由，此引文之失甚矣。該文最早見於《漢書・五行志》卷二十七，清初馬驌《繹史》卷一百五十四，以及李鍇《尚史》卷九十五，乃至王保訓輯《京氏易》卷二，皆同引《五行志》文，並以「蒙如塵」，「塵」字後接「雲」字。此惠棟引文之缺舛。

〔註372〕「上蒙下霧」，惠棟原引文缺「上」字，今以《漢書・五行志》、《宋名臣奏議》等諸家之文相校，據改。

〔註373〕惠棟原缺「空言祿」三字，據增。

〔註374〕原引文「過日」前缺「行」字，據增。

〔註375〕原引文「道」字之前缺「言」字，據增。

而蔽日。不眾惡惡，茲謂蔽，蒙，尊卦用事，三日而起，〔註376〕
日不見。漏言無喜，〔註377〕茲謂下厝用，〔註378〕蒙微，日無光，
有雨雲，雨不降。廢忠惑佞，茲謂亡，蒙，天先清而暴，蒙微而日
不明，有逸民，茲謂不明，蒙濁，奪日光。公不任職，茲謂不紲，
蒙白，三辰止則日青，青而寒，寒必雨。忠臣進善君不試，茲謂過，
蒙先小雨，雨已蒙起，微而日不明。惑眾在位，茲謂覆國，蒙微而
日不明，一溫一寒，風揚塵。知佞厚之，茲謂痺，蒙甚而溫，君臣
故弼，茲謂悖，厥災風、雨、霧，風拔木，亂五穀，已而大霧。庶
正蔽惡，茲謂生孽災，厥異霧。此皆陰雲之類云。〔註379〕

「有蜺蒙霧，霧上下合也，蒙如塵雲」文，與「臣私祿及親，茲謂罔辟，……」
文，本出處不同，惠棟將之並列合言，未加注明，且多有缺字，引文上明顯
不夠嚴謹。此文目的在於述明「蒙氣」之內涵，尤其可以「蒙如塵雲」概括
蒙氣之質性樣態，並分列二十五種蒙氣而後論之。綜覽所述二十五種蒙氣，
這二十五種蒙氣，其蒙氣起必帶來「日不明」、「日不見」、「日無光」、「奪日
光」、「大雲蔽日」、「黑雲夾日」等現象，也就是說，蒙氣興起的最重要現象
是蔽日，削減或抑制了太陽光，原本「如日中天」的君王，日光因蒙氣而衰，
未能顯耀中天，其兆象徵君王之凶。另外，蒙氣與寒溫風雨又有密切的相關，
也就是蒙氣起的前後有寒溫風雨的變化，特別是蒙氣生後有風；而雨的方面，
有蒙氣與雨相隨，亦有「若雨不雨」、「有雨雲而雨不降」的不雨現象。又，
蒙氣起又伴隨顏色的變化，如「蒙起濁」、「黃濁」，乃至赤、白、青、黑等顏
色的形成。又，蒙氣的解與復，也就是蒙氣的散去與再次的到來，與寒溫風
雨等現象有彼此聯繫的關係，其時日有某種程度的一定性，如「蒙三日，又
大風五日，蒙不解」、「蒙大起，日不見，若雨不雨，至十二日解，而有大雲
蔽日」等。又，蒙氣與霧亦極相關，特別是提到「厥災風、雨、霧」、「厥異
霧」時，似乎起霧本身就是一種蒙氣，然而提到「辟不下謀，臣辟異道，茲

〔註376〕原引文「而」字前缺「日」字，據增。
〔註377〕原引文「亡」字，「亡」當為「無」字，據改。
〔註378〕「厝」字後接「用」字，據增。
〔註379〕引文見《易漢學》，卷五，頁1183～1185。此文最早出於《漢書・五行志》，
卷二十七；後諸家亦引，如宋趙汝愚編《宋名臣奏議》卷三十九、明徐應秋
《玉芝堂談薈》卷二十、馬端臨《文獻通考》卷三〇六、清李鍇《尚史》卷
九十五、馬驌《繹史》卷一五四、王保訓輯《京氏易》卷二等，皆全引其文。
相校諸家之文，如前面諸注所考，皆惠棟引文之失。

謂不見，蒙下霧風」時，「蒙」與「霧」似又有別。

　　另外，惠棟引「有蜺蒙霧」言，宜稍作説明。虹蜺之占，由來已早，不以京房特出；《史記‧鄒陽列傳》提到「昔者荊軻慕燕丹之義，白虹貫日，太子畏之」，以精誠感天，而有白虹貫日之象，惟白虹貫日不徹，所以荊軻義事不成。〔註380〕京房立虹蜺之占，以虹蜺為「日旁氣」，是一種與太陽有關的自然大氣現象。〔註381〕虹蜺也是陰陽二氣相盪的某種狀態。〔註382〕虹蜺與蒙氣主要的差異在於蒙氣是一種帶有全天候性質的氣變狀態，而虹蜺只是在與太陽方向或其沖位有關的局部氣變狀態；蒙氣屬陰盛而陽衰之狀，而虹蜺則未必全是如此。〔註383〕虹蜺之象，相應於人事，則屬人君與后妃方面的問題，「凡蜺者，陰撓陽，後妃無德，以色親也」，后妃之禍，有以致之。〔註384〕因此，不論是虹蜺，或是蒙氣，皆屬兆示君王之凶象。

　　京房的蒙氣説，可以進一步注意到，京房論述蒙氣，或以蒙氣為占時，並不單純僅言蒙氣這樣的一種氣候變化，京房特別注意到一種氣候變化的狀態與其它氣候狀況變化的相關，也就是注意伴隨現象和其相關的變化，以及現象的變化過程，使其運用氣候作為占測更具周延性與系統化，也更為精細化與增加其複雜性，雖然不免於附會、迷信與神秘色彩，卻也可以看出他所建構出的占測理論，具有高度的邏輯思維。

　　蒙氣伴隨著君王的不明或惑亂而出現，象徵君王的不合王道，是一種君王孱弱無能、昏闇不智的表現。當然，在這種狀況下，佞臣四起，坐大朝中，

〔註380〕參見《史記‧鄒陽列傳》注引應劭云：「燕太子丹質於秦，始皇遇之無禮，丹亡去，故厚養荊軻，令西刺秦王。精誠感天，白虹為之貫日也。」《烈士傳》又言：「荊軻發後，太子自相氣，見虹貫日不徹，曰『吾事不成矣』，後聞軻死，事不立。曰『吾知其然』，是畏也。」
〔註381〕參見《唐開元占經》，卷九十八引京房云：「虹，日旁氣也。」又《漢書‧五行志》引京房《易傳》云：「蜺，日旁氣也。」清王保訓《京氏易》，卷二，詳輯之。
〔註382〕參見《漢書‧五行志》云：「虹蜺，陰陽之精。」《春秋‧元命苞》云：「陰陽交為虹蜺。」是虹蜺為陰陽相交之象。
〔註383〕蔡邕《月令章句》云：「虹，帶蝀也，陰陽交接之氣，著於形式者也。雄曰虹，雌曰蜺。常依陰畫見於日沖，無雲不見，太陰亦不見，虹常依象陽，見於日旁，白而直者曰蜺。」虹蜺可見的狀態，是薄陰天氣見於日的沖方，晴朗無雲不見，過分濃重的陰天也看不到。虹常依傍於太陽並向著太陽；白色的直氣為蜺，即蜺為偏陰之氣。
〔註384〕見《漢書‧五行志》、《開元占經》卷九十八引京房言。又《宋書‧五行志》云：「后妃擅國，白虹貫日。」是以后妃之禍，有以致之。

蒙蔽君王，也就自然的形成了。君臣的關係是一種相對應的關係，就陰陽而代之，陽君弱，必以陰臣侵，陰臣顯，必以陽君微。京房藉由蒙氣為論，以蒙氣作為一種氣候的變化，而氣候的變化是陰陽二氣相盪的結果；大氣陰陽相盪或者取其某種平衡，或者是陽盛陰衰，或者是陰盛陽衰，而蒙氣則是一種陰盛而陽衰的狀態，如此，國君昏眊而佞臣當道以犯上，勢不可免。

京房的蒙氣占說是建基於其卦氣系統下，從陰陽相盪的觀點來看陰陽的消長。天氣變化固是陰陽相盪的結果，相應於人事的變化，也是陰陽二氣相盪的結果，特別可以表現在君臣的關係、正義與邪惡的關係上。藉由在卦象上的陰陽爻象相應的變化，予以圓說。這也是兩漢時期天人感應之說的另一種側面。

2. 以錢代蓍之說

傳統上流傳較早的最為完整的筮法，為《繫辭上傳》所載「大衍之數五十，其用四十有九」一文，完整地記錄以五十根蓍草起卦之法。三變定一爻，十八變而成一卦；其三變後兩手揲餘蓍草數以四除之，得老陰、少陰、老陽、少陽之數。選擇蓍草作為卜筮求卦之工具，主要是蓍草被視為類似龜屬一般生而長年，是具有神性的崇拜物，所以《繫辭傳》提到「蓍之德圓而神，卦之德方以知，六爻之義《易》以貢」。〔註385〕由於蓍筮之法極為繁瑣，加上蓍草的取材不易，以及《易》家的求新創說，自然有別於蓍筮之法的出現；以錢代蓍就在這樣的情形下產生的。

關於以錢代蓍的由來，惠棟引《儀禮》與鄭、賈之注疏云：

> 《儀禮‧士冠禮》曰：筮與席所卦者。鄭注云：所卦者，所以畫地記爻。《易》曰：六畫而成卦。賈疏曰：筮法依七八九六之爻而記之，但古用木畫地，今則用錢，以三少為重錢，重錢則九也。三多為交錢，交錢則六也。兩多一少為單錢，單錢則七也。兩少一多為坼錢，

〔註385〕《禮記‧曲禮》提到「龜曰卜，蓍曰筮」，先秦時期之卜筮主要以龜蓍為之，二者同屬神性崇拜之物。《說文》云：「蓍，蒿屬。生千歲三百莖，《易》以為數，天子蓍九尺，諸侯七尺，大夫五尺，士三尺。」段玉裁注：「謂似蒿非蒿也。……《尚書大傳》曰：蓍之為言蓍也，百年一本生百莖。」《禮記‧曲禮》孔疏引劉向云：「蓍之言蓍者，龜之言久，龜千歲而靈，蓍百年而神，以其長久故能辨吉凶也。」《史記‧龜策列傳》亦云：「《傳》曰：天下和平，王道得，而蓍莖長丈，其叢生滿百莖。方今世取蓍者，不能中古之法度，不得得滿百莖長丈者，取八十莖已上，蓍長八尺，即難得也。」又云：「王者決定諸疑，參以卜筮，斷以蓍龜，不易之道也。」此外，王充《論衡》、《儀禮‧士冠禮》鄭玄注，亦有詳明以蓍為筮之法。

坼錢則八也。案少牢曰：卦者在左坐，卦以木，故知古者畫卦以木

也。〔註386〕

惠棟認爲賈公彥《疏》所指「『古』謂三代，『今』謂漢以後」，〔註387〕以錢代
著由來已久，漢代以降普遍使用。惠棟引唐于鵠《江南曲》作爲引證，《江南
曲》提到「衆中不敢分明語，暗擲金錢卜遠人」，〔註388〕可見以錢卜卦，當時
十分盛行，已蔚爲民風習俗。至於其以錢代著之法，主要是取三枚銅錢擲之，
以其錢面正反之不同，而定爲重錢以老陽爲九，交錢以老陰爲六，單錢以少
陽爲七，坼錢以少陰爲八。惠棟又引曰：

《唐六典》曰：凡《易》之策四十有九。注云：用四十九算，分而

揲之，其變有四，一曰單爻，二曰坼爻，三曰交爻，四曰重爻，凡

十八變而成卦。案此，則揲著亦用交單重坼之説。〔註389〕

唐代所用的揲著之法，亦採「交單重坼之説」，這是受到兩漢以來普遍盛行的
錢卜之法的影響，以至卜得之陰陽爻之名稱都延續不變，只是過仍屬「四十
有九」的《易傳》下的大衍策數之法，所以「凡十八變而成卦」。

　　至於以錢代著之法，由誰而傳呢？惠棟提到：

《朱子語類》曰：今人以三錢當揲著，此是以納甲附六爻，納甲乃

漢焦贛、京房之學。又云：南軒家有眞著，云：破宿州時得之。又

曰：卜《易》卦以錢，以甲子起卦，始於京房。〔註390〕

胡一桂《筮法變卦説》，平菴項氏曰：以京《易》考之，世所傳《火

珠林》者，即其法也。以三錢擲之，兩背一面爲坼，即兩少一多，

少陰爻也；兩面一背爲單，即兩多一少，少陽爻也；俱面爲交，交

者坼之聚，即三多，老陰爻也；俱背爲重，重者單之積，即三少，

老陽爻也。蓋以錢代著，一錢當一揲，此後人務徑截以趨卜肆之便，

而本意尚可考。〔註391〕

惠棟以甲子起卦之納甲錢卜之法，始於京房，特別是宋代所傳的《火珠林》〔註

〔註386〕見《易漢學》，卷五，頁 1189。
〔註387〕見《易漢學》，卷五，頁 1189。
〔註388〕見《易漢學》，卷五，頁 1190。
〔註389〕見《易漢學》，卷五，頁 1189～1190。
〔註390〕見《易漢學》，卷五，頁 1190。
〔註391〕見《易漢學》，卷五，頁 1190。
〔註392〕《火珠林》一書，最早見載於《文獻通考‧經籍考》、《朱子語類》、《安世家

392）中重用以錢代蓍之法，即以《京氏易》爲效。這種說法，或稍過武斷；《火珠林》納甲術或「源於」《京氏易傳》的納甲法，但不能證明是「始於」《京氏易傳》。「源於」即以之爲思想資料之意，而「始於」則意味著自《京氏易傳》已存在納甲法了。

以銅錢爲筮具而代替蓍草，其成卦方法比揲蓍方便而簡單得多，是卦占歷史上的一大變革，大概在京房時期已具規模。三錢代蓍，又稱「火珠林」或「文王課」，可以說是一種流傳最廣的筮法。火珠林起卦時，先手握三錢，在焚香致敬祝禱命筮後，將錢幣拋擲於地，以檢視其正反情形。三錢反面朝上，稱爲「重」，爲陽九；三錢正面向上，稱爲「交」，爲陰六；兩正一反稱爲「單」，爲陽七；兩反一正稱爲「坼」，爲陰八。「重」、「交」要變，即「重」由陽變陰，「交」由陰變陽；而「單」、「坼」不變。拋擲一次，就可得一爻，拋擲三次，成一單卦，拋擲六次，就可得到一個重卦。此法較《繫辭》所載之古筮法來的簡易，拋擲一次成一爻，取代筮法的三變成一爻之法，六擲成一重卦，較筮法「十有八變而成卦」方便得多。

宋代以降，認爲《火珠林》以錢代蓍之法，是根源於京房，除了前引朱子、項安世之說外，惠棟也引宋代張行成《元包數總義》云：

揚子雲《太玄》，其法本於《易緯》卦氣圖，衛先生元包，其法合於《火珠林》。卦氣圖之用，出於孟喜《章句》，《火珠林》之用，祖於京房。〔註393〕

又云：

《火珠林》以八卦爲主，四陰對四陽，所謂天地定位，山澤通氣，雷風相薄，水火不相射。其於《繫辭》，則說卦之義也。〔註394〕

書》、《直齋書錄解題》等宋人典籍之中。《宋史·藝文志》有著錄，但未詳撰者。清人吳藝雲校刻此書，據所得鈔本，署名麻衣道者。(見《火珠林·跋》。)又據宋釋文瑩《湘山野錄》及邵伯溫《邵氏聞見錄》，知此人當爲唐末宋初之人。然而《火珠林》是否爲麻衣所作，宋人並未說，所以《宋史》於《火珠林》一書下注「不知作者」。又《明史·藝文志》於《火珠林》一書已不見著錄，而吳藝雲所校刻者，是據道光年間所得「麻衣道者鈔本」所爲。因此，《火珠林》之作者實已難考。且宋代流行的《火珠林》的眞正面目，是否吳氏刻本，也不可考。但宋人心目中的《火珠林》，大抵爲京氏《易》之遺法；項安世《安世家書》：「以京《易》考之，世所傳《火珠林》即其遺法也。」即同前述惠棟之引文。
〔註393〕見《易漢學》，卷五，頁1191。
〔註394〕見《易漢學》，卷五，頁1191。

以《火珠林》源於京房，是普遍的認識。其四陰四陽相對、本於《繫辭》說卦之義，與京房八宮卦說的精神相合。惠棟又引《朱子語類》卷六十六云：

> 魯可幾曰：「古之卜筮，恐不如今日所謂《火珠林》之類否？」曰：「以某觀之，恐亦自有這法。如《左氏》所載，則支干納音配合之義，似亦不廢。如云得屯之比，既不用屯之辭，亦不用比之辭，卻自別推一法，恐亦不廢道理也。」〔註395〕

《火珠林》占法以擲錢取卦，卦爻納以干支音律，與京房易學相近，卻又在《左傳》、《國語》中已見。所以朱子肯定「《火珠林》猶是漢人遺法」；〔註396〕以錢代著之法，早爲漢人所專擅，而京房則立其周延之占驗之說，理論建構完整，成爲後人占驗卜筮之學的重要參考依據。

四、建月建候與積算說

（一）世卦起月例

京房以八宮六十四卦主一年十二月，其法乃以世爻建月，惠棟稱之爲「世卦起月例」，〔註397〕引元代胡一桂的說法云：

> 京《易》起月例曰：一世卦，陰主五月，一陰在午也；陽主十一月，一陽在子。二世卦，陰主六月，二陰在未也；陽主十二月，二陽在丑也。三世卦，陰主七月，三陰在申也；陽主正月，三陽在寅也。四世卦，陰主八月，四陰在酉也；陽主二月，四陽在卯也。五世卦，陰主九月，五陰在戌也；陽主三月，五陽在寅也。八純上世，陰主十月，六陰在亥也；陽主四月，六陽在巳也。遊魂四世，所主與四世卦同。歸魂三世，所主與三世同。〔註398〕

京氏之說，緣於十二消息卦。消息卦建月以子，自復卦至乾卦爲陽進陰退，

〔註395〕見《易漢學》，卷五，頁1191。
〔註396〕見《易漢學》，卷五，頁1192。
〔註397〕見《易漢學》，卷五，頁1185。惠棟以京房八宮卦建月之說，名爲「世卦起月例」，其引胡一桂之說，胡稱「京《易》起月例」，故當據胡之說而立名。然學者所言各有異名。晁公武於《京氏易傳》後序中則稱之爲「建」，云：「起乎世而周乎內外，參乎本數以配月者，謂之建。」李道平《周易集解纂疏》則以「世月」爲名。
〔註398〕見《易漢學》，卷五，頁1185～1186。引胡一桂言，見氏著《易學啓蒙翼傳》。

復卦以一陽生於下，子辰爲十一月，故京房稱「一陽在子」；臨卦陽進至九二，丑辰爲十二月，稱爲「二陽在丑」；陽進至上九，陽氣盛極爲乾卦，辰巳爲四月，稱爲「六陽在巳」。陽極則退，自姤卦至坤卦爲陰進陽退，姤卦一陰生於下，辰午爲五月，故稱「一陰在午」。餘卦仿此類推。八宮六十四卦中，十二消息卦所主之月，與原來消息卦氣說中所主之月相同；而餘五十二卦，則各以世爻之陰陽從十二消息卦所主之月，也就是說，凡世爻爲陰爻之卦，其所主之月同於本世中世爻爲陰爻的消息卦，凡世爻爲陽爻之卦，其所主之月同於本世中世爻爲陽的消息卦。以一世卦爲例，震宮一世豫卦、離宮一世旅卦、兌宮一世困卦，其世爻均爲初六陰爻，故其所主之月，皆同於世爻爲陰爻的乾宮一世消息卦姤卦，主午辰爲五月。同理，坎宮一世節卦、艮宮一世賁卦、巽宮一世小畜卦，世爻均爲初九陽爻，故其所主之月，皆同於世爻爲陽爻的坤宮一世消息卦復卦，主子辰十一月。其餘諸世卦與八純、遊魂、歸魂卦也都仿此類推。因此，根據此法，得六十四卦起月之全貌，如下表所示：〔註399〕

圖表 2-2-13　世卦起月表

月　建	月　次	世　卦	陰陽	值　月　六　十　四　卦
十一月	子	一世卦	陽	復、賁、節、小畜
十二月	丑	二世卦		臨、大畜、解、鼎
正　月	寅	三世卦		泰、既濟、恆、咸
		歸魂卦		大有、漸、蠱、同人
二　月	卯	四世卦		大壯、睽、革、无妄
		游魂卦		晉、大過、訟、小過
三　月	辰	五世卦		夬、履、井、渙
四　月	巳	八純卦		乾、艮、巽、離
五　月	午	一世卦	陰	姤、豫、旅、困
六　月	未	二世卦		遯、屯、家人、萃

〔註399〕世卦起月例表，參見劉玉建〈試論京房易學中的世卦起月例——兼與朱伯崑先生商榷〉，《周易研究》，1996年第2期，頁17~20。

七 月	申	三世卦	否䷋䷋、損䷨、益䷩、未濟䷿
		歸魂卦	隨䷐、師䷆、比䷇、歸妹䷵
八 月	酉	四世卦	觀䷓、升䷭、蒙䷃、蹇䷦
		游魂卦	明夷䷣、中孚䷼、需䷄、頤䷚
九 月	戌	五世卦	剝䷖、豐䷶、噬嗑䷔、謙䷎
十 月	亥	八純卦	坤䷁、震䷲、坎䷜、兌䷹

　　每世卦、八純卦皆以四個卦主一個月，游魂、歸魂各以四個卦配於正月、二月、七月、八月，因此，此四個月共主八個卦。在框框（□）裡面的十二消息卦，各主一個月。京房不論是六日七分法的卦氣說，或是建候積算法，乃至世卦起月例中，皆以復卦配於十一月，可見其整體學說的建構，其邏輯思維充份地展現出一致性，使其各命題的論述能夠更臻合理。並且，京房月建以子，與孟喜十二消息卦序列相同，皆以夏歷月建歷法爲據，這種卦歷之說，兩漢以降諸家之主張，大體一致，同時也反映出漢代易學的普遍特色。

　　認識京房的世卦起月例，特別要注意的是，依胡一桂所言的陰陽，是指世爻爲陰爻或陽爻而言，而非指陰卦或陽卦，亦非指八宮卦屬陰或屬陽而論，後世學者容易認識錯誤。〔註400〕惠棟引干寶注蒙卦之說：

　　　干寶注蒙象曰：「蒙者，離宮陰也，世在四，八月之時，降陽布德，薺麥並生，而息來在寅。故蒙於世爲八月，於消息爲正月卦也。」〔註401〕

〔註400〕朱伯崑先生於《易學哲學史》中提到：「京房的乾坤二宮陰陽消長說，實際上來於十二辟卦說，不同的是，所配月份不一致。故一桂於《周易啓蒙翼傳》外篇，載有京房起月例：八宮中的陽卦四卦，在巳主四月；其一世卦在子主十一月；二世卦在丑主十二月；三世卦在寅主正月；四世卦在卯主二月；五世卦在辰主三月。八宮中的陰卦四卦，在亥主十月；其一世卦在午主五月；二世卦在未主六月；三世卦在申主七月；四世卦在酉主八月；五世卦在戌主九月。陽卦中的游魂卦亦主二月，其歸魂卦亦主正月。陰卦中的游魂亦主八月，其歸魂卦亦主七月。此說同十二辟卦說相比，除乾坤兩卦的月份相同外，其它卦的月份正相反。如十二辟卦說，以復卦爲十一月，姤卦爲五月，而京房則以姤卦爲十一月，復卦爲五月。京房的這種起月說，不僅同卦象不符，亦同一年節氣的變化相矛盾，表現了邏輯思維的混亂。」（北京：華夏出版社，1995年1月北京第1版，1995年1月北京第一次印刷。頁130。）朱先生顯然誤解了胡一桂的說法，更錯判了京房主張的一致性，京房並未有邏輯思維混亂的嚴重現象。
〔註401〕見《易漢學》，卷五，頁1186。

又注比象曰：

> 比，坤之歸魂也，亦世於七月，而息來在巳，義與師同也。〔註402〕

干寶所注，蒙卦主八月、比卦主七月，不論是蒙卦或是比卦，其世卦起月的依據都是以世爻之陰陽而定，而非以八宮中的陽宮或陰宮爲準，即非視爲陽卦或陰卦而定其屬月，所以惠棟考索詳實，深知其要，解釋巽卦時，云「巽，本宮，四月卦也」，以巽世爻上九爲陽爻，在巳主四月；而非將巽卦視爲陰宮陰卦、在亥主十月。〔註403〕事實上，世卦起月例，以世爻的陰陽作爲斷定某卦所主之月的思想，兩漢之際應是一種通行的定說，尤其《易緯》屢可見其鑿痕，諸如《稽覽圖》論六十四卦策術，提到：

> 推之術，……而取世陰陽斷之，世陽從陽，世陰從陰，……每取卦
> 月乘之。假令賁卦，世在初，十一月，世屬陽，……假令遯卦，世
> 在三，六月卦，世屬陰。〔註404〕

《稽覽圖》闡明世卦推算之法，六十四卦之配月，也是依準於世爻的陰陽屬性而定。因此，世卦起月之說，在京房、《易緯》時期的《易》說中，儼然固定的常說，也就是六十四卦，每個卦由世爻而配月，什麼卦是主那個月，都已經是一種固定的而且是普遍的認識。

這裡特別要指出，京房的世卦起月說與其建候說並不等同；京房的建候說是以一卦主六個月，循環反復，六十四卦主三十二年；而世卦起月說則指八宮六十四卦每卦世爻處於一年十二月中的某一月。因此，二者是兩種截然不同的配卦之說。

（二）建　候

京房的建候主張，其所「建」者，與古代歷法上所說的月建不同，〔註405〕京房建的是候，著重於氣候與卦爻的聯繫。月建以每月主一辰，而京房此處的建候，則是每氣主一辰，二者是不同的。同時，京房的世卦起月例與建候，不但在形式上或是內容的表現上，二者也都不同。

京房建候的目的，在於藉由針對節氣與卦爻的聯繫，進一步建構占筮與

〔註402〕同前註。
〔註403〕依朱伯崑先生的說法，巽卦主月則爲在亥主十月，顯然是一種認識上的嚴重錯誤。
〔註404〕見《易緯·稽覽圖》，卷下，頁519。其載遯卦「世在三」爲誤，當爲「世在二」。
〔註405〕歷法上的月建是指北斗星之斗柄所指，例如正月建寅，本意是指正月節時，北斗斗柄指向寅位；是從天體在天空的方位而言，即按天度定月建。

陰陽災異的理論。由於陰陽之氣的變化，而呈現了不同的氣候與物候，這陰陽之氣的變化，恰可藉由《易》卦來呈現；且不同的氣候物候，又因不同的天度所致。〔註406〕所以京房試圖將這樣的關係，藉由建候以節氣通過干支與卦爻聯繫起來。

　　京房以八宮六十四卦，每卦六爻，每爻主一月，一月又有節氣二候，則一卦主六個月十二候，並且，京房每卦以世爻爲建候起點，配以干支爲計；因此，從乾宮乾卦爲起始，按理說應從乾卦世爻上九爲起點，然而，乾卦爲八宮六十四卦的起始卦，又建始於甲子，且初爻又納甲子（已如前述納甲之說），故建候以世爻爲起點的原則上，乾卦爲例外，不以上九爲始，而仍以初爻建甲子起算。〔註407〕因此，《京氏易傳》釋乾☰卦時，提到「建子起潛龍，建巳至極主亢位」，〔註408〕乾卦爲乾宮本位卦，以上九爲世爻，原應作爲建候起點，但如前述原因所以仍以初九潛龍爲始而建之以甲子，並終於上九亢龍而建之以己巳，故稱「建子起潛龍，建巳至極主亢位」；配之以干支節氣，則爲：初九甲子爲十一月大雪冬至、九二乙丑爲十二月小寒大寒、九三丙寅爲正月立春雨水、九四丁卯爲二月驚蟄春分、九五戊辰爲三月清明穀雨、上九己巳爲四月立夏小滿；歷十一月節大雪至四月中小滿等六個月及十二候。其它諸卦則以其各卦之世爻爲始，如姤☰卦時，提到「元士居世」，「建庚午至乙亥」，〔註409〕姤卦爲乾宮一世卦，以初爻爲世爻，故稱「元士居世」，建起於初爻（初六）配庚午，當五月芒種、夏至二節氣，然後依序九二配辛未爲六月小暑大暑、九三壬申爲七月立秋處暑、九四癸酉爲八月白露秋分、九五甲戌爲九月寒露霜降、上九乙亥爲十月立冬小雪；因此，姤卦建候起於五月芒種，終於十月小雪。其餘各卦依次同理類推。茲根據《京氏易傳》所述，表列如下：

〔註406〕天度是日、月、五星運行的情形，即指日、月、五星於不同時間在眾恆星間的位置。

〔註407〕大陸學者劉玉建論述京房建候時，對於乾卦的建候仍依準於以世爻爲起點，也就是乾卦建始於上九，（參見劉玉建《兩漢象數易學研究》，廣西：廣西教育出版社，1996年9月第1版第1刷，頁275～276。）此種論述並不符合京房之本義，乃對《京氏易傳》釋乾卦的內容未予詳察所致。

〔註408〕見《京氏易傳》，卷上，頁65。

〔註409〕見《京氏易傳》，卷上，頁66。

圖表 2-2-14　京房六十四卦候表

宮屬別	世游歸卦	卦　名	配爻起迄	建月起迄	干支起迄	節候起迄
乾宮	本位卦	乾	初九至上九	11 至 4 月	甲子至乙巳	大雪至小滿
	一世卦	姤	初六至上九	5 至 10 月	庚午至乙亥	芒種至小雪
	二世卦	遯	六二至初六	6 至 11 月	辛未至丙子	大暑至大雪
	三世卦	否	六三至六二	7 至 12 月	壬申至丁丑	立秋至大寒
	四世卦	觀	六四至六三	8 至 1 月	癸酉至戊寅	秋分至立春
	五世卦	剝	六五至六四	9 至 2 月	甲戌至己卯	寒露至春分
	游魂卦	晉	九四至六三	2 至 7 月	己卯至甲申	春分至立秋
	歸魂卦	大有	九三至九二	1 至 6 月	戊寅至癸未	立春至大暑
震宮	本位卦	震	上六至六五	11 至 4 月	丙子至辛巳	大雪至小滿
	一世卦	豫	初六至上六	12 至 5 月	丁丑至壬午	大寒至芒種
	二世卦	解	九二至初六	1 至 6 月	戊寅至癸未	立春至大暑
	三世卦	恆	九三至九二	2 至 7 月	己卯至甲申	春分至立秋
	四世卦	升	六四至九三	3 至 8 月	庚辰至乙酉	清明至秋分
	五世卦	井	九五至六四	4 至 9 月	辛巳至丙戌	小滿至寒露
	游魂卦	大過	九四至九三	9 至 2 月	丙戌至辛卯	寒露至春分
	歸魂卦	隨	六三至六二	8 至 1 月	乙酉至庚寅	秋分至立春
坎宮	本位卦	坎	初六至上六〔註410〕	1 至 6 月	戊寅至癸未	立春至大暑
	一世卦	節	初九至上六	7 至 12 月	甲申至己丑	立秋至大寒
	二世卦	屯	六二至初九	8 至 1 月	乙酉至庚寅	秋分至立春
	三世卦	既濟	九三至六二	9 至 2 月	丙戌至辛卯	寒露至春分
	四世卦	革	九四至九三	10 至 3 月	丁亥至壬辰	小雪至清明
	五世卦	豐	六五至九四	11 至 4 月	戊子至癸巳	大雪至小滿
	游魂卦	明夷	六四至九三	4 至 9 月	癸巳至戊戌	小滿至寒露
	歸魂卦	師	六三至九二	3 至 8 月	壬辰至丁酉	清明至秋分

〔註410〕坎卦，《京氏易傳》認爲「世立宗廟，居於陰位」，「起戊寅至癸未」，（卷上，頁 81）故以上六世爻爲始。然而黃宗羲《易學象數論》，卷一，則認爲坎卦始建在初爻，即戊寅受氣於坎之初爻；（見《黃宗羲全集‧易學象數論》，第九冊，浙江：浙江古籍出版社，1992 年 12 月第 1 版，1993 年 11 月第 2 刷，頁 37。）納甲說亦以初爻配戊寅。

宮	卦	卦名	卦象	爻位	月份	干支	節氣
艮宮	本位卦	艮		上九至六五	1至6月	庚寅至乙未	立春至大暑
	一世卦	賁		初六至上六	2至7月	辛卯至丙申	春分至立秋
	二世卦	大畜		九二至初九	3至8月	壬辰至丁酉	清明至秋分
	三世卦	損		六三至九二	4至9月	癸巳至戊戌	小滿至寒露
	四世卦	睽		九四至六三	5至10月	甲午至己亥	芒種至小雪
	五世卦	履		九五至九四	6至11月	乙未至庚子	大暑至大雪
	游魂卦	中孚		六四至六三	11至4月	庚子至乙巳	大雪至小滿
	歸魂卦	漸		九三至六二	10至3月	己亥至甲辰	小雪至清明
坤宮	本位卦	坤		上六至六五	5至10月	甲午至己亥	芒種至小雪
	一世卦	復		初九至上六	6至11月	乙未至庚子	大暑至大雪
	二世卦	臨		九二至初九	7至12月	丙申至辛丑	立秋至大寒
	三世卦	泰		九三至九二	8至1月	丁酉至壬寅	秋分至立春
	四世卦	大壯		九四至九三	9至2月	戊戌至癸卯	寒露至春分
	五世卦	夬		九五至九四	10至3月	己亥至甲辰	小雪至清明
	游魂卦	需		六四至九三	3至8月	甲辰至己酉	清明至秋分
	歸魂卦	比		六三至六二	2至7月	癸卯至戊申	春分至立秋
巽宮	本位卦	巽		上九至九五	12至5月	辛丑至丙午	大寒至芒種
	一世卦	小畜		初九至上九	1至6月	壬寅至丁未	立春至大暑
	二世卦	家人		六二至初九	二至7月	癸卯至戊申	春分至立秋
	三世卦	益		六三至六二	3至8月	甲辰至己酉	清明至秋分
	四世卦	无妄		九四至六三	4至9月	乙巳至庚戌	小滿至寒露
	五世卦	噬嗑		六五至九四	5至10月	丙午至辛亥	芒種至小雪
	游魂卦	頤		六四至六三	10至3月	辛亥至丙辰	小雪至清明
	歸魂卦	蠱		九三至九二	9至2月	庚戌至乙卯	寒露至春分
離宮	本位卦	離		上九至六五	7至12月	戊申至癸丑	立秋至大寒
	一世卦	旅		初六至上九	8至1月	己酉至甲寅	秋分至立春
	二世卦	鼎		九二至初六	9至2月	庚戌至乙卯	寒露至春分
	三世卦	未濟		六三至九二	10至3月	辛亥至丙辰	小雪至清明
	四世卦	蒙		六四至六三	11至4月	壬子至丁巳	大雪至小滿
	五世卦	渙		九五至六四	12至5月	癸丑至戊午	大寒至芒種
	游魂卦	訟		九四至六三	5至10月	戊午至癸亥	芒種至小雪
	歸魂卦	同人		九三至六二	4至9月	丁巳至壬戌	小滿至寒露

兌宮	本位卦	兌	䷹	上六至九五	2 至 7 月	乙卯至庚申	春分至立秋
	一世卦	困	䷮	初六至上六	3 至 8 月	丙辰至辛酉	清明至秋分
	二世卦	萃	䷬	六二至初六	4 至 9 月	戊寅至癸未	立春至大暑
	三世卦	咸	䷞	九三至六二	5 至 10 月	戊午至癸亥	芒種至小雪
	四世卦	蹇	䷦	六四至九三	6 至 11 月	己午至甲子	大暑至大雪
	五世卦	謙	䷎	六五至六四	7 至 12 月	庚申至乙丑	立秋至大寒
	游魂卦	小過	䷽	九四至九三	12 至 5 月	庚午至乙亥	芒種至大寒
	歸魂卦	歸妹	䷵	六三至九二	11 至 4 月	甲子至己巳	大雪至小滿

　　《京氏易傳》提到「陰從午，陽從子。子午分行，子左行，午右行」，〔註411〕京房建候以乾、震、坎、艮四宮卦左行；坤、巽、離、兌四宮卦右行。乾宮乾卦起於甲子，配位已如前述；而坤宮坤卦建起甲午，乃據「子午分行」之原則，與乾卦首建甲子相望。檢驗京房建候在干支配卦以建始之安排上：本位卦乾卦始建甲子，坤卦始建甲午，兩者天干相同；震卦始建丙子，巽卦始建辛丑，兩者天干不同；坎卦始建戊寅，離卦始建戊申，兩者天干同；艮卦始建庚寅，兌卦始建庚申，兩者天干亦同；四組本位卦中，其所建天干僅震巽二卦不同，疑巽卦是否建始於丙午。又從建始地支來看，乾震二卦同在子，坎艮二卦同在寅，但從陰宮四卦來看，建始地支坤為午，巽為丑，離為申，兌為卯，倘將巽卦建始改為丙午，則丙午距坤卦建始之甲午十二辰，而距其後之離宮本位卦建始之戊申二辰，這與陽卦之乾宮本位卦的建始甲子與震宮本位卦建始之丙子相距十二辰，而震卦建始與其後之坎卦建始戊寅相距也是二辰完全相同。從陽宮的坎宮本位卦建始出發，則與其後的艮宮本位卦之建始相距十二辰（由戊寅至庚寅）；又從陰宮而言，由離宮本位卦的建始出發，到其後的兌宮本位卦相距七辰（由戊申至乙卯）。如果與陽宮進行對照，考慮到建始之天干，兌宮應與艮宮同為庚，而兌宮與離宮建始之支相同，於是兌宮本位卦之建始應為庚申。如果將兌宮本位卦之建始改為庚申，則其與離宮本位卦建始相距正好十二辰（戊申至庚寅）。如此一調整則與陰陽諸宮完全相同。然而，今見京房之安排，其規律性尚顯不甚完備。關於這方面的內容，惠棟並未作考索說明，實有不足之憾。

〔註411〕見《京氏易傳》，卷下，頁133。

（三）積算法

京房的積算法是延續建候之法而來。建候六辰，分配六爻，建始一辰受氣，中間經歷四辰皆積氣，末一辰成象立體。《京氏易傳》於坎宮既濟卦云：

> 建丙戌至辛卯，（陸注：寒露，春分）卦氣分節氣，始丙戌受氣，至辛卯成正象。考六位，分剛柔，定吉凶。積算起辛卯至庚寅，周而復始。（陸注：土木見運入卦）〔註412〕

從對既濟卦的論述，說明了積算的法則，積算之法是從建候成正象之干支起算，在既濟卦上，從丙戌受氣爲建候之始，歷丁亥、戊子、己丑、庚寅爲積氣，至辛卯成正象，而積算正是從此辛卯正象起；也就是說，以建候所終干支爲起點順時針前進，每卦一周行六干支，共行十周滿六十干支。或以一卦當一時，或以一卦當一日，或以一卦當一月，或以一卦當一年，以卦所在的時辰、日、月、年的陰陽、五行、氣運等附會人事而斷吉凶。〔註413〕

以乾宮乾卦爲例，《京氏易傳》云：

> 積算起己巳火至戊辰土，周而復始。〔註414〕

乾卦在建候上，初九始建甲子，九二乙丑，九三丙寅，九四丁卯，九五戊辰，上九己巳爲終。積算即從建候之終己巳爲起點，並加入五行之屬性，周而復始至戊辰土（乾九五爻）。其結果以下表呈現：

圖表 2-2-15　京房乾卦積算法

卦爻 周次	乾卦 初九	乾卦 九二	乾卦 九三	乾卦 九四	乾卦 九五	乾卦 上九
一	己巳火	庚午火	辛未土	壬申金	癸酉金	甲戌土
二	乙亥水	丙子水	丁丑土	戊寅木	己卯木	庚辰土
三	辛巳火	壬午火	癸未土	甲申金	乙酉金	丙戌土
四	丁亥水	戊子水	己丑木	庚寅木	辛卯木	壬辰土
五	癸巳火	甲午火	乙未土	丙申金	丁酉金	戊戌土
六	己亥水	庚子水	辛丑土	壬寅木	癸卯木	甲辰土

〔註412〕見《京氏易傳》，卷上，頁84。

〔註413〕黃宗羲《易學象數論》認爲京房之積算，「以爻直日，從建所止起日」，故積算以直日爲主。（見《黃宗羲全集・易學象數論》，第九冊，浙江：浙江古籍出版社，1992年12月第1版，1993年11月第2刷，頁38。）

〔註414〕見《京氏易傳》，卷上，頁65。

七	乙巳火	丙午火	丁未土	戊申金	己酉金	庚戌土
八	辛亥水	壬子水	癸丑土	甲寅木	乙卯木	丙辰土
九	丁巳火	戊午火	己未土	庚申金	辛酉金	壬戌土
十	癸亥水	甲子水	乙丑土	丙寅木	丁卯木	戊辰土

從乾卦上爻建候終己巳算起，以積日言，順乎六爻，每爻一日，循環十
周，周而復始，合六十日爲兩個月。此中天干歷六周，稱爲六甲，地支歷五
周，稱爲五子。以積辰言，一爻爲一辰，則十周合六十辰爲五日。以積月言，
每爻一月，歷六十個月爲五年。此外，一爻尚可代表一旬（十日）、一節氣（十
五日）、一年等等。

京房的積算法，主要用於推占以求吉凶禍福，於現存的有限資料中，未能
見其系統化的說明，也未能呈現其整體的面貌，只能得其釋卦時的零碎示例。
不過，可從其釋例中得知將五行納入卦爻系統中，希望藉由五行的生剋原理，
按卦爻與年月日時的某種配應，對吉凶禍福作出合理的解釋與預測。〔註415〕京
房這方面的主張，實質的面貌不全，難以斷其本來內容。然而，惠棟卻指出：

> 《京氏易》積算法曰：夫子曰：八卦因伏羲，暨乎神農，重乎八純，
> 聖理元微，《易》道難究，迄乎西伯父子，研理窮通，上下囊括，推
> 爻考象，配卦世應，加乎星宿，屬於六十四所，二十四氣，分天地
> 之數，定人倫之理，驗日月之行，尋五行之端，災祥進退，莫不因
> 茲而兆矣。故考天地日月星辰山川草木蟲魚鳥獸之情狀，運氣生死
> 休咎，不可執一隅，故曰《易》含萬象。〔註416〕

京房建候積算之法，其主旨在於以八宮卦的架構，配合陰陽五行、干支系統，
以及節氣變化，進而推定人倫之理、災祥進退，乃至生死休咎。此一積算之
法，乃至「納甲、世應、游歸、六親、六神之說，皆始于西伯父子」，〔註417〕
積算之法由西伯父子始建。其內容包括他所引述的天易、地易、人易、鬼易
等四易之說，〔註418〕以及辨繫爻、制爻、義爻、寶爻，乃至八氣之休囚、五

〔註415〕清吳翊寅《易漢學考》指出：「積算之法本於《繫傳》，起於《易緯》，所以推
天元甲寅之歷，知期運長短及厄忌所遭者也。」又云：「推軌法即積算術之所
本，詳見《稽覽圖》。」肯定積算法於《易緯》推軌之說。（卷一，上海古籍
出版社《續修四庫全書·經部·易類》，第三十九冊，頁124。）

〔註416〕見《易漢學》，卷四，頁1144。

〔註417〕見《易漢學》，卷四，頁1144。

〔註418〕見《易漢學》云：「京房《易》積算法曰：孔子《易》云：有四易：一世、二

行之生死等等。﹝註419﹞然而，這些內容眞是京房積算法的實質內涵，則有商榷之必要。清吳翊寅《易漢學考》特別明白的指出，認爲這些內容，「與積算絕不相涉，且其辭句凡猥，不類漢人，蓋唐宋以後卜筮家所僞託」。﹝註420﹞考《漢書‧五行志》所記載京房《易傳》凡數十事，與惠棟所引文義迥殊，似難列同類。同時，惠棟引胡一桂的說法云：

> 案胡一桂云：京君明《易傳》有兩種：其一題云《京氏易傳》，其
> 間論積算法及卜筮新條例，及列六十四卦定三百八十四爻斷法。
> ﹝註421﹞

惠棟所云，或是推論，對錯固是難以明斷。從世傳書名言，《隋書‧經籍志》中錄《京易章句》之外的天文家類者，有京氏者二種，五行家類者，有十六種，獨無積算術之名，一直到了宋代始有《京氏積算易傳》三卷；宋之前書無「積算」之名，是否就代表無「積算」之內容？所以吳翊寅的否定，並無實據，只能供作參考。

　　惠棟畢生窮研漢《易》，對積算之學，應無未聞或不通之理，其刻意忽略而不細言，當有其學術論述之立場，只不過惠棟未明其由，蓋不符其考驗與實學的堅持。

五、卦爻之飛伏與貴賤說

（一）飛　伏

　　京房對於陰陽氣化的關係，特別重視「陰中有陽，陽中有陰」的陰陽二氣共生思想，以及「陽極則陰生，陰極則陽生」的陰陽二氣相互轉化之主張；宇宙自然的一切變化關係，皆本此道。京房爲了更能具體地呈現此種觀念，特別提出「飛伏」的說法。惠棟特別引朱震之說爲論：

> 朱子發曰：凡卦見者爲飛，不見者爲伏。飛，方來也；伏，既往也。

世爲地易；三世、四世爲人易；五世、八純爲天易；游魂、歸魂爲鬼易。」
（卷四，頁1149。）

﹝註419﹞見《易漢學》云：「京房《易》積算法曰：孔子曰：八卦鬼爲繫爻，財爲制爻，天地爲義爻，福德爲寶爻，同氣爲專爻。」（卷四，頁1161。）又云：「京房《易》積算法曰：寅中有生火，亥中有生木，巳中有生金，申中有生水，丑中有死金，戌中有死火，未中有死木，辰中有死水，土兼於中。」（卷五，頁1167。）

﹝註420﹞見清吳翊寅《易漢學考》，卷一，頁124。

﹝註421﹞見《易漢學》，卷四，頁1144～1145。

《說卦》，巽，其究爲躁，卦例飛伏也。太史公《律書》曰：冬至一
陰下藏，一陽上舒，此論復卦初爻之伏巽也。〔註422〕

「飛」指顯見者，而「伏」則爲潛伏未見者，二者是就相對應的關係而言的；
陽飛則陰伏，陰飛則陽伏。惠棟以《說卦傳》對巽☴卦之解釋，隱含飛伏之
義，京房飛伏說或源於此。《說卦傳》以「震爲決躁」，震生於乾，爲乾之長
子；乾爲陽主動，故震一陽初生而萌動於下，所以崔憬認爲震是「取其剛在
下動，故爲決躁也」。〔註423〕《說卦傳》又以「帝出乎震」，李道平指爲「乾
陽出於震初」，〔註424〕震出於東，至春分則春雷震動，又有躁動之義。至於巽
卦，巽生於坤，坤爲陰主靜，故巽有卑順之義；然而《說卦傳》卻認爲「其
究爲躁卦」，以巽卦終歸於急躁，是因爲巽卦隱藏著與謙順相反的含義，也就
是潛伏著終將躁動的因子，其因乃震巽二卦相錯，李道平指出，「上變則巽成
震，震決躁，故其究爲躁卦」，〔註425〕此亦震巽特變之義，乃言其爻變以震終
究成巽，而巽終究成震，也就是震中有巽，巽中也有震，二者彼此有潛伏之
象，震伏有巽象，而巽亦伏有震象，其義近於飛伏的觀念，特別是巽卦初爻
陰爻與震卦初爻陽爻相飛伏。至於《史記·律書》卦氣之說，冬至之時，一
陽上舒，即復☳卦初九一陽生；復卦上體爲坤，下體爲震，一陽生於下震初
爻，震初九爲見爲飛爲舒。一陰下藏，即指姤☴卦初六而言；姤卦上乾下巽，
一陰爻藏於下者即下體巽卦之初爻，巽初六爲隱爲伏爲藏。此即震巽之互相
飛伏。惠棟引朱震之說，確實符合京房飛伏之說的本義。並且，針對四時節
氣論卦的飛伏質性，惠棟也特別引《京氏易傳》云：

夏至起純陽，陽爻位伏藏；冬至陽爻動，陰氣凝地。〔註426〕

以時節繫於卦爻，夏至陽爻伏藏而陰爻飛動，冬至則陰爻伏藏而陽爻飛動。

〔註422〕見《易漢學》，卷四，頁 1156。惠棟所引，乃朱震《漢上易傳》論述飛伏之
說，其完整之說爲：「伏爻何也，曰京房所傳飛伏也。乾坤、坎離、震巽、艮
兌相伏者也。見者爲飛，不見者爲伏。飛，方來也；伏，既往也。《說卦》，
巽，其究爲躁，卦例飛伏也。太史公《律書》曰：冬至一陰下藏，一陽上舒，
此論復卦初爻之伏巽也。」
〔註423〕見李鼎祚《周易集解》，卷十七，臺北：臺灣商務印書館，1968 年 12 月臺 1
版第 1 刷，1996 年 12 月臺 1 版第 2 刷，頁 420。
〔註424〕見李道平《周易集解纂疏》，卷十，北京：中華書局，1994 年 3 月第 1 版，
1998 年 12 月北京第 2 次刷，頁 694。
〔註425〕見李道平《周易集解纂疏》，卷十，頁 711。
〔註426〕見《易漢學》，卷四，頁 1156。

此說正符合復姤二卦之義。

　　飛與伏是就一種相對應的關係而言，這種相對應的關係，包括針對卦與卦間的相對應，或是爻與爻間的相對應。「飛」是指八宮六十四卦中已顯見的世爻爻象（飛爻）及世爻所處的卦象（飛卦）；「伏」是指世爻所賴以產生或者說是與世爻陰陽相對潛伏未見的爻象（伏爻），及與世爻所處卦象相對應的潛伏未見的卦象（伏卦）。〔註427〕因此，京房的飛伏，包括卦的飛伏與爻的飛伏二種。

1. 卦的飛伏

　　在卦的飛伏方面，以表格呈現如下：

圖表 2-2-16　卦與卦飛伏

卦　　別	飛伏原則	卦　的　飛　伏　情　形
八純卦	兩兩卦相錯，旁通而爲飛伏。	乾←→坤；震←→巽；坎←→離；艮←→兌
一、二、三世卦	內卦與八純卦內卦爲飛伏。	姤→巽；遯→艮；否→坤；豫→坤；解→坎；恆→巽；節→兌；屯→震；既濟→離；賁→離；大畜→乾；損→兌
四、五世卦	外卦與八純卦外卦爲飛伏。	觀→巽；剝→艮；升→坤；井→坎；革→兌；豐→震；睽→離；履→乾
游魂卦	外卦與五世卦外卦互爲飛伏。	晉→艮；大過→坎；明夷→震；中孚→乾
歸魂卦	內卦與游魂卦內卦互爲飛伏。	大有→坤；隨→巽；師→離；漸→兌

　　（1）八純卦（本位卦）的飛伏：八純卦中，兩兩陰陽相對，即相錯之二卦，互爲飛伏；即乾與坤、震與巽、坎與離、艮與兌，兩兩皆以其爻象與卦象互爲對立，故互爲飛伏。

　　（2）八宮世卦的飛伏：八宮世卦中，一世、二世、三世卦等二十四卦，其世爻均在內卦，所以此二十四卦之飛伏皆以內卦論之，也就是此二十四卦皆以其內卦與本宮八純卦內卦互爲飛伏。以乾宮一世姤☴卦爲例，內卦爲巽，爲顯見之卦象，且巽來自乾內卦初九爻之變，就爻而論，巽初六爲飛爻，乾

〔註427〕見劉玉建《兩漢象數易學研究》，廣西：廣西教育出版社，1996 年第 1 版第 1刷，頁 264。

初九為伏爻；世爻決定了巽卦象及其屬性，也就是就卦而言，巽為飛，乾內卦為伏；世卦以世爻所居的卦（內、外）為主，故一世卦姤卦內卦（巽）為飛，八純卦乾卦內卦（乾）為伏。同理，二世卦遯☰☰卦內卦艮為飛，八純卦乾卦內卦乾為伏。三世卦否☰☰卦內卦坤為飛，八純卦乾卦內卦乾為伏。另外，在四世卦、五世卦等十六個卦，其世爻在外卦，故其飛伏皆就外卦而論；也就是十六卦之外卦均多與其本宮八純卦外卦互為飛伏。如乾宮四世卦觀☰☰卦外卦為巽為飛，而本位乾卦外卦為乾為伏。五世卦剝☰☰卦外卦為艮飛，本位乾卦外卦為乾為伏。餘諸卦同理。

（3）游魂卦之飛伏：游魂卦是由五世卦改其第四爻而來，世爻為第四爻，世爻主於外卦，故游魂卦以其外卦與五世卦外卦互為飛伏。如乾宮游魂晉☰☰卦，是由乾宮五世卦剝☰☰卦變其第四爻而成，故游魂卦晉卦外卦為離為飛，而五世卦剝卦外卦為艮為伏。其它諸游魂卦之飛伏亦同理。

（4）歸魂卦之飛伏：歸魂卦是由游魂卦改變其內卦三個爻而成，世爻居內卦在第三爻，故歸魂卦以其內卦與游魂卦內卦互為飛伏。如乾宮歸魂卦大有☰☰卦，內卦為乾為飛，而游魂卦晉☰☰卦內卦為坤為伏。其它諸歸魂卦之飛伏亦同理。

2. 爻的飛伏

卦的組成分子為爻，爻變則卦變，有了飛伏爻，才有飛伏卦。因此，爻變後之爻，在京房八宮卦中稱為世爻，它不但是該爻變後之卦的重要爻位，也是飛伏的重要爻位。然而，並非僅由世爻才能論及飛伏，也就是飛伏卦除包括世爻之飛伏外，尚包括世爻之外的諸爻之飛伏。如以八純卦的飛伏言，包括世爻在內的六個爻之飛伏。如《京氏易傳》釋離☲☲卦云：

> 陽為陰主，陽伏於陰也。是以體離為日為火，始於陽象，而假以陰氣，純用剛健，不能明照，故以陰氣入陽，柔於剛健而能順，柔中虛見火象也。與坎為飛伏。〔註428〕

離卦一陰居於二陽之中而為重卦，位在二五，以五為貴，所以陸績云「成卦義在六五」。〔註429〕體離為日為火，本是陽象，純用剛健不能明照，以陰氣貫入陽中，陰陽相輔，柔於剛健而能順成以見乎文明。因此，離☲☲卦與坎☵☵卦為飛伏，其上下二體之中爻皆為陰爻，故其背後隱伏著坎卦之兩陽爻，所以

〔註428〕見《京氏易傳》，卷中，頁114～115。
〔註429〕見《京氏易傳》，卷中，頁114。

說「陽爲陰主，陽伏於陰」。然而，陸績特別注說六五爲成卦之主，似不符京房所言「陽爲陰主」的以陽爲主的主張，今六五爲陰，又如何能夠爲卦主？其實「陽爲陰主」爲京房論述離卦的前提，京房進一步地認爲六五陰下伏陽，故六五之爲卦主，乃以其伏下之九五爲卦主（坎卦上卦之中爲九五），因此，離卦六五陰爻當然可以爲卦主了。在這裡，可以看到京房藉由飛伏之說，來進一步合理解釋離卦六五爲卦主。

　　京房有系統地創立了飛伏之說，有其內在之複雜性與合理的邏輯理路，然而後世援引其說，大都只取其陰陽相對應的飛伏爻或飛伏卦而言，特別是八純卦六爻均爲陰陽相對，援用較爲普遍，然而對於世卦與游魂、歸魂卦的飛伏關係，則採用較少。惠棟特別考索諸家之說，如以荀爽釋坤爲例：

　　坤，上六，龍戰于野。荀爽曰：消息之位，坤於亥，下有伏乾，爲其兼于陽，故稱龍也。〔註430〕

　　坤《文言》曰：《易》曰：履霜堅冰至，蓋言順也。荀爽曰：霜者，乾之命令，坤下有伏乾，履霜堅冰，蓋言順也，乾氣加之，性而堅，象臣順君命而成之。〔註431〕

　　又曰：陰雖有美，含之以從王事，弗敢成也。荀爽曰：六三陽位，下有伏陽。坤，陰卦也，雖有伏陽，含藏不顯，以從王事，要待乾命，不敢自成也。〔註432〕

乾龍爲陽剛之氣，順和之坤卦何以有「龍」有「剛」的存在？荀爽用消息卦詮解，坤卦爲六陰消陽，建亥爲十月，進而入子十一月爲復卦，陽息坤而一陽生，因此，其本身有「伏乾」而「兼于陽」，才能入於復而一陽生；其消息生卦之義，存有飛伏之意蘊，也就是乾卦是飛陰而伏陽，所以極於上六，才能「龍戰于野」之說。至於坤質性，履霜堅冰、伏陽含藏，皆以飛伏詮之。荀爽又對《繫辭》的「樂天知命，故不憂」的解釋，也提出「坤下有伏乾爲樂天，乾下有伏巽爲知命」的以飛伏詮釋的說法。〔註433〕惠棟又考引諸家對

〔註430〕見《易漢學》，卷四，頁1156～1157。「其爲兼于陽」，「兼」字惠棟特別注明「王弼改作『嫌』」，其義爲非；「兼」與「嫌」二字之義相反。

〔註431〕見《易漢學》，卷四，頁1157。

〔註432〕見《易漢學》，卷四，頁1157～1158。

〔註433〕見《易漢學》，卷四，頁1158。其全文爲：「《繫辭》上曰：樂天知命，故不憂。荀爽曰：坤建於亥，乾立於巳。陰陽孤絕，其法宜憂，坤下有伏乾爲樂天，乾下有伏巽爲知命（惠棟注：巽爲命），陰陽合居，故不憂。」

《繫辭傳》之詁訓：

> 《繫辭》下曰：龍蛇之蟄，以全身也。仲翔曰：蟄，潛藏也，龍潛
> 而蛇藏，陰息初巽爲蛇，陽息初震爲龍。十月坤成，十一月復生。
> 姤、巽在下，龍蛇俱蟄，初坤爲身，故以全身也。〔註434〕
>
> 又云：利用安身，以崇德也。《九家易》曰：利用，陰道用也，謂姤
> 時也。陰升上究，則乾伏坤中，屈以求信，陽當復升，安身默處也。
> 〔註435〕

以消息論卦，十月陰消乾至極爲坤，入十一月而陽息坤、一陽生而爲復；乾
爲四月，陰消乾而一陰生爲姤主五月。又依八宮卦序言，則姤以初爻變爲陰，
是乾宮一世卦而在乾下；而八純卦序則巽又在坤後，以巽爲坤女，又當在坤
下。所以說「姤、巽在下」。至於《九家易》的「乾伏坤中」、「陽當復升」之
解釋，亦有飛伏的概念。此外，虞翻的釋卦，惠棟也載錄：

> 睽《彖》曰：說而麗乎，明柔進而上行，得中而應乎剛。仲翔曰：
> 剛謂應乾五伏陽，非應二也。與鼎五同義也。〔註436〕
>
> 鼎《彖》曰：柔進而上行，得中而應乎剛，是以元亨。仲翔曰：柔
> 謂五得上中，應乾五剛，巽爲進，震爲行，非謂應二剛，與睽五同
> 義也。〔註437〕

此亦虞翻釋飛伏之例，皆以睽、鼎二卦，應乾五伏陽而剛。〔註438〕因此，依

〔註434〕見《易漢學》，卷四，頁1158。
〔註435〕見《易漢學》，卷四，頁1158。
〔註436〕見《易漢學》，卷四，頁1157。
〔註437〕見《易漢學》，卷四，頁1157。
〔註438〕虞翻以飛伏釋睽、鼎二文。然朱子持孔穎達之疏解，對諸卦之闡釋，不以
飛伏爲言，而專主卦中之爻的互應而已。朱子釋卦互應之說頗多，如大有
卦「應乎天而時行」，孔疏：「褚氏莊氏云六五應乾九二，亦與五爲體，故
云應乎天也。」咸卦「柔上而剛下，二氣感應以相與」，孔疏：「若剛自在
上，柔自在下，則不相交感，無由得通。今兌柔在上，而艮剛在下，是二
氣感應以相授與。」朱子云：「兌柔在上，艮剛在下，而交相感應。」蒙卦
「志剛也」，朱子云：「二剛明，五柔暗，故二不求五而求二，其志自相應
也。」臨卦「剛中而應」，朱子云：「九二以剛居中，上應六五。」无妄卦
「剛中而應」，朱子云：「九五剛中而應六二。」萃卦「剛中而應」，朱子云：
「九五剛中而二應之。」比卦「上下應之」，朱子云：「九五以陽剛居上之
中而得其正，上下五陰，比而從之。」小畜卦「柔得位而上下應之」，朱子
云：「柔得位，指六四。上下，謂五陽。」其它如履卦「說而應乎乾」、同
人卦「柔得位得中而應乎乾」、同人卦「中正而應」、大有卦「柔得尊位大

惠棟之見，京房的飛伏主張，在其之後的漢魏期間，已將之作爲釋《易》的普遍釋例，並且由此可以看到京房這樣的說法，對後來確有深刻的影響，尤其對荀爽的升降說，乃至虞翻的旁通說有關鍵性的影響。此外，飛伏的思想，內容上雖僅爲各卦間的互動關係，但其呈現的對應關係尤爲緊密，是一種「應」概念的另類思維模式，這樣的模式以陰陽升降爲主體，是天地一切變化的縮影，也是一種時空概念的有機的聯繫體系，更可與《象傳》所謂的「剛柔互動」及「自體變化」相契合和進一步地發揮。

（二）卦爻貴賤之別

惠棟引《乾鑿度》言貴賤：

> 《乾鑿度》曰：初爲元士，二爲大夫，三爲三公，四爲諸侯，五爲天子，上爲宗廟。凡此六者，陰陽所以進退，君臣所以升降，萬民所以爲象則也。〔註439〕

《易》序次爻等，本有高低之異，《繫辭傳》更言「卑高以陳，貴賤位矣」的貴賤之別，然明顯以爻位配官爵，並大倡其說者，蓋以《京氏易傳》、《易緯‧乾鑿度》爲著，將一卦六爻區分爲六等，六等之變則因陰陽之進退，也就是說爵位的高低升降，主要依陰陽變化與陰陽的關係（爻位的關係，尤其是世應下的陰陽爻位的關係）而定。因此，惠棟也特別引用干寶注《繫辭‧下》來說明：

> 《繫辭‧下》曰：爻有等，故曰物。干寶曰：等，群也。爻中之義，群物交集，五星、四氣、六親、九族、福德、刑殺，眾形萬類，皆來發於爻，故總謂之物。〔註440〕

惠棟強調京房易學，極爲重視卦爻等位，以及卦爻的變化，尤其以爻變作爲易學闡發天地宇宙一切可能事物的變化之主要基礎，包括像干寶所說的五星、四氣、六親、九族、福德、刑殺等眾形萬類之「物」；諸如惠棟舉出京房易學中也普遍賦予這些「物」以爻位等別：

> 水配位爲福德，木入金鄉居寶貝，土臨内象爲父母，火來四上嫌相敵，金入金鄉木漸微。（陸績曰：甲子水，是乾之子孫；甲寅木，乾

中而上下應之」、大畜卦「應乎天也」等等，其例甚伙，不再贅舉。但知皆以卦中陰陽爻互應爲釋，不同於虞翻飛伏之說。知「飛伏」與「互應」，在舉爻爲釋的意義上相近，不過所舉之爻則不同，飛伏以別卦伏隱言之，而互應則以本卦的內、外二體之相對應的爻而論。

〔註439〕見《易漢學》，卷四，頁1159。
〔註440〕見《易漢學》，卷四，頁1161。

　　之財；甲辰土，乾父母；壬午火，乾官鬼；壬申金，同位傷木。）
〔註441〕

以五星、干支而配入爻位，以定其貴賤身份。因此，京房易學的卦爻配位，以及其貴賤之別，爲其易學極爲重要之內容，含攝的包括八宮卦次之別、世應之說、爻等配爵，以及卦主等有關概念。對於八宮卦，依其屬卦之不同，也有其位等之別，有關內容於前文八宮卦次中已論及，這裡不再贅述，這裡特別針對其中有關爻等之說，表列概括如下：

圖表 2-2-17　卦爻貴賤爻位之象徵意涵

爻位	世　應〔註442〕	爵　位	爻位象徵意涵〔註443〕	卦　別	三才
上	上世三應	宗　廟（太上皇）	事物發展終盡，主窮極必反	八純卦	天
五	五世二應	天　子	事物圓滿成功，處盛戒盈	五世卦	
四	四世一應	諸　侯	事物新進高層，驚懼審時	四世卦、游魂卦	人
三	三世上應	三　公	事物功業小成，主愼行防凶	三世卦、歸魂卦	
二	二世五應	卿大夫	事物嶄露頭角，主適當進取	二世卦	地
初	初世四應	元士（士民）	事物發端萌芽，主潛藏勿用	一世卦	

　　爻等貴賤，反映在世應的重要概念上，前文也已闡明，但知一卦以世爲主，而應爲賓，而決定吉凶休咎也是以世爻爲中心；《京氏易傳》特別指出「定吉凶只取一爻之象」，〔註444〕這定吉凶之主爻，當然就是世爻，也就是一世卦以初爻爲主，二世卦爲二爻，至五世卦爲五爻，八純卦爲上爻，游魂卦爲四爻，歸魂卦則爲三爻。明白地以爻位來論貴賤，則爲：一世卦初爻元士居世；二世卦二爻大夫居世；三世卦三爻三公臨世；四世卦四爻諸侯臨世；五世卦五爻天子治世；八純卦上爻宗廟治世；游魂卦與四世卦同，爲四爻諸侯臨世；歸魂卦與三世卦同，三爻三公臨世。因此，京房釋卦，每每論及爻位貴賤，

〔註441〕見《易漢學》，卷四，頁1161。
〔註442〕八純卦與世卦之世應如表中所示。至於游魂與歸魂卦之世應：游魂卦以四爻世爻，初爻爲應爻；歸魂卦以三爻爲世爻，而上爻爲應爻。
〔註443〕參見李開《惠棟評傳》，南京：南京大學出版社，1997年7月第1版第1刷，頁218。
〔註444〕見《京氏易傳》，卷上，頁66，釋姤卦之說。

以乾宮八卦為例：釋乾卦，云上爻「居世」，「九三三公為應」；〔註445〕釋姤卦，云「元士居世」，「九四諸侯為應」；〔註446〕釋遯卦，云「大夫居世」；〔註447〕釋否卦，云「三公居世，上九宗廟為應」；〔註448〕釋觀卦，云「諸侯臨世，反應元士而奉九五」；〔註449〕釋剝卦，云「天子治世，反應大夫」；〔註450〕釋晉卦，云「諸侯居世，反應元士」；〔註451〕釋大有卦，云「三公臨世，應上九為宗廟」。〔註452〕京房以初爻為元士，二爻為大夫，三爻為三公，四爻為諸侯，五爻為天子，上爻為宗廟，與《乾鑿度》所言貴賤相同。

　　京房這種以爻位的等級論貴賤的解經主張，對干寶、荀爽等人的影響甚大，如惠棟引干寶而論：

　　　　坤六三，或從王事。干寶曰：陽降在四，三公位也，陰升在三，三
　　　　公事也。〔註453〕

明白指出三爻為三公之位。又：

　　　　豐，亨，王假之，勿憂，宜日中。干寶曰：豐，坎宮陰，世在五，
　　　　以其宜中，而憂其側也。坎為夜，離為晝，以離變坎，至于天位，
　　　　日中之象，殷水德，坎象。晝敗而離居之，周伐殷，居王位之象也。
　　　　勿憂者，勸勉之言也，言周德當天人之心，宜居王位，故宜日中。
　　　　〔註454〕

以豐卦屬坎宮五世卦，因襲京房八宮卦說，「以離變坎，至于天位」，乃五爻之位，即天子之位。又：

　　　　師上六，大君有命，開國承家。干寶曰：離上九曰：王用出征，有
　　　　嘉折首。上六為宗廟，武王以文王行，故正開國之辭於宗廟之爻，
　　　　明己之受命，文王之德也。〔註455〕

〔註445〕見《京氏易傳》，卷上，頁65。
〔註446〕見《京氏易傳》，卷上，頁66。
〔註447〕見《京氏易傳》，卷上，頁67。
〔註448〕見《京氏易傳》，卷上，頁68～69。
〔註449〕見《京氏易傳》，卷上，頁69。
〔註450〕見《京氏易傳》，卷上，頁70。
〔註451〕見《京氏易傳》，卷上，頁71。
〔註452〕見《京氏易傳》，卷上，頁72。
〔註453〕見《易漢學》，卷四，頁1159。
〔註454〕見《易漢學》，卷四，頁1152。
〔註455〕見《易漢學》，卷四，頁1159。

以師卦上六之爻爲宗廟之位，王者告祭於廟，受命於宗廟、先王之德，以行征伐之事，爲爻位貴賤釋卦之明例，是干寶受其師京房之正傳。對於荀爽的引論：

> 訟上九，或錫之鞶帶。荀爽曰，鞶帶，宗廟之服，三應於上，上爲宗廟，故曰鞶帶也。〔註456〕

> 損《象》曰：曷之用，二簋可用享。荀爽曰：二簋，謂上體二陰也。上爲宗廟，簋者，宗廟之器，故可享獻也。〔註457〕

以訟上九、損上九爲宗廟，鞶帶適爲宗廟之服，而簋又爲宗廟之器。又引虞翻的注解：

> 解上六，公用射隼。仲翔曰：上應在三公，謂三伏陽。〔註458〕

> 益六三，有孚中行，告公用圭。仲翔曰：公謂三伏陽也，三公位，乾爲圭，乾之二，故告公用圭。〔註459〕

虞翻以解卦上六應六三爲三公；益卦爲三世卦，六三爲世爻，處三公之位，「告公用圭」，以恤凶弭災。直以卦爻爵位釋義。此外，尚引《九家易》、崔憬論巽卦與《繫辭》之言，也同樣善用卦爻爵位以釋義。因此，惠棟採擷諸家以爵位貴賤論卦之例，反映出京房貴賤之說的影響深遠，爲其後象數《易》家所普遍採用的說法。〔註460〕此外京房以爻位次序六等貴賤之別，而此宗廟等

〔註456〕見《易漢學》，卷四，頁1159。李道平《周易集解纂疏》對其言釋云：「鞶帶服之以祭者，故云宗廟之服。三應于上，上爲宗廟，故知鞶帶爲祭服而在上也。」

〔註457〕見《易漢學》，卷四，頁1160。

〔註458〕見《易漢學》，卷四，頁1160。

〔註459〕見《易漢學》，卷四，頁1160。

〔註460〕京房除了六位爵等貴賤之說，對後世解《易》有普遍性的影響之外，其爵等貴賤背後的世應之說，事實上也成爲其後學者解《易》的重要依據。惠棟舉其例，如：「干寶《易》蒙卦注曰：蒙者，離宮，陰也，世在四。」「噬嗑初九，屨校滅趾。干寶曰：屨校，貫械也，初居剛躁之家（棟注：震爲躁卦），體貪狼之性（棟注：坎爲貪狼，震爲陰賊，二者相得而行，故云），以震掩巽（棟注：巽五世，故掩巽），強暴之男也，行侵陵之罪，以陷屨校之刑也。」「益六三曰：王用亨于帝，吉。干寶曰：聖王先成民而後致力於神，故王用亨于帝，在巽之宮（棟注：三世），處震之象，是則倉精之帝同始祖矣。」「解象曰：天地解而雷雨作，雷雨作而百果草木皆甲宅。荀爽曰：解者，震世也（棟注：二世），仲春之月，草木萌牙，雷以動之，雨以潤之，日以烜之，故甲宅也。」「謙象曰：謙，亨。《九家易》曰：艮山，坤地，山至高，地至卑，以至高下至卑，故謙也。謙者，兌世（棟注：五世），艮與兌合，故亨。」（以

六等貴賤之分，《禮記・王制》中詳敘其六等之制，並早在三代之時已盛行。同時，前引諸家之說爲例，多有因禮用制器而推闡，有以禮釋卦的具體表現，也體現出兩漢之際以禮釋卦的傾向。

　　另外，這裡針對京房貴賤之說，仍有釐清之處。前已提及京房「世應」以「世」爲主而「應」爲賓，且解卦以一爻決吉凶，是否意味著一卦中之世爻爲該卦最重要者？又，爵等六位之說，五天子而上宗廟，當是最尊貴者。漢魏以降，解卦多有以卦主爲例，尤其王弼特倡卦主之說，以六爻而成一卦，專主一爻而能代表與反映一卦整體的意義，因此，「卦主」也反映出其尊貴之位。然而，京房是否將其世爻或是爵等中的五爻天子、六爻宗廟視爲一卦之卦主呢？事實上，京房在解卦上，並未完全將彼此作了等同，其卦主仍另有所專。京房的卦主認定，視其成卦之象而定，並未完全依準於世爻或是五、六爻爵。〔註461〕京房釋大有䷍、豫䷏、復䷗、小畜䷈諸卦時主張：

　　　大有䷍：少者爲多之所宗，六五爲尊也。〔註462〕

　　　豫䷏：豫以陽適陰爲內順，成卦之義在於九四一爻。〔註463〕

　　　復䷗：月一陽爲一卦之主。〔註464〕

　　　小畜䷈：小畜之義在於六四。〔註465〕

這些卦，不是一陽五陰或是一陰五陽，京房以「少者爲多之所宗」，爲成卦之尊，所以卦主在其一陽或是一陰，則大有卦卦主在六五，豫卦在九四，復卦在初九，小畜卦在六四。以世爻觀之，大有卦爲乾宮歸魂卦，世爻在九三；豫卦爲震宮一世卦，世爻在初六；復卦爲坤宮一世卦，世爻在初九；小畜卦爲巽宮一世卦，世爻在初九。其中除了復卦的卦主剛好是處世爻，其它諸卦

上所引，見《易漢學》，卷四，頁 1149～1153。）惠棟考引甚詳，不能一一列舉。但知後世論《易》，每以世應之說論其卦爻關係，以求其闡發之宜理。

〔註461〕大陸學者郭彧認爲京房「定吉凶，只取一爻之象」，其所取之一爻之象，就是卦主，也就是世爻。（見郭彧《京氏易傳導讀》，山東：齊魯書社，2002 年 10 月第 1 版第 1 刷，頁 44。）此一說法，拙未盡認同，同意其取「一爻之象」即卦主，然卦主不能等同於世爻，也就是說，京房不見得將所有的世爻都視爲卦主，相反地，其所認定的卦主大多並不是世爻。

〔註462〕見《京氏易傳》，卷上，頁 72。

〔註463〕見《京氏易傳》，卷上，頁 74。

〔註464〕見《京氏易傳》，卷中，頁 99。「月一陽爲一卦之主」，其「月」字，郭彧注：似爲衍字。

〔註465〕見《京氏易傳》，卷中，頁 107。

均非以世爻爲卦主。因此，京房解卦以卦主爲尊，而卦主又並不以世爻或是位爵等第而定；並且，由上引四卦，可以反映出京房此處卦主所依準的是一陰五陽之卦，以一陰爲卦主，一陽五陰之卦，以一陽爲卦主，也就是以少者爲宗。這種標準下所呈現的卦主，尙有如姤☰、剝☷、師☷、謙☷、同人☰等卦。〔註 466〕因此，京房以少爲貴，以卦中惟有之一陰或一陽爲卦主，這種「一陰（陽）五陽（陰）之卦，以一陰（陽）爲卦主」之主張，並不以後世才有，京房已普遍作爲解說卦義的依據。另外，京房也常有以第五爻作爲卦主，其至尊之位，多有因爲其爲世爻的因素，如屯☳卦「世上見大夫，應至尊」，以六五爲世爻，所以居尊爲卦主；豐☳卦「陰處至尊爲世」，亦以六五爲世爻，居尊爲卦主；噬嗑☲卦「六五居尊」亦同。〔註 467〕京房也有專主世爻，以其位雖非尊貴，卻處世爻之位，特視爲卦主者，如釋家人卦「遇坎險象，家人難也。酌中之義在於六二」，因互體而有坎險，而六二居中履正，爲巽宮二世卦之世爻，所以爲卦主；解卦「成卦之義在九二」，九二爲震宮二世卦世爻，所以爲卦主；損卦「澤在山下，卑險於山。山高處上，損澤益山，成高之義在於六三」，六三爻爲艮宮三世卦世爻，所以爲卦主。〔註 468〕仔細觀察這幾個卦，其卦主似乎是較難以確定的，在這種情形下，京房就選擇以世爻爲卦主。事實上，京房論述卦主的型態甚多，並無統一的標準，當然以單一準據作爲卦主，本來就是不太可能的事，而這種要釐清與確認的是，京房認定的成卦之義的卦主，並不以世爻或是爵位的高低作爲優先考慮的要件；並且，既有以一卦之主作爲釋其卦義的主要對象，此卦主則具有實質上的尊貴地位，對卦義的疏解上，這卦主遠比如世爻、天子位爵的尊爻等來得重要了。

〔註 466〕《京氏易傳》提到姤☰卦：「陰爻用事，陰遇陽，……尊就卑，定吉凶只取一爻之象。」陸績注：「多以少爲貴。」陰爻以少爲尊，故初六爲卦主。剝☷卦：「成剝之義，出於上九。」明白指出上九一陽爲卦主。謙☷卦：「一陽居內卦之，上爲謙之主。」以九三一陽爲卦主。同人☰卦：「吉凶之兆，在乎五、二。」六二一陰爲卦主，然九五又與其相應，故推吉凶之兆則爲二、五兩爻。因此，京房以少爲貴，以「一陰（陽）五陽（陰）之卦，以一陰（陽）爲卦主」之一陰或一陽或爲解說卦義的卦主。

〔註 467〕屯卦、豐卦、噬嗑卦之括弧引文，見《京氏易傳》，卷上、卷中，頁 83、86、110。

〔註 468〕家人卦、解卦、損卦之括弧引文，見《京氏易傳》，卷上、卷中，頁 75、92、108。

第三節 小 結

惠棟詳細考索孟喜的卦氣說，包括卦氣圖說、消息、四正、十二消息、辟卦雜卦、推卦用事日、六十卦用事之月、唐一行開元大衍曆經、七十二候，以及漢儒傳六日七分學等等。惠氏大量引用《易緯》輔說，除了使有關主張獲得更為清楚的認識外，也直接述明《易緯》的說法較諸家更為系統化。從孟喜到《易緯》這樣的歷程，標誌著漢代易學的發展，卦氣說為極具代表性的獨特主張，背後隱含著學術與文化發展的意義，漢代在天文曆法的自然科學儼然為一種普遍性的知識；因為天文曆法科學知識的昌明而普遍。然而，漢人一方面又極力營造一個天人相感的環境氛圍，致使科學與神學相雜。這時候的易學思想，即具有這樣的特質。在這裡，惠棟特別強調科學的部份，重視易學的科學性成份，卦氣的易學主張，高度涵攝著科學性的歷象曆法之內涵。

孟喜卦氣諸說與《易緯》大抵一致，而魏《光正曆》所述，亦與之相近。惠氏考述孟氏四正方位之說，認為四正方位為西漢論述八卦方位上的共同看法，根本於《說卦》，且《易緯》的方位說最為詳備，並與孟說呼應。惠氏進一步說明四正之陰陽消長，配之以節氣，震、離、坎、兌為「四正卦」，為孟氏與《易緯》的一致性說法，但在孟喜之後的《京房易傳》，乃至有關的曆法，如魏《正光曆》，皆稱為「方伯卦」。孟喜以四正卦分主四時，基本上與《說卦》、《乾鑿度》相同，所稍異者為《說卦》、《乾鑿度》皆以八卦配四時，而孟喜僅以坎、離、震、兌四正配四時。孟喜以筮法九六七八陰陽老少之卦數，說明四正卦之陰陽消長，配之以節氣之說，為《周易》與曆法架起了重要的橋樑，也成為漢代四正卦說的普遍理論。

惠棟廣引諸說，不論引《易傳》、《左傳正義》、《九家易》、《史記》、《漢書》、《後漢書》，乃至荀爽、虞翻所言，陳述「消息」大義，強調日月的盈虛，也就是陰陽的消長變化對天地之影響，宇宙萬物的變化，根源於陰陽的消息盈虛，這也是孟喜卦氣之說的基本觀念。孟喜一系卦氣之說，在兩漢時期蔚為風氣，十二消息卦配之以四時、干支、星宿、方位、律呂等天文曆法諸元，並有更進一步配以五行、五聲、五色者。十二消息配次諸元，貫之以災異符瑞，現之以天人相應之學，為漢代思想的本然質性，雖多有附會之說，然孟喜卦氣十二消息，導之以天文曆法，仍不失其科學性，並呈現其合理合宜的學說原則，立象為本，為漢代易學的重要特色，也成為後代易學的常例。

孟喜根據卦象比附七十二候，有其內在的邏輯理路，尤其重組六十卦配

七十二候，呈現出不同於傳統文王的六十四卦卦序之另類卦序；此種創新與變革，孟喜並非隨意附會，而是巧妙地將宇宙的陰陽氣化的卦氣之說與時候之象結合，有其井然之思維理哲的。孟喜掌握歷法的科學性，窮於陰陽變化之理，推於萬物之變，而作為新的創制與建立一套新的易學理論。消息以復為首，而卦氣卻又起中孚，以中孚而後復卦，值卦序初始，直接展現了《易》道的精神。惠棟考索其卦候，舉論去其災異徵驗，大致選以歷法實徵，重組孟喜之學，大有其功。

惠棟考索孟喜之學，並未著墨於徵驗之說，對於《通卦驗》在這方面的內容，並未采引，主要是堅守其考據實學的科學立場，排拒災異，重視務實，這一點是可以被肯定的，後學強力批評其引《易緯》陰陽災異為說，不知理據何在，惠氏不應蒙受此一厚誣。從另外的角度言，雖然災異徵驗之說，脫離學術現實，而其背後的歷史文化與學術背景的義涵，則仍值得關注。

惠棟考索謹嚴，蒐羅漢代諸說為釋，苦心竭慮，有功於後，然所引龐雜，異說共理，又不詳為說明，不免疑惑後生。例如惠氏將六十卦直日之說，與六日七分法混說；卦氣說以每卦直六日七分，月得五卦，六十卦分屬十二月，而主歲卦每爻直一月，歲得兩卦，這樣的說法，與六十卦直日之說為不同之系統，惠棟不宜引作混為一談。

惠棟考索京房之《易》說，制定「八卦六位圖」，以五行配八卦、卦中各爻，充份反映出京房《易》的特點。引唐代數學、占星家李淳風的說法，以解釋五行六位，揭示京房《易》的象數占星術的內在邏輯本質。認識到京房納甲之說，是《說卦傳》乾坤父母配以十天干說和律曆月建之說相結合的產物，也就是納甲深深包含著十一月月建在子的夏曆曆法。因此，京房《易》八卦六位（五行六位）包含著夏曆曆法質性。惠棟揭示魏晉時期諸儒，慣以納甲之說論卦，包括從虞翻、宋衷、陸績，乃至干寶一系，因此，京房作為此說的完整奠基者，影響至為深遠，三國時代仍普遍見其論緒。同時也透露出京房乃至其後學，以納甲諸法論卦，並不專主於闡發微言大義，而是重在占筮與解說陰陽災異的方面，這也是干、支、五行配卦的主要目的。但是這樣的一套主張，與傳統的律曆有密切的關係，同時也表現出陰陽變化的週期循環與宇宙生息的規律性，使《周易》的思想，可以透過這樣的象數之學，呈顯的更為具體。京房以八卦與五行相配而建構出八卦休王之說，開闢出易學的新的象數思想，使釋《易》之法，益加複雜而帶有更強烈的占筮氣味，

這是兩漢的學術環境所營造出的產物，也是陰陽災異學說的另一種典型代表。

京房論制八宮卦次圖，惠棟引宋儒張行成之言解釋其義。其八宮（八純）卦依次為：乾、震、坎、艮；坤、巽、離、兌。以乾、坤為父母，各帶三男三女，形成六十四卦的卦次。這樣的實際本質，則是反映出惠棟對六十四卦次序的看法。八卦卦序系統，符合《說卦傳》表義的精神，雖不能確切肯定是否是依循《說卦傳》統六子之說，然而卻可肯定同帛書《周易》一系的八卦卦序在西漢是已經存在的，而京房更系統化地建立其所謂之「八宮卦次序」。惠棟體察京房八宮卦序所呈現的陰陽轉化的宇宙圖式之意義，堅持其一貫的「日月合為古文易字」的日月為易之說法，日月陰陽的變易為宇宙生成的最根本之原理，以具體的《易》卦生成來表述，則皆是乾坤之作用結果。

惠棟考索京房《易》的「世應」之說。認為八宮卦及各屬卦間的關係，可以從各爻間的感應得到說明。天地之氣的交互運動，反映在爻位對應上，也就是爻位的對應象徵萬事萬物的對立面間的和諧與統合的關係，由此可見彼，由此變也可影響到彼變，這是宇宙變化的常性。並進一步具體地將各爻位繫之於人間的社會階層地位上。因此，以爻位言吉凶，以主爻位說世卦，感應於人事萬物，此即世應之說。在這裡，惠棟似乎接受了一個觀點，那就是人間貴賤等級，實為世應已定。世應以立貴賤，將貴賤之別的現實原因加以邏輯化，而成為爻位世卦的邏輯系統之合理解釋；事實上，《易》理是未必能、或者本來就完全不能揭示貴賤之別的真正原因的，當慎戒於陷入迷信的窠臼之中。

惠棟考索京房「飛伏」之說，認為其源來自於《說卦》對「巽」的解釋。同時惠棟注意到飛伏之說對解釋《易》理的作用，並注意到諸家《易》說的飛伏主張。將飛伏之說視為漢儒解釋《易》理的普遍性論述。同時，考述京房《易》，視之具有曆法的性質，也就是其《易》可以作為一部曆法。並且，將京房《易》與孟喜《易》對照，得到諸多的共同點，包括如月建都同是十一月建子，反映出夏曆曆法；對應卦名四月為乾、十月為坤亦同。有助於二家易學源流的瞭解。

惠棟闡論京房風雨寒溫之說，體現兩漢時期以風雨寒溫為占，訴諸於人事之化，擅用於政事應驗之上，為普遍的風尚。藉由自然的變化，體現於人世間的政治上，不論是自然界的氣候變化，乃至卦氣盈虛，在宇宙本質的深處，都有其共性的存在，都同受宇宙力量的支配。宇宙的本質，有其一定的

規律，這樣的規律，反映在風雨寒溫的變化，而置入於卦爻陰陽變化的理論系統中，正可以用來推驗人事，作爲天人感應下對國君的有效制約。此外，蒙氣之說，亦建基其卦氣系統下，從陰陽相盪的觀點來看陰陽的消長，相應於人事的變化，由陰陽二氣相盪的結果，表現在君臣的關係、正義與邪惡的關係上。這也是兩漢時期天人感應之說的另一種側面。